语文教改理论与实践研究

——刘永康语文教育论

刘永康 著

四川教育出版社

图书在版编目(CIP)数据

语文教改理论与实践研究——刘永康语文教育论／刘永康著.—成都：四川教育出版社，2023.6
ISBN 978-7-5408-8623-3

Ⅰ.①语… Ⅱ.①刘… Ⅲ.①语文课－教学改革－研究－中小学 Ⅳ.①G633.302

中国国家版本馆 CIP 数据核字（2023）第 103311 号

语文教改理论与实践研究——刘永康语文教育论

YUWEN JIAO-GAI LILUN YU SHIJIAN YANJIU——LIU YONGKANG YUWEN JIAOYU LUN

刘永康　著

出 品 人　雷　华
策划组稿　李健敏
责任编辑　奉学勤
助理编辑　李萌芽
封面设计　看熊猫杂志
责任印制　田东洋
出版发行　四川教育出版社
　　　　地　　址　四川省成都市锦江区三色路 238 号新华之星 A 座
　　　　邮政编码　610023
　　　　网　　址　www.chuanjiaoshe.com
制　　作　四川胜翔数码印务设计有限公司
印　　刷　成都市锦慧彩印有限公司
版　　次　2023 年 6 月第 1 版
印　　次　2023 年 6 月第 1 次印刷
开　　本　185mm×260mm　1/16
印　　张　20.75
字　　数　400 千
书　　号　ISBN 978-7-5408-8623-3
定　　价　78.00 元

如发现质量问题，请与本社联系。总编室电话：(028) 86365120

｜序｜

刘永康：当代语文课程改革的领航者

2022 年 2 月下旬，我有机会看到由任彦钧、刘远两位《语文报》的编审主编的《当代中国语文教育家口述实录》丛书中《刘永康口述 愿把金针度与人》的书稿，了解了永康先生充满传奇色彩的语文教育人生，深为感动和敬佩，希望这本具有重要教育价值和史料价值的书早日问世。10 月下旬的一天上午，我接到永康先生的电话，说他的又一本新书《语文教改理论与实践研究——刘永康语文教育论》已经完稿，请我为这本书写篇序，接着就发来了电子书稿。我虽然也为我的学生和语文教育同人写过十多篇序，但这次要为语文教育大家永康先生的书作序，既感到惶恐不安，又感到十分荣幸。

永康先生是一位多产的语文教育理论研究者，数十年来出版著作三十余种，发表研究论文两百多篇。这本书包含了他自中华人民共和国成立后的第八轮基础教育课程改革（下简称第八轮基础教育课程改革或新课程改革，专指 2001 年起的基础教育课程改革，后同）以来发表的围绕"语文课程与教学改革"这一主题选编的论文、报告、评论与课例等，经过他精心的编排，这些作品构成了颇具内在逻辑性的专题论著的结构体系。全书分为"教师研究——提升专业素质""课程改革——着眼立德树人""教材改革——教材变为学材""教法改革——引导发现真理""考试改革——测试核心素养""教育科研——探索教育规律""课例评析——推广先进经验""专著评论——总结课改成果""上示范课——理论指导实践"九编。内容涉及语文课程改革、教材改革、教法改革、考试改革，以及与语文课程与教学改革相关联的教师研究、教育科研、课例评析、专著评论、上示范课等多个方面。书中关于语文课程改革的许多立论，可谓高屋建瓴，鞭辟入里，振聋发聩，引人深思。我认为，这是一部能有力推动和总结当前语文课程改革的精品大作。永康先生是当之无愧的我国当代语文课程改革的领航者。

据永康先生所言，《语文教改理论与实践研究——刘永康语文教育论》的着眼点就是给语文教学插上翅膀，可以说这是对 1978 年"吕叔湘之问"的形象回答，是我们语文教学和研究者共同的梦，也是对当前语文课程改革的振臂呼喊和行动要求。本书的九编内容就是对这一高难度命题的全面回答。

在"教师研究——提升专业素质"一编中，有对继承中华民族师德优良传统、重建教师职业道德问题的研究，有对于漪、钱梦龙等语文教学名家的教学思想的研究，还有对自己从事语文教学和语文教研工作的回顾与眷恋，抒发了自己对语文教学工作难以割舍的情感。

课程、教材、教法和评价是基础教育课程改革的核心问题，需要重点予以回答。在"课程改革——着眼立德树人"一编中，作者对知识经济时代课程改革的重要意义、坚持立德树人的正确认识、课程改革中走出误区的途径与方法、语文核心素养四个维度之间的关系作了透彻的论述，可使读者进一步了解当前语文课程改革中的这些重大问题。在"教材改革——教材变为学材"一编中，作者对高校《语文课程与教学新论》教材的新形态、《语文思维教学研究》教材的建设、初中语文新教材双线组织单元结构的科学性等问题作了具体论述，能够使读者进一步认识"教材"变为"学材"的深层意义。在"教法改革——引导发现真理"一编中，作者对语言教学方法、诗歌教学方法、诗歌以外文章的教学方法、语文教学方法设计等多个方面的问题进行了多侧面的论述，可使读者领会教学方法、学习方法的实质和具体操作要领，更好地指导学生自主学习、学会学习。在"考试改革——测试核心素养"一编中，作者对高考命题题型设计导向的依据、高考语文标准化命题的辩证认识、高考语文试题解题技巧等方面的问题进行了具体论述，能够帮助读者对语文高考试题命制要围绕培养语文核心素养进行等系列问题形成明确的认识。

语文课程改革既是一个需要进行理论探讨的问题，也是一个需要进行实践探索的问题。永康先生不单是一位理论研究的前行者，还是一位语文教学改革的探索者。他凭借多年中学一线教学实践的经验，运用语文课程改革的先进理论，对语文教材中的各种文体、各种课型的语文课堂教学进行了新的探索。他在全国各地上语文示范课高达一百余场，受到各地语文教师的热烈欢迎和高度评价。中央电视台、《中国教育报》、《人民教育》杂志等多家媒体均有报道。他的各种类别的教学实录及评论文章被多家语文杂志刊载。在"上示范课——理论指导实践"一编中包含了永康先生的教学实录、课后说课与教学设想。有《〈荷塘月色〉教学实录》《走向深度、引导发现、教考结合——我教〈荷塘月色〉》《〈关雎〉教学设计》，展示了永康先生课堂教学实践探索的风采，具有大面积推广和借鉴的价值。这是一般高校语文教学理论研究者所难以做到的。单从这一点来说，永康先生的确是一位脚踏实地、能接地气的语文课程改革的领航者。

在"教育科研——探索教育规律"一编中，永康先生对语文科研选题的方向、方法、关键问题、团队建设等进行了明确论述，这对一线语文教师探索教育规律、提高科研素质具有很强的针对性和普遍的指导性。课例评析是运用教学理论和案例研究方法对典型案例作出的理性评价，在"课例评析——推广先进经验"一编的几篇文章里，有对语文教育家于漪、钱梦龙、李镇西先生以及语文教育理论与实践家李华平先生的评析；有对全国首届语文教坛新星获奖课例的评析，这些对一线语文教师的教学实践具有切实的指导作用。在"专著评论——总结课改成果"一编中，他对一些关于语文名师教学艺术等方面的专著进行了具体评述，以求鼓励和指导一线教师进行教学专题研究，出版贴近教学实际的著作。本书多领域和多侧面的研究内容，展示了作者宽广的理论视野，展现了作者对语文课程改革的深入观察、理论思考和实践探究，体现了永康先生作为当代语文课程改革领航者的开拓精神和高尚情怀。

阅读和评价一本教育著作，不能不考察作者曾经的教育经历。永康先生丰富的教育经历，使他具备了语文课程改革领航者的前提条件。他从1968年开始从事教育工作，历时五十多年。在这五十多年的教育工作中，他担任过多门课程的教学工作，具备了多学科融合的知识结构。他在中学教过初中语文和高中语文课；在大学教过"文艺学""逻辑学""古代汉语""大学语文""语言艺术""语文课程与教学论"等系列课程。尤其是他对高校"语文课程与教学论"课程的教学达到了国内领先水平，使此门课程被评为国家级精品课程。同时，他还担任过多种学校教育教学管理职务，如中学语文教研组长，中学教导主任，中学副校长，县教育局语文教研员，雅安教育学院党政办主任，《雅安教育学院院刊》编辑，四川师范大学文学院教研室主任、教工党支部书记、学院党委书记、校"课程与教学论"硕士点负责人等系列职务。他站在教育教学管理者的立场思考教育问题，自有"更上一层楼"的思维高度。此外，他还兼任过多种学术团体职务，如雅安市荥经县陶行知研究会秘书长、四川省中学语文教学研究会理事长、全国语文创新教育研究中心常务副理事长、全国教师教育研究中心常务副理事长、全国语文学习科学专业委员会学术委员会主任等，获得过第二届全国"语文学习科学建设"终身成就奖。他担任四川省高考语文命题组组长、四川省高考语文阅卷指导委员会负责人或指导委员多年，被评为四川省学术技术带头人、四川省师德标兵。尤其在这次基础教育课程改革中，鉴于他对课程改革理论研究的卓越贡献和对教学实践探索的突出成就，他被教育部特聘为全国教师教育课程资源专家委员会委员、教育部首批"中小学教师国家级培训计划"（下简称"国培计划"）专家库成员，成为为数不多的全国教师教育课程与教师培训的国家级专家。经历就是财富，经历就是阅历，经历就是一个人认识问题、研究问题和处理问题永不枯竭的核心资源。丰富多彩的教育经历，使得永康先生能够在这次语文课程改革中勇立潮头，在语文课程与教学理论、语文教学实践探索两个领域奠定他当代语文课程改革领航者的地位。

我愿意推荐这本书给广大语文教学和研究工作者。

我祝愿刘永康先生学术之树长青！

王光龙

2022 年小雪时节写于杭州三塘

（作者为杭州师范大学学习科学研究所首任所长、语文课程与教学论专业教授、硕士研究生导师。曾兼任中国高等教育学会学习科学研究分会副理事长、学术委员会常务副主任，全国语文学习科学专业委员会理事长。）

| 目　录 |

第三编　教材改革——教材变为学材

第四编　教法改革——引导发现真理

第五编　考试改革——测试核心素养

第六编　教育科研——探索教育规律

第七编　课例评析——推广先进经验

第八编　专著评论——总结课改成果

第九编　上示范课——理论指导实践

│前　言│

语文教学应当向何处去

为了贯彻中共中央、国务院《关于深化教育改革全面推进素质教育的决定》，教育部于 2001 年 6 月颁发了《基础教育课程改革纲要（试行）》（下简称《纲要》），决定大力推进基础教育课程改革，调整和改革基础教育的课程体系、结构、内容，构建符合素质教育要求的新的基础教育课程体系。《纲要》从课程改革目标、课程结构、课程标准、教学过程、教材开发与管理、课程评价、课程管理、教师的培养和培训、课程改革的组织与实施九个方面，对基础教育课程改革作出了详细要求与规定。随着《纲要》的颁发，第八轮基础教育课程改革在我国正式实施，直到现在还在继续进行。这次课程改革可以说是一场风暴、一次洗礼、一场启蒙，甚至可以说是一次涅槃。其旨归就是要更好地在我国开展以立德树人为目标、以培养学生创新精神和实践能力为重点的素质教育。我作为教育部特聘的全国教师教育课程资源专家委员会委员、教育部首批"国培计划"专家库专家，一开始就以各种方式介入了这场史无前例的基础教育课程改革。我在人民出版社、高等教育出版社等出版的学术专著，在《课程·教材·教法》《中国教育学刊》等上面发表的论文，应邀在全国各地作的六百多场专题讲座、"下水"① 给学生上的一百多堂示范课，基本上都聚焦在从理论与实践结合的层面对基础教育课程改革进行总结。

本书正是我多年来从事语文基础教育课程改革理论与实践研究的结晶。

---

① "下水"指高校教师给中小学生上课，使自己的教育理论得到实践的检验。

基础教育课程集中体现了国家的教育思想和教育观念，其改革在教育改革中处于突出位置，是一项复杂细致的系统工程，需要不断完善与创新。全国基础教育新课程实施以来，已在很多方面取得了新的突破，如新理念得到了学生、家长和学校的普遍认同，初步形成了良好的政策环境，营造了积极的社会舆论氛围，探索出有效的工作机制，创造了适用的实施策略，教学活动出现了许多新气象，实验工作正在有序地向纵深发展。随着实验的推进，实施中一些深层次的问题也不断显露，如教师培训的实效性、课堂教学的有效性、模块化教材的适用性、三维目标的整体性、课程资源的适切性、专业指导与支持的紧迫性、考试评价制度改革的支持度等。本书的所有篇目都在努力从理论和实践层面进行理性、冷静和辩证的分析研究，并对以上问题作出及时、有效和科学的回应。

本书按照事理关系，将我的语文专题讲座、语文示范课课例以及部分已发表的语文课改研究论文归纳为教师研究、课程改革、教材改革、教法改革、考试改革、教育科研、课例评析、专著评论、上示范课九个方面，从九个不同的角度回答了"语文教学应当向何处去"的问题。

本书呈现出新、精、深、实、活的特点。"新"在于对于基础教育课程改革中出现的新理念、新经验、新问题，不拾人牙慧，而是力求有自己的真知灼见。"精"在于力求剔除那些空洞乏味、与中小学语文教学实践相去甚远的理论。"深"在于力求用教育学、心理学以及中国传统教育理论和西方现代方法论中的合理成分来科学地解释、解决语文课程改革中的理论与实际问题，显示出应有的理论深度。"实"在于增加了一些与语文教学实践关系密切的教学策略、学习策略等理论，特别是重视案例分析。"活"在于既有深入的理论阐释，又有大量鲜活生动的教学案例作为佐证。所有这些，都力图去丰富和发展语文教学理论，为推动基础教育课程改革、实施语文新课程标准提供新的视角和思路。

此外，本书绝非正襟危坐、端着架子空谈理论，尽管讨论的内容学术性、思辨性、哲理性很强，但力求做到语言精彩、材料新鲜、引人入胜、朴实亲切、深入浅出，这正是本书的一大亮点。

本书的出版将有助于为全国中小学语文教师，语文教研员，高等院校汉语言文学专业的教师、本科生、研究生研究和实施语文新课程提供借鉴，以使基础教育语文课程改革顺利地向纵深推进。

第一编
教师研究——提升专业素质

教育一头挑着学生的今天，一头挑着国家的未来，而挑担人就是教师。毛泽东主席早就说过，教改的问题，主要是教员问题。教师是实施课程首要的也是主要的依靠对象，研究课改首先就要研究教师。本编收录我研究教师教育的内容，可分为四类。

一是关于继承中华民族师德优良传统，提升教师职业道德方面的研究。包括重新认识安贫乐道，思考怎样爱岗敬业；重新认识传道授业，思考怎样教书育人；重新认识仁者爱人，思考怎样尊师爱生；重新认识师道尊严，思考怎样落实师生平等。师德是教师的立师之本，把师德作为教师角色的基本精神前提，是教师角色内涵的基本起点。

二是关于语文教育名师的研究。名师是时代的馈赠，经历岁月的洗礼，始终熠熠生辉。名师们凭着他们先进的教育理念和系统的教育思想、有效的教改实践和独特的教育艺术、刻苦的钻研精神和乐于奉献的高尚情操而受人仰慕追随。

三是对我自己的语文教学及研究生涯的回顾。最值得欣赏的风景是自己奋斗的足迹。我很享受在课堂上教学的感觉，以至于此生多次面临其他选择时，我都放弃了，仍然坚持从教。我一生把教语文当荣耀，苦中自有乐趣。本篇即在回首往事中完成对自己的学术、思想、心灵历程的总结，表达自己"愿把金针度与人"的教育情怀，还原"真实的我"。

四是在以上三个方面的研究之上，探索语文名师的成长轨迹。名师们的教育思想是一座座巍峨壮观的大山，探索语文名师的成长轨迹，能为语文教师指明努力的方向，助大家去攀缘成功的巅峰。

从安贫乐道到爱岗敬业

一、儒家安贫乐道的思想滋养了教师的奉献精神

《论语·学而》中记载："子贡问曰：'贫而无谄，富而无骄，何如？'子曰：'可也，未若贫而乐，富而好礼者也。'"《后汉书·杨彪传》中也说："安贫乐道，恬于进趣，三辅诸儒莫不慕仰之。"《晋书·儒林传论》指出："文博之漱流枕石，铲迹销声；宣子之乐道安贫，弘风阐教：斯并通儒之高尚者也。"所谓安贫乐道，其意为即便穷困潦倒，也乐于坚守信仰。在《论语·雍也》中，孔子就夸奖他的得意门生具有安贫乐道的精神："贤哉回也，一箪食，一瓢饮，在陋巷，人不堪其忧，回也不改其乐。贤哉，回也。"孔子自己就是安贫乐道的典型。为坚持自己的学说，他四处奔波，即便落魄到了"惶惶如丧家之犬"的地步，也不灰心。为宣扬仁义道德，他放弃生财之道，又逢儿子不幸早死，孤苦无依，常常是吃了上顿无下顿，过着衣不蔽体、食不果腹的艰难生活。然而这些困难都没有改变孔子的志向。古今中外，安贫乐道者不乏其人。一些杰出的历史人物对安贫乐道都有着十分强烈的认同感，他们独善其身，无论怎么贫穷也不改其守道之乐，可见安贫乐道中蕴含了一种为求道而甘愿忍受贫穷的自我牺牲精神。由于儒家提倡安贫乐道，几千年来，安贫乐道也就成了教师的职业操守。

孔子安贫乐道的思想滋养了教师的奉献精神。人们把教师喻为春蚕、蜡烛，便体现了这种精神。教师的工作是为学生照亮前进的方向，无私奉献是教师永远应该遵循的道德准则。我国 20 世纪五六十年代的教师群体经历了新旧社会的变迁，虽然待遇低、负荷重，但大家对新社会有一种美好的憧憬，有一种新社会的主人翁意识，因此敬业精神强，讲奉献成为教师的道德自觉。

二、经济体制转型对教师安贫乐道思想的挑战

20世纪90年代以来，对师德的挑战主要表现在价值多元化对教师的影响上。过去人们总爱说，老师是蜡烛，燃烧自己，照亮别人。从师德的角度看，春蚕、蜡烛的比喻肯定和歌颂了教师无私奉献的精神，提升了教师的职业形象，但按照现在新的教师成长观来看，我们就不难发现这个隐喻的背后所潜藏的问题与危机。这个隐喻实际上小觑和曲解了教师的职业价值。教师的职业使命是培育下一代，这就注定了教师要比从事其他职业的人更加重视自己的成长与发展。教师应该是一台能充电的明灯，既要照亮别人，又要做到自我完善。

儒家的安贫乐道思想既有无私奉献的合理性，亦有重义轻利的历史局限性，因此我们今天要由讲安贫乐道转到讲爱岗敬业。对于教师来说，贫穷当然不会是一件愉快的事，但不为贫穷而忧愁，内心强大，不改初心，这确实是一种修养、一种境界。今天的爱岗敬业继承了安贫乐道思想讲奉献的合理性，又克服了重义轻利的局限性。在现代化建设的进程中，教师的奉献精神有了新的内涵。

三、爱岗敬业是教师的现代职业操守

教师要认清教育事业在建设中国特色社会主义事业中的重要性，认清自己所肩负的历史使命，从而对自己从事的教育工作充满自豪感和荣誉感。

作为教师，我们选择的不只是一种职业，更是一份责任。正是这份责任在支撑着我们含辛茹苦、默默无闻地坚守在三尺宽的讲台旁，为社会源源不断地输送优秀的人才。如果我们把教师职业当作我们生命中不可缺少的部分，当成我们存在的意义，那教书育人就不仅仅是谋生的手段，教书的技艺也不再只是赚钱的工具，教育过程就成了我们自己的生活享受。一旦把教师职业当成自己的事业，我们就有动力主动去钻研教育教学，并从中找到幸福之源。

（一）爱岗敬业，要有献身祖国教育事业的决心和行动

把安贫乐道的奉献精神融入爱岗敬业的师德规范之中，要求教师在教育教学工作中兢兢业业，恪尽职守。一个人，做自己喜欢的事是自由，喜欢自己做的事是幸福。我们大多数教师都心系教育，情倾学生，在教学与科研中有一股"纠缠如毒蛇，执着如怨鬼"的痴劲。别看一些教师在生活上马马虎虎，在学问上却是一丝不苟、精益求

精，满脑子装的都是博大精深的理论、各种前沿的知识、五花八门的流派风格、形形色色的学术观点，三句话不离本行，除了教学、教育研究，好像找不到与人交流的话题。为钻研教学、搞教育研究，他们辗转反侧，夜不能寐，魂不守舍，筋疲力尽，但一旦走进教室，面对一大群朝气蓬勃的学生，他们就像吃了还魂丸似的，精神抖擞，意气风发，口若悬河，舌如利刃，教而不厌，诲人不倦。三天不上课，他们就会有失落感，如鲠在喉，不吐不快。这就是爱岗敬业。一个连教书都不爱的教师，工作一定是心猿意马的，一定是身在曹营心在汉的，一定是见异思迁的。

（二）爱岗敬业，要有渊博的知识和扎实的理论功底

在知识、信息迅猛增长的时代，终身教育成为摆在教师前面的一个重要问题。改革的浪潮需要我们加强业务进修，重新调整、完善、深化自身的知识结构。要精通一门，兼通他门，本业为主，旁及其他。面对 21 世纪社会政治、经济、文化、科技发展对人才的种种需求，教师绝不能死守旧有的知识结构和教学方法。那种"一部教材讲到老""一本教案用到老"的做法，以及"讲稿的纸已经发黄，还觉得越陈越香"的想法，是与改革的时代精神不匹配的。爱岗敬业，需要教师转变观念。在思想上，要有改革意识；在知识上，要有更新意识；在教学中，要有民主意识；在科研中，要有创造意识。

从传道授业到教书育人

一、教书育人从传道授业演化而来

韩愈在《师说》中说："师者，所以传道受业解惑也。"传道就是育人，就是教会学生怎么做人，从这个意义上讲，教师首先是人师。韩愈所传之道自然是儒家之道，而授业中的"业"指的是中国周朝贵族教育体系中的六种必备技能，即：礼、乐、射、御、书、数，简称六艺。授业也就是向学生传授六艺方面的知识并培养这方面的能力。

中国有句古话叫"做经师易，做人师难"，是说传授学生知识比较容易，给学生以人格影响却比较难。虽然难，可是儒家却始终把做人师视为教师的首要任务。孔子从"为政以德"的政治观点出发，把教书与育人结合起来，并把德育放在首位。他说："志于道，据于德，依于仁，游于艺。"所谓"志于道"，是指要有远大的理想抱负；"据于德"，是指要执守高尚的道德情操；"依于仁"，是指应具备博大的人道精神；"游于艺"，是指应掌握礼、乐、射、御、书、数六种技艺。用"道""德""仁"培养学生的思想道德素质，是育人；用"艺"是培养学生的专业知识与技能素质，是教书。前三项讲"德"，后一项讲"才"。孟子把"得天下英才而教之"作为人生的三大乐事之一。教什么？他说"教人以善""教人以正"，这里的善与正，也就是仁义道德。从"性恶论"的观点出发，荀子十分注重用礼乐教化人。荀子认为，国家的安危取决于人的安定，人的安定取决于道德教育和正身修身。他说："人无礼义则乱，不知礼义则悖。"这就把乱的根源归于没有以礼治人。这虽然有一定片面性，但是让人们受到礼义道德教育，让行为有所规范、有秩序、有礼节，确实可以起到安定社会、稳定人心、推动社会进步的作用。

儒学由孔子的原儒到汉儒，再到明儒，在道德学说上经历了一个由仁到礼，到理，再到命的逐渐被神圣化，也被世俗化的发展过程。儒家伦理强调个体对群体秩序需要承担无限的道德责任，曾为中华民族的发展进步作出过相当大的贡献。儒家的传道授业思想对今天的教育事业依然有现实意义。

二、教书育人的当代内涵与其面临的问题与挑战

从汉朝以后，教书育人深受"罢黜百家，独尊儒术"的影响，特别是到了宋明时期，社会普遍要求读书人恪守四书五经的教义，并以程朱理学的理解为金科玉律来禁锢学生的思想。这种教书育人只会使人沦为恪守伦理纲常的庸儒。

如今，教书育人的内涵随时代的变迁已经大大改变。我们不只是让学生学知识、学技能，还要让学生在学知识、学技能的过程中形成正确的世界观、人生观、价值观。党和国家对教师教书育人提出了更新更高的要求，那就是要坚持党的领导，坚持社会主义办学方向，坚持马克思主义指导地位，充分反映习近平新时代中国特色社会主义思想，有机融入坚持和发展中国特色社会主义、培育和践行社会主义核心价值观的基本内容和要求，继承和弘扬中华优秀传统文化、革命文化，发展社会主义先进文化，加强法治意识、国家安全、民族团结、生态文明等方面的教育，培养学生良好的政治素质、道德品质和健全人格，使学生坚定中国特色社会主义道路自信、理论自信、制度自信和文化自信，成为德智体美劳全面发展的人才。

同时，我们也应清醒地认识到，当前新时代的教书育人面临着许多新问题、新挑战。当今的学生重视自身的价值，不轻信、不盲从，同时积极寻求个人与社会的契合点，认同追求个人价值也是一种进步。他们普遍更崇尚求真务实，摈弃口号式的人生观、价值观而更加注重知识与能力的培养，在价值取向上突出地表现为利己主义。一些学生在物质上崇尚高消费，在精神上崇尚过度娱乐化，将等价交换的原则与道德原则等同。

正由于如此，中共中央、国务院才相继出台了《关于进一步加强和改进未成年人思想道德建设的若干意见》和《关于进一步加强和改进大学生思想政治教育的意义》。这些文件精神要求我们每一个教师都要自觉坚持马列主义、集体主义和社会主义思想教育，在学校大力弘扬中华民族优秀传统文化美德，增强学生的民族自尊心和自豪感，自觉抵制不良思想文化的影响，增强思想政治工作的针对性、时效性和操作性。以实现中华民族伟大复兴的理想激励广大青年学生，并以此把他们凝聚在中国共产党的旗帜之下。

从仁者爱人到尊师爱生

仁是中国古代一种含义极为丰富的道德观念。孔子将其作为最高的道德标准，认为恭、宽、信、敏、惠、智、勇、忠、恕、孝、悌、爱等内容都包含其中。把仁明确解释为"爱"的是孔子和孟子。孔子的学生樊迟向孔子请教什么是"仁"时，孔子回答说"爱人"。孟子也说"仁者爱人"。从字义上讲，仁指"对人亲善"。《说文解字》解释仁说："仁，亲也，从人从二。""人二"就是两个人，就是人与人之间。有我有你，有你、我、他，就会有社会。

一、将仁爱之德施于教育，形成了尊师爱生的优良传统

"仁者爱人"在不同范围内又有不同的表现，将仁爱之德施于教育，那就是指学生要爱老师，老师更要爱学生，尊师爱生是中华民族的优良传统。

作为学生，应该热爱老师。明代哲学家和教育家罗汝芳曾师从颜钧。后颜钧因事入狱，罗汝芳变卖了自家田产，奔走营救恩师。在营救未果的情况下，罗汝芳在狱中侍奉颜先生六年，为此还耽误了自己参加科举考试。后来颜钧出狱，已经功成名就的罗汝芳对颜钧仍然非常恭敬，侍奉他不离左右，端茶送水都亲自动手。因为此时罗汝芳也年过半百，他的儿孙见状，便提出要代劳伺候颜钧。罗汝芳却对他们说："我的老师不是你们这些晚辈能伺候得了的。"

作为老师，更应该热爱学生。王衷是西晋的一位学者，因父亲被西晋开国皇帝司马炎的父亲司马昭所杀，所以坚决不为西晋朝廷效力，隐居专心教授学生，门徒众多。《晋书·王衷传》记载，王衷有名学生，被县里派了额外的劳役，向王衷诉说，希望老师能向县官说情免去劳役。王衷对学生的难处并不袖手旁观，他用扁担挑着干粮，让

儿子背着豆豉和草鞋,送这名门生去县里。王哀的众多学生一看老师亲自去了,都纷纷跟随,最后队伍居然有上千人。这支特别的"大军"一路浩浩荡荡向县城进发,县令闻讯后,还以为王哀这位隐士专门来拜访自己,便整理衣冠早早出门迎接。王哀对县令说:"是我的学生被县里派了劳役,所以我来为他送行。"然后王哀拉着学生的手洒泪告别,县令立即免了此人的劳役,让他回家。王哀爱生如子的故事被广为传颂。

二、教师爱生的四个特点

爱有不同的类型。对自然、真理、生活及社会的爱被称为"物爱";男女之爱被称为"情爱";人们因志向、利益一致,相互倾慕,与人的亲近性关系相适应的一种爱,被称为"人际爱"。教师对学生的爱属于人际爱的范畴。它是由教师的职业要求所决定的,也是教师职业道德规范的一种。它区别于一般的人际爱的明显特征是其温和性、无偿性、无选择性和长期性。

(一) 温和性

温和性是教师对待教育对象应该有的最基本的态度,是师爱最起码的要求。这可以被概括为孔子在《论语·述而篇》中说的"子温而厉,威而不猛,恭而安"。

"温",即老师在教育学生时,态度一定要温和,这样可以给学生和蔼可亲、平易近人的感觉,学生自然乐于接受老师的意见和指导。"厉",就是要对学生严格要求。孔子对学生从不放任自流,总是对他们有明确的要求。"威",不是指在学生面前居高临下、盛气凌人。"威"是指由庄重所透显的威仪,所谓"君子不重,则不威"。如果君子的言谈举止不庄重,就不会有威严。但是这个"威"是指沉稳内敛,而不是不苟言笑。教师不可以权威自居,咄咄逼人,蔑视他人,需要以谦和的心态与学生相处,这样学生才愿意与教师交流沟通。至于"恭而安","恭"是客气、谨慎、矜持的意思。如果一心求"恭",可能显得畏缩、懦弱。人的修养固然必须考虑人际关系的和谐,因此谦退、恭敬是应该的,但是一味如此,也可能丧失自己的原则,如果内心因此缺乏主见,无法自得其乐,自然也就无法"安"了。

以上三句话的核心意思就是在处理人际关系包括师生关系时应尊重人。人的修养必须有积极明确的目标,如"温、威、恭",但同时也要避免走向极端,如"不厉、猛、不安",以免利害并陈,两相抵销。对孔子来说,这正是他与学生、社会大众的交往以及他自处时的态度。

（二）无偿性

教师对学生的爱除了看到学生的进步会给自己带来心理上的满足之外，没有任何索取对方或利用对方的意图。如果一个教师因为某个学生给自己带来某种利益而给予更多的爱，这不是教师道德所能容许的。这就是教师对学生爱的无偿性。

学生要分数，老师要成绩，学校要名气，如果为"三要"而施教，教育就会明显地带着功利性。如某些学校的老师指导学生填报考高校的志愿，还要收指导费。这种类似的行为都是违背无偿性原则的。

（三）无选择性

马卡连柯说："教师的心应该充满对每一个他要与之打交道的具体的孩子的爱，尽管这个孩子的品质已非常败坏，尽管他可能给教师带来许多不愉快的事情。"这就是教师对学生爱的无选择性。

对老师来说，手心手背都是肉，既要爱"白天鹅"，也要爱"丑小鸭"。这是一种博爱，即面向全体的爱。对于后进生、学困生，我们更应该多一分关怀、多一分体贴、多一分温馨，千万不能歧视和厌弃他们。要让阳光吻遍每一寸土地，让每一个学生都抬起头来走路，使他们每节课都有一点进步，都有一点成功的欢乐。要多一些鼓励与赞许，创造温暖和谐的学习环境。千万不要忘记：你的教鞭下有瓦特，你的冷眼里有牛顿，你的讥笑中有爱迪生。

（四）长期性

教师对学生给予知识的传授、思想的引导和情趣的感染，并非朝夕之功，必须要长期耕耘、持之以恒。

希腊神话中有个故事，塞浦路斯国王皮格马利翁的象牙少女雕像之所以能活起来，是因为这位国王长期把全部的爱都给了"她"。《红楼梦》中灵河岸边三生石畔的那棵绛珠仙草之所以能够脱掉草木之胎，幻为人形，修成女体，那是因为赤霞宫里的神瑛侍者长期用爱心抚育，以甘露灌溉。以上两个神话虽然是虚构的，但是却给了人们一个启示：事物的发展都遵守由量变到质变的原则，量的积累才会引起质的飞跃。学生的质变不能只靠一时一事的爱，教师应像皮格马利翁倾心于象牙少女雕像、神瑛侍者钟情于绛珠仙草那样，以全副身心长期厚爱学生，那么，这种爱才会结出美好的果实。

从师道尊严到教学民主

目前，重振师道尊严的提法在社会上备受关注。我国传统的师生观就是"以师为尊"，强调师道尊严。

一、师道尊严的含义

在古代，师生关系最显著的特点就是强调师道尊严，它是对师生关系的高度概括。中国传统的师道尊严思想大体有三层含义：道尊、自尊、他尊。

（一）道尊

所谓道尊，就是为重道而尊师。道尊是师道尊严的核心。在古代，老师集信仰和知识于一体，尊师便是尊重信仰、尊重知识。道尊出自《礼记·学记》，原话为："凡学之道，严师为难。师严然后道尊，道尊然后民知敬学。是故君之所不臣于其臣者二：当其为尸，则弗臣也；当其为师，则弗臣也。大学之礼，虽诏于天子无北面，所以尊师也。"意思是做学问的道理，尊师是最难做到的。只有教师受到尊敬，学问才会受到尊重。学问受到尊重，老百姓才懂得敬重学业。因此，君王在两种情形下是不能以对待臣下的礼节来对待下属的，那就是臣子在祭祀中担任祭主时，还有就是臣子当君主的老师时。在古代的礼仪中，国君召见自己的老师，老师不必按臣礼面朝北，这表示君王对自己老师的尊重。

汉明帝刘庄就不以君臣之别来要求教诲过自己的恩师桓荣。当桓荣年事已高，他就免了桓荣上朝奏事的礼节，让他在家休养。明帝要登门向桓荣求教，当马车进入桓荣家所在的小巷时，明帝怕惊动老师，就下马步行，并且不让老师行君臣大礼，还送宫廷点心给桓荣。桓荣生病时，明帝小步走到病榻前，嘱咐他安心休养。桓荣去世后，明帝不顾劝阻，脱下龙袍，穿上丧服，亲自到桓荣家祭丧送丧。

（二）自尊

老师用自己的人格魅力和知识素养赢得学生的尊重，这就叫自尊。

如果老师没有高尚的情操和丰富的个性精神，便很难拥有自尊。苏霍姆林斯基说："对自身的尊重、荣誉感、自豪感、自尊心，这是一块磨炼细腻感情的砺石。"《荀子·臣道》中讲："仁者必敬人。"席勒说："不尊重别人的人，别人也不会尊重他。"

传统的师道尊严在强调教师权威的同时更强调教师的自身修养。孔子云："其身正，不令而行；其身不正，虽令不从。"认为教师若想弟子遵从他，自身必须做到坚持正道。"正人先正己""学高为师，身正为范"，这些无不说明了此道理。

荀况说："师术有四，而博习不与焉：尊严而惮，可以为师；耆艾而信，可以为师；诵说而不陵不犯，可以为师；知微而论，可以为师。故师术有四，而博习不与焉。"就是说，除具有渊博的知识外，当教师还要有四个条件，即尊严的威信、丰富的阅历、崇高的信仰，还要有讲授儒家经典的本事，能阐发微言大义。"耆艾而信"指的是修养品行，即身正，"诵说而不陵不犯""知微而论"指的是学高。荀子这段话已经把什么叫教师的自尊，什么叫身正与学高都说清楚道明白了。老师如果不具备良好的品质和渊博的知识，是没法教育学生的。老师对学生、对社会的精神感召力，来源于教师的自尊，这种精神感召力能转换成学生的向师心理和社会的尊师风尚。可见学高与身正正是有道之师的基本条件。教师要想让他人信服，成为让他人学习和效仿的楷模，就必须"善其德、端其行、正其道"。

（三）他尊

所谓他尊，即用种种礼仪规范确保其他社会成员尊敬老师。

在传统社会中，做人与做学问是合二为一的，老师对学生言传身教，学生对恩师就能发自肺腑地感激。历史上许多明智的统治者都会用各种礼仪规范来确保社会群体尊师。

今天，党和国家也高度重视他尊，制定的《中华人民共和国教师法》就使教师的合法权益得到了法律的保障。从此，教师的待遇和社会地位就有了法律作后盾。这部法律有利于加强对教师队伍的规范化管理，对教师队伍整体素质的不断优化起到了极大的推动作用。近年来，党和政府把师德建设放在教师队伍建设的首位，陆续颁发了《关于加强和改进师德师风建设的意见》等多项文件，无论是学校工作考核，还是办学质量评估，都把师德师风建设列为重要指标。"师德表现一票否决"已经成了制度，国家以零容忍的态度来严惩教师中的师德败坏者，借以守住师德红线，筑牢师德高压线，维护教师的职业荣誉。这些举措的实施已经赢得了社会的广泛赞誉。

2018年1月20日，《中共中央 国务院关于全面深化新时代教师队伍建设改革的意见》出台，文件阐明了深刻认识教师队伍建设的重要意义和总体要求，对"着力提升思想政治素质，全面加强师德师风建设""大力振兴教师教育，不断提升教师专业素质能力""深化教师管理综合改革，切实理顺体制机制""不断提高地位待遇，真正让教师成为令人羡慕的职业""切实加强党的领导，全力确保政策举措落地见效"这些重要问题都有了具体明确的规定。这些规定从破解教师发展瓶颈入手，为"全面深化新时代教师队伍建设改革"进行了顶层设计，为"让教师成为社会上令人羡慕的职业"提出了具体的政策指导。

可以说，所有规定都是在为师道尊严保驾护航，让教师在教书育人的岗位上有幸福感。认真贯彻这些文件精神，就能从根本上"改变教师的待遇弱势和权利贫困"，培养出一批又一批一辈子献身教育事业，让学生和社会永久铭记的教育工作者，使"风以动之，教以化之"的育人理想得以实现。

综上所述，道尊、自尊、他尊便是师道尊严的内涵。这三个方面囊括了师德、师尊、师威、师表、师法、师职等方面的内容。

二、重振师道尊严，发展平等的师生关系

（一）不能将平等的师生关系和传统的师道尊严完全对立起来

只有重振师道尊严，让教师赢得更多的社会尊重，教师教学的积极性、主动性、创造性才能得到充分的发挥，未来才会大有希望。从这个意义上讲，我们不能丢掉强调师道尊严的优良传统。

但传统的师道尊严只讲学生尊重教师，不讲教师尊重学生，这又容易导致教师的教学专制，搞一言堂，忽略甚至排斥学生在学习中应有的主体地位，这样学生就不可能形成创新精神和实践能力，不可能得到全面发展。反过来说，如果离开师道尊严来讲平等，也容易走向"以学生为中心"的极端，导致教师主导作用的缺失，进而造成学生在学习中的盲目、随意、散漫。

（二）转换教师角色，实现师道尊严与民主教学的交叉整合

我们要建立新时代平等的师生关系，就要让师道尊严传统与现代民主教学各自的优势都能得到发挥、局限都能得到克服。实现师道尊严与民主教学交叉整合，就是要

使单向的尊重学生或尊重教师变为师生双方的互相尊重,这样,师生双方的主动性、积极性、创造性均能得到发挥。为达此目的,需要教师转换角色。

几千年来,教师的角色已经从师傅型转向园丁型,再由园丁型转为雕塑型,在重振师道尊严、发展平等师生关系的今天,教师的角色还应该再由雕塑型向合作者型转变。

在现代化背景下,教育要尊崇主体、唤醒人性,要张扬个性、鼓励学生的自我生长与合作发展。这样一来,学生的作用与地位就得到了提升。目前,学生已经由教育家乌申斯基所说的教育对象变成了教育主体,学生再也不是教师的雕塑对象,教师必须尊重、开发和发挥学生的自主性、能动性和创造性。我们常常看到,以教师个人意愿"雕塑"出来的学生,往往成了模式单调的小大人,丧失了青少年的蓬勃朝气。这样的学生怎么也适应不了现代化建设的需要。因此,教师需要转变为合作者型的角色。

合作者型的教师内涵丰富,至少包括以下四点:

第一,从师生关系看,教师和学生在人格上是平等的,要变单向尊重为双向尊重。学生要尊重教师的辛勤劳动,虚心接受教师的正确教育;教师要尊重学生的兴趣、爱好、特点和发展要求,并积极鼓励、引导学生参加学习活动。教师的心目中必须有学生,绝不能搞教学专制,学生心目中也必须有教师,要以主人翁的态度和教师配合,共同完成教学任务。

第二,从教学过程看,教师对学生施加影响的过程是一个动态变化的过程,不同的教学阶段有不同的引导方式。在教学的初始阶段,学生常常需要教师"扶着走",在中间阶段,则需要教师"领着走",在最后阶段,教师只需跟在学生后面看着他们走。对于难度大的学习内容,教师要领着学,对于难度小的学习内容,只需要教师适当地提示、点拨,甚至放手让学生自己学。学生在启发式教学中,从积极努力跟着老师学逐渐过渡到主动钻研、独立探索,甚至有所创新。

第三,从教学互动模式,教师对学生的影响更多的应该是言传身教和人格魅力的感染,教师应尊重学生的人格,关注个体的差异,满足学生的不同需要,创设能引导学生主动参与的教育环境,激发学生的学习积极性。在探讨问题时,教师要时时鼓励学生敢于说出与别人包括与老师不同的想法,要支持学生在现成的答案之外探寻新解。而学生对教师的影响更多应该是自身发展特点的表现、发展要求的表达、自我学习的设计与完成、对教师的影响的反馈与调节等。

第四,从教育教学活动形式看,要把有意义的接受学习同自主、合作、探究式的学习紧密结合。

"有意义的接受学习"这一概念是由认知教育心理学家奥苏贝尔提出来的。他对只强调发现法而否定讲授法的教学持反对态度。奥苏贝尔认为："在意义接受学习中，新知识被'内化'或纳入主体的认知结构中，是一个积极的转化过程，是一个复杂的认知过程：学生需要对新旧知识间复杂的关系，如派生的关系、扩展的关系、概括的关系等进行精确的判断和分析；需要调整新旧知识之间的分歧和矛盾，还要将新知识转变成自己能够理解和记忆的形式，使之与自己语汇、经验和知识结构的特征保持一致，这就是接受学习可以是积极主动的原因。"我们用奥苏贝尔的这一观点来审视接受学习与发现学习，就可以得出一个结论：在这两种学习方式中，无论哪一种，只要具备了"有意义的接受学习"这一性质，那就可视为正确的、合理的，反之亦然。如何将"有意义的接受学习"与自主合作探究式的学习结合起来呢？其关键是要发挥教师的主导作用。新课程改革提出教师是学生学习的组织者、促进者和指导者，表明学生的主体地位恰恰是在教师主导作用下确立的。《礼记·学记》中的"道而弗牵，强而弗抑，开而弗达"，为教师主导作用的发挥提供了指导原则。

情感派大师于漪教育思想研究

一个以情感陶冶见长的语文教师，她的教态是那样的和蔼可亲，她的思路是那样的流畅清晰，她的谈吐是那样的妙趣横生，她那仿佛随口说出实则却是深思熟虑的话语，似山涧清泉淙淙琤琤，像优美动人的曲子令人陶醉……总之，她的教学就是那样的有魅力、魔力、吸引力，把学生的心给紧紧地粘住，令学生如痴如醉。她是谁？她就是由习近平主席亲自颁发"人民教育家"勋章的全国著名语文特级教师、情感派大师——于漪先生。

于漪，女，汉族，1929 年 2 月 7 日出生，江苏镇江人，中共党员，1951 年 7 月毕业于复旦大学教育系，1978 年被评为语文特级教师，上海市杨浦高级中学名誉校长。曾任全国语言学会理事、全国中学语文教学研究会副会长。

她长期躬耕于中学语文教学的田地，坚持"教文育人"，曾推动将"人文性"写入全国语文课程标准。她主张教育思想和教学实践同步创新，并撰写了数百万字教育著述，许多重要观点被教育部门采纳，为推动全国基础教育改革发展作出了突出贡献。2019 年 9 月 17 日，国家主席习近平签署主席令，授予于漪"人民教育家"国家荣誉称号。

于漪先生从教四十多年来，工作岗位发生过许多变化，但她心中钟爱的职业始终只有一个：教师。她曾主持推动上海市初级中学语文教改实验，主讲近两千节省市级以上的探索性、示范性公开课，其中《春》《谁是最可爱的人》《故乡》《在烈日和暴雨下》《红烛》《最后一次讲演》《孔乙己》《拿来主义》《听潮》《图画》《周总理，你在哪里》等五十多节被公认为语文教改标志性课例。她的教育著述有《于漪语文教育论集》《语文教苑耕耘录》《语文园地拾穗集》《学海探珠》《教你学作文》《语文教学谈艺录》《于漪文集》《于漪教育文丛》等，出版的教学辅导音像材料有《于漪语文教学课堂结构精析》《妙笔生辉》等数十种。于漪先生的文章《往事依依》收录在苏教版语文课七年级上册中，她还领衔主编过教育部语文出版社的名师出版工程《名师讲语文》丛书（三十卷本）。于漪先生先进的教育思想、精湛的教学技艺、极有价值的教育论著已受到国内外同行的高度评价，让她被誉为"精心育人的一代师表，潜心教改的一面旗帜"。

一、语文教学的思想性——"教文育人" 树魂立根

党的教育方针和"三个面向"是教学改革的依据，于漪先生牢牢地把握着这一依据。她的全部教学改革活动中贯穿着一条鲜明的红线，那就是"教文育人"。而要实现这一目标，就需提升教师自身的素养。教师胸中要有一团火，在任何情况下都要朝气蓬勃，对学生有感染力；要做到一身正气，为人师表。教师必须切切实实地为学生作出表率，以此作为教师专业化成长的灵魂和精神支柱。她提出育人要育心，浇花要浇根，要培育学生树热爱党、热爱社会主义、热爱祖国这个"魂"，立爱国主义为核心的民族精神这条"根"，为学生全面发展奠定坚实的基础。

她的标志性思想是：要通过语文教学，在学生心田做"植根"的工作，植爱国主义的根，植民族精神的根，植远大志向的根、理想的根，植良好道德情操的根、健康人格的根。

于漪先生认为，拓展思维是通过"教文"达到"育人"目的的中心环节。这是由语文学科中思维的特殊地位决定的。语文教材中所选的课文文质皆美，不但是语言运用的典范，而且还有丰富的人文内涵，哲学的、伦理的、道德的、情操的、审美的、政治的、经济的、历史的、地理的、军事的、宗教的、民俗的……人文知识都蕴含在语言文字之中。学生在阅读语言文字的过程中必然要受到人文内涵的熏陶和教育，从而形成自己的情感、态度、价值观。学生在吸收语文学科丰富的人文内涵，提升自身素质的过程中，还存在着一个对信息的识别、取舍、储存、分析、综合、判断、推理的思维加工过程。可以说，正确的世界观、人生观、价值观形成于科学的思维方法，拓展思维正是通过"教文"达到"育人"目的的中心环节。

二、语文教学的时代性——"三个制高点" "三个瞄准"

于漪先生有着强烈的使命感和高度的责任感，她认为"社会在前进，教育必须具

有时代性"。为此，她提出了"三个制高点"的说法，即站在时代的制高点上，要勇于与时俱进，跟上时代的步伐；站在战略的制高点上，要增强"科教兴国、人才强国"的责任意识；站在与基础教育先进国家竞争的制高点上，要善于吸收先进养料，敢于与发达国家竞争。此外，于漪先生又提出了"三个瞄准"的说法，即瞄准二十一世纪的基础教育，努力把今日的学生培养成为二十一世纪的有用之才；瞄准国外基础教育先进国家的教育，从严治学，发奋图强，教出水平；瞄准国内、（上海）市内兄弟学校的教育经验，博采众长，力求少走弯路，教出特色。

三、语文教学的前瞻性——教在今天 想到明天

于漪先生认为："教育效果往往是相对滞后的，因此教育必须克服浮躁，要有前瞻和远见，要用对明天建设者的要求指导今天的教育。"由此她提出了"教在今天，想到明天"。培养学生就得精心研究学生，既要研究今日的学生，也要研究明日成为国家建设者的学生。为此，于漪先生提出教师首先要进行自我教育，完善人格。教师心里要装国运、装教育、装学生、装责任、装追求。教师身上挑着千钧重担，一头挑的是学生的现在，一头挑的是祖国的未来，这就是教师工作的整个世界。

四、语文教学的整体性——全局在胸 教有序列

于漪先生认为，语文教学是个系统工程。它应先具有科学的序列，才能有序有效地传授知识、进行训练。教师既要对每个学期教学工作的安排清晰明了，又要明确每堂课、每个单元、每个阶段的教学目标与教学任务。

在实际教学中，她引导学生遵循文道统一的规律，从整体上去理解、把握课文，使学生不仅理解了课文写什么、怎样写，而且还要领会为什么要这样写。学生从课堂教学中不仅学到了知识、技能，而且受到了思想教育。

于漪先生精通教学艺术，对于一堂课怎么开头，选择什么作突破口以带动全局、怎样展开教学进程、怎样收尾，都有独创的整体设计。听她的课所能感受到的是：教学环环紧扣，节奏适宜，张弛有度，波澜起伏，引人入胜。由于她的整个教学能"和学生的心弦对准音调"，所以能取得很好的教学效果。

五、语文教学的重学性——教是矢量 为学导航

重教轻学是传统教学的积弊。素质教育提出要全面培养学生，不仅要教给学生知识，还要教会学生自主学习。于是关于学法指导的研究成为当前的热门话题。然而，有些人又走向了另一个极端：搞教法与学法两张皮。"教学"一词在我国理论界已逐步成为"教与学"的替代品了。同时伴随的是一个响亮的口号——"教师不但要研究教法，还要研究学法"，而且出了许多两者并行实验的报告。目前，在我国的教学理论上，教法与学法被当然地视为两回事。这是不对的。我们认为：教法的本质就是学法。教是矢量，它指向学，并与学一体，成为学的一个导向部分。"教"以先知的角色为"学"引路、架桥、导航，为"学"装上了罗盘、配上了加速器，使"学"得以迅速抵达未知的彼岸，使"学"在速度与质量上得以优化。

由此可知，教的本质不在于输出信息，不在于它是一个信息源，而在于教为学提供了一种道路、方式和方法。因此教之法与学之法，必然是同一个"法"。如果将"教"的实施者教师比作向导，将"学"的实行者喻为大军，那么，向导所带的路，也必然是大军所行的路。

于漪先生重"学"，主张教师应把从教出发的立足点转换到从学出发的立足点上来，重视对学生学的研究。但她同时强调要"使教学为学生的学习服务"。为此，教师必须"手中有书，目中有人"，要研究当代学生的新情况、新特点，从学生的实际出发进行教学。

因此，于漪先生重"学"，不是要"搞教法与学法两张皮"，而是要彰显学生的"学"是在老师指导下的"学"。她提倡并实践的"教文"要为"育人"服务，不能只见"文"而不见"人"，这已经体现了要教学生学会做人，学会养成良好个性、品格、态度、兴趣、方法的思想。

六、语文教学的智能性——质疑激思 开发智能

于漪先生站在培养开拓未来社会主义现代化建设者的高度，十分重视学生的智力开发与能力培养。

只要全面地阅读于漪先生的教学论文，就不难发现，于漪先生的全部语文教学活动中，贯穿着一条重要线索，那就是运用启发式教学培养学生的思维能力，尽力开发

他们的智力。

关于如何开发学生的智力，于漪先生曾写过不少专门的论述，诸如《谈语言和思维的训练》《谈观察训练》《谈想象力与创造力的培养》《谈把握记忆的支撑点》，等等。这些论述启示我们：语文教学要通过启发式教学，让学生在生动活泼的学习中逐渐成长为能够有所作为的人才。

现代意义上的启发式教学正是从古代的原型启发式教学中逐步脱胎换骨而来。它在批判继承古代原型启发式教学原则的基础上，给自己打上了新时代的烙印。其特点是：

在教学思想上，解决学思矛盾，培养思维能力

在教学方法上，诱导主动探索，不搞越俎代庖

在教学形式上，重视问题讨论，摒弃单向灌输

在指导原则上，提倡质疑存疑，反对轻信盲从

在教学程序上，激发求知欲望，追求探索发现

在思维方式上，既要获得知识，更要发现真理

在语文能力的培养上，于漪先生主张读写听说全面训练。于漪先生深感"重读写轻听说"教学的局限性，从适应信息化社会的需要角度出发，在自己的教学实践中十分重视听力与说话训练。纵观于漪先生的读写听说实践，可以从中寻找出另一条重要线索，那就是在教师主导下，让学生在主动、自觉的学习活动中逐步培养自学能力，达到"教"是为了"不教"的理想境界。

七、语文教学的情趣性——寓教于乐 学有所得

于漪先生主张讲课要有情趣。教学有了情趣，就能帮助学生产生一种孜孜不倦、锲而不舍的学习愿望，从而促进学习效果的提升，而好的学习效果又会促使学习兴趣的巩固和发展。

比如她善于在教学中创设情境，为了创设情境，她运用了"巧引""美读""情讲""趣溢"等多种教学艺术，使学生在课堂上感受到情、享受到美、领略到趣、领悟到理。于漪先生的主张符合愉快教学的原则。基础教育课程改革强调愉快教学与"乐学"，正是针对传统教学的"苦学"而进行的矫正。

愉快教学是一种理念，它的提出要求教育者重视关注学生个体的学习状态，研究如何让学生在轻松愉快的气氛中学习。在教学中，教师应通过审美活动去刺激学生的头脑，使他们独立地思考和行动，并在种种创造性活动中得到新的知识和新的思想。要知道，各学科教学都要以美学规律为其灵魂，把对知识的理解及运用的教学过程转换成种种艺术的形象活动，使教学按照美的规律运转起来。

因此，教师要使教学活动适当地体现形象性、活动性、表演性、对话性，其总的旨归是把死板的课堂教学变得生动活泼，使学生由"苦学"变为"乐学"，由"要我学"变为"我要学"。这便是愉快教学。但不能滥用愉快教学。愉快教学并非一种规范的教学模式，当教与学的内容不加选择地被纳入到愉快教学的框架中来时，教学的本质就很有可能会发生异化。

"乐学"教育是一种教学改革的方向，是一种提升课堂教学效果的方法和手段，绝不意味着每节课的每时每刻都要使学生处在过于强烈的快乐情绪之中。当愉快教学变为"教学过程唱唱跳跳、师生对话说说笑笑、争论问题吵吵闹闹、学习练习难度不高、教学评价你好他好"的局面时，学生就会处在持续亢奋的情绪状态之中难以平静下来，这样他们对知识就不会有深层次的心理体验。在这样的教学氛围中，学生就不可能有内心冲突的认知过程。

因此，于漪先生教学讲情趣，但并不"耍花枪"，她是把愉快教学的落脚点摆在让学生能学有所得上。为此，于漪先生认为教学须在"得"字上下功夫，让学生学有所得，才能对语文学习产生兴趣和情感。她的教学体现了目标明确、大胆取舍、一课一得、得得相连的境界。

八、语文教学的艺术性——方法巧妙　引人入胜

教育是事业，事业需要奉献；教育是科学，科学需要遵循规律；教育是艺术，艺术需要创新。

所谓艺术，就是指富有创造性的方式、方法。大凡高明的教师都十分重视教学方法的艺术性。于漪先生的教学方法艺术可说是绚丽多姿。它包括导入设计、创设情境、立体分析、熏陶感染、审美渗透、开启思维、背景介绍等方面。单是一个导入设计的艺术，就有"复习旧知，寻求联系""制造悬念，激发兴趣""激疑设问，启发思考""信息引路，精神集中""背景介绍，引人入胜""渲染气氛，捕捉思维"等。

又如熏陶感染的教学方法艺术，包括"由文入情，由情入理，揭示文章蕴含的至

情深意""重锤敲打关键词句，使它们溅出耀眼的火花""变换提问的角度，选择最佳切口处，激发学生的感情""创设情境，带领学生置身于情境之中，使他们耳濡目染，受到熏陶""联系、扩展，增添感情浓度，形成余音缭绕之感"等。

还如开启思维的教学方法艺术，便包括"生疑、质疑""辨疑、析疑""发散、聚合"……正因为于漪先生讲究教学方法的艺术如此高妙，听她的课如坐春风，完全是一种艺术享受。

九、语文教学的情感性——有情有爱 春风化雨

情感是个体对某个客观事物的态度和由此而产生的相应的一些内心体验。情感活动分为正面情感，像满足、愉快、幸福、喜爱等，以及负面情感，像悲伤、痛苦、焦虑等。教师在教学中的情感通常是正面情感，它表现在对教学工作的热爱上，特别是对学生的热爱。

在于漪先生的课堂上，常常洋溢着一种浓浓的师生情谊。这既是一种师生友情，又是一种长幼亲情。于漪先生说得好："师爱超越亲子之爱，友人之爱。"这种感情表现在课堂上便是指教师不再是单纯的给予者，学生也不再是单纯的接受者。双方敞开心扉，互相接纳、互相理解，平等自由、宽容和谐。师生双方都把对方看成能平等地与"我"交流的人，即整体意义上的人。有一次，于漪先生要初一学生作一篇题为"四季景色图"的作文。许多学生"寻章摘句"，抄袭相当严重。于漪先生没有指责、训斥，而是带着微笑真挚地说，这是一次失败的写景尝试，然后启发大家思考失败的原因。学生们七嘴八舌地议论着，道出了原因所在：抄！于漪先生频频颔首，把自己的笑容汇入学生们笑脸的溪流，接着语重心长地告诉大家：抄袭得来的文章，像纸花一样，是假的。虽然很美也很迷人，但没有生命力。苦思加巧学得来的文章像鲜花一样，是真的，它带着晨露，吐着芬芳，富有生命力。最后，于漪先生要求学生学着写一篇《秋色老梧桐》，她依然微笑着，引导学生怎样从形、色、态方面去写……这个案例充分地体现了师爱的温和性。于漪先生因为对教学的美好认识而产生了强烈的情感活动，并在学生身上倾注了这种情感，才创造出了这样美好的课堂教学。可见，情感性是于漪先生语文课堂教学的内在属性，是于漪先生课堂教学美的风格的主要特征。

老师们，让我们都来向于漪先生学教语文吧！这样，你的语文教学也会有情有爱，有如春风化雨。

导读派大师钱梦龙教育思想研究

一个只有初中学历，从小学到初中总共留级了四次的"差生"，一个曾被老师断定为"聪明面孔笨肚肠，没指望了"的"差生"，后来竟成了著名的语文导学派大师。这个人是谁？他就是鼎鼎有名的钱梦龙先生。

钱先生 1931 年生，已是鲐背之年了。他是上海人，1951 年参加工作，先任美术教师，后改教语文，在嘉定二中执教三十五年，其间担任语文教研组长。1980 年，他被评为上海市特级教师，1985 年秋到 1990 年担任嘉定区实验中学校长。他曾先后担任教育部全国中小学教材审定委员会委员、人民教育出版社中学语文教材特约编审、中国语文报刊协会课堂教学分会会长、名誉会长、全国语文名师工作室联盟顾问与学术指导。主要著作有《语文导读法探索》《导读的艺术》《和青年教师谈语文教学》《我和语文导读法》。代表课有《愚公移山》《谈骨气》《诗八首》《故乡》《一件小事》《睡美人》《驿路梨花》《论雷峰塔的倒掉》《谈骨气》《死海不死》《中国石拱桥》《大铁锤传》。

钱先生因倡导"三主三式"导读法而享誉全国语文界。这个"三主三式"导读法闪烁着钱先生语文教育思想的光辉，也曾引起过全国教育界的争鸣。

一、钱梦龙的"三主"教育理论

"三主"是指以学生为主体、教师为主导、训练为主线。

（一）以学生为主体

钱先生把学生定位为学习的主体，认为应该确立学生在教学过程中为认识的主体和发展的主体。学生是具有独立意志和认识潜能的实践者。

1. 确立学生在教学过程中为认识的主体

确立学生在教学过程中为认识的主体就是要发挥学生在学习中获取知识与培养能力的主动性、积极性、创造性。

不能用教师的讲授去代替学生的感受。要确立学生为认识的主体，就要由带着知识走向学生转变为带着学生走向知识；由向学生奉送真理转变为引导学生发现真理。因此教师要适当地给学生一些权利，让他们自己去选择；给学生一些机会，让他们自己去体验；给学生一些困难，让他们自己去解决；给学生一些问题，让他们自己去找答案；给学生一些条件，让他们自己去锻炼；给学生一片空间，让他们自己向前走。

2. 确立学生在教学过程中为发展的主体

教育的根本任务就是发展学生。这个发展是全面的，它包括平等发展、自由发展、个性发展、和谐发展，和谐发展又包括德智体美劳同时并进。学生的发展过程更是教师无法越俎代庖的，需要学生自身的努力。

就以阅读教学为例，阅读教学的过程也是发展学生的过程。学生在阅读中获取知识、培养能力、陶冶情操、健全人格，主要不是靠老师的烦冗讲析，而是靠在老师引导下的阅读自悟。要让学生在阅读中自己去明其言、晓其义、感其情、悟其旨、得其辞、体其境。要让学生从阅读中读出"我"来。要引导学生在文本的解读中发现"我"，表述"我"，追问"我"，显现"我"，在对"自我"与"他我"的领悟过程中去体悟存在。

"以学生为主体"的观念曾在学术界引起过一场"谁是教学的主体"的争论，出现了"教师主体说""教师学生双主体说"等。不过真理是越辩越明的。通过学术界的争鸣，大家渐渐认同了钱先生的说法：在教学中以学生为主体，就是要把学习的主动权交给学生，让学生在教师的指导下自己阅读、自求理解、自致其知，从而根本改变教学中单纯由教师灌输知识、越俎代庖的教法。

"以学生为主体"这个观点在今天仍然有很强的现实意义。所以语文新课标中指出："学生是学习的主人""学生是学习和发展的主体""要重视学生在阅读过程中的主体地位"。

（二）以教师为主导

1. 以教师为主导的含义

以教师为主导就是要确认教师在教学中处于领导、支配的地位。

而这个领导支配地位不是指教师可以牵着学生的鼻子走，把学生的思想纳入教师既定的轨道，削学生的"足"来适教师的"履"。它是指以承认学生的主体地位为前提对学生进行因势利导。

"因势"是"导"的条件，是指顺着学生的认知规律、思想流程、学习心理，正确引导他们从已知达到未知的彼岸。"利导"就是要善于把学生引导到最有利于他们认识和发展的情境中，使他们的潜力得到尽可能充分的释放。具体地说，以教师为主导的内涵包括四个方面：

（1）教师是整个教学过程的组织者，他要使学生的求知活动始终围绕着教学的主要目标进行并收到理想的效果。

（2）教师是学生求知过程中的启发者，他要引导学生不断地向更深更广的知识探索。

（3）教师是学生学习的指导者，他要随时给学生以鼓励、督促，并进行学习目的、学习方法的指导。

（4）教师是知识的传授者，在学生求知不得的时候，教师的讲授是必不可少的。

因此，教师作为组织者，就不能"放羊"；教师作为启发者，就不能"填鸭"；教师作为指导者，就不能"代庖"；教师作为传授者，就不能当讲不讲。

2. 发挥教师的主导作用

学生学习的主体性要在教师的主导作用下才能得到发挥。教师越是导之有方，导之得法，学生的主体作用就越能充分发挥。如果教师对学生的学习积极性不去调动，学习的方向不去调控，学习的内容不去选择，学习方法不去指导，学生在学习中遇到的各种困难不去解决，学习中涉及的新知识不去讲解，那么无疑于让学生自生自灭。

那么，教师的主导作用究竟表现在哪些方面呢？主要应体现在为学生的学习创设情境、激发动机、提供资源、指示方向、教授方法、质疑激思、点穴通窍、升华结论、作出评价、督促管理等方面。

教师的这些主导作用不仅不会束缚学生的手脚，反而使学生的自主学习更有成效。

（三）以训练为主线

以训练为主线是指在教学过程中，学生的主体地位和教师的主导作用是要通过以师生的双向活动为特征的训练来达到和谐统一的。这种师生互动的训练贯穿教学活动的全过程，其他一切活动都是为之服务的。

训练要有训有练。"训"包括教师的教导、指导、引导、辅导。"练"是指学生在教师指导下的实践、操作。训练是作为训方的教师与作为练方的学生相互合作的一种必要形式。

钱先生提出的"以训练为主线"仍然是一个有争议的话题。有些教育工作者把钱先生所说的"训练"误解为"练习""题海战""抓死练活"……其实钱先生的"三主"中的训练当然包括课后的练习，但远不止于课后练习。他说的训练包括教学过程中学生主动获取知识、应用知识培养能力、发展智力的各项学习活动。其基本形式是以思维训练和语言训练为核心的听说读写训练，这种训练应贯穿于语文教学的始终，所以说它是主线。

（四）"三主"教育理论之间的关系

"三主"教育理论要求教学诸因素在教学过程中实现动态平衡，和谐统一。

"学生为主体"是导读的前提，着眼于使学生善学；"教师为主导"强化学生主体地位的条件，着眼于教师善导；而学生的善学和教师的善导都必须通过一个"善练"的科学程序才能实现。因此，"训练为主线"是学生与教师相互作用的必然归宿。

二、钱梦龙的"三式"教学模式

"三式"是钱先生"三主"教育理论的实践化成果，它包括自读式、教读式、复读式。

（一）自读式

自读式是"以学生为主体"思想的体现。但它同样也离不开教师的主导作用。目标和计划是自读式能否取得成效的决定因素。

自读式的过程包括：

（1）按教师授予的方法阅读。

（2）教师边指导，学生边阅读。

（3）阅读后，教师引导学生对内容加深理解，进而领悟阅读方法。

（二）教读式

教读式指教会学生阅读。教师应激发学生的学习内驱力，精心设计教学方案，组织好教学过程，对学生的学习方法进行指导。"教"是一个动态过程，它将随着学生"会"的程度逐步提高而最终"功成身退"，达到"不需要教"。

（三）复读式

复读式是一种复习性的阅读方式，分为单篇复读与单元复读。

单篇复读是在学生学完一篇新课文后的复习性阅读，通常以书面作业或口头作业的方式进行，重在消化、积累、运用知识和鉴赏评析课文。单元复读是把一个单元的课文集中进行复习性阅读。它以知识归类、比较异同、求得规律为目的。

三、"三主"与"三式"的关系

"三式"是在"三主"教育理论指导下的三种不同的训练方式。"三式"与"三主"的结合，使整个教学过程呈现出鲜明的导读色彩。

四、实践"三主三式"导读法的教学方法艺术

为了弄清此问题，我们可以打个比方，如果明确了要过河的目标，就要解决桥和船的问题。钱先生提出"三主三式"导读法，确定了"过河"的目标，那么，他研究教学方法艺术就是在解决桥和船的问题。多年来，钱先生为实践"三主三式"导读法摸索出了许多教学方法艺术，我们可以将其归纳为六个方面：阅读训练的入格方法艺术；民主平等的交谈方法艺术；妙趣横生的曲问方法艺术；欲擒故纵的悬念方法艺术；富有情趣的点拨方法艺术；阅读写作的沟通方法艺术。

以上每一种方法艺术都再进行可以细分。比如阅读训练的入格方法艺术就可以分为认读感知、辩体析题、定向问答、深思质疑、复述整理。又如妙趣横生的曲问方法艺术可以分为反面入手、节外生枝等。

钱先生的"三主三式"导读法再加上实践"三主三式"导读法的教学方法艺术，成就了钱先生"导读派大师"的美名。全国的语文教师们，让我们都来研究钱先生的"三主三式"导读法吧，它一定能帮助我们的语文教学由向学生奉送真理变为引导学生发现真理，由带着知识走向学生变为带着学生走向知识！

语文教育学家王光龙的语文学习教育人生

"山成由一篑，崇积始微尘。"作为我国著名语文教育理论家，王光龙先生凭借他从教五十年的深厚积淀，在教学与科研方面取得了多方面的辉煌成就，特别突出的有两个方面：一是精心构建语文学习科学理论体系，这是他开出的鲜艳夺目的学术之花；一是倾情培养学生语文学习素质，这是他结出的硕大甘甜的教学之果。

一、精心构建语文学习科学理论体系

未来学家阿尔涅·托夫勒曾指出："未来的文盲不再是目不识丁的人，而是那些没有学会学习的人。"但在目前的语文教学中，重教轻学的现象仍然十分严重。有鉴于此，新课程标准提倡转变学习方式，随之出现了一些有识之士关于语文学习指导的研究及实践。但是这些研究及实践还是比较肤浅的，而不是深刻的；是比较零碎的，而不是系统的。它们多是借用而不是化用，未能产生语文学习科学自身的概念系统，因而未能形成专供语文学习使用的完整的理论体系。我国语文教育界较早关注并倾力研究学习科学和语文学习学的开山鼻祖是王光龙先生。王先生从 20 世纪 80 年代开始研究学习理论，90 年代已经取得很多成果。他在 1997 年发表的《语文学习科学学科体系的构想和建设》中指出，"语文学习科学是在学习科学产生后应运而生的属于学习科学领域的一门专业科学"，并开始构想语文学习科学学科体系蓝图。他指出，语文学习科学学科体系包括学习科学系统的分支学科、语言学系统的分支学科、文学系统的分支学科、文章学系统的分支学科、心理学系统的分支学科、思维科学系统的分支学科、社会学系统的分支学科、方法学系统的分支学科、生理学系统的分支学科、哲学系统的分支学科等十大系统的分支学科。经过国家三届教育科学研究课题的锤炼，语文学

习科学体系的理论构架基本成形。2000 年，在王光龙先生主持制定的《语文学习科学
"十一五"规划课题指南》中，将语文学习理论概括为十二大类，一百五十个小类。这
十二大类、一百五十小类内容，便是王光龙先生对我国语文学习科学理论研究前景的
总体规划，它们构成了语文学习科学理论的完整框架，为我们勾画出了发展语文学习
科学的宏伟蓝图。

怎样衡量一种学说是否形成了完整而严密的理论体系呢？多年来，学术界形成了
一个为大家所基本认同的观点，即可以从理论板块之间的内在联系、理论的独创性以
及理论的实践性三个方面来进行审视与作出判断。我们认为王光龙先生关于语文学习
科学理论的构建已经形成了完整而严密的体系，也就是基于它符合这三个方面的标准
而作出的判断。

（一）语文学习科学理论有着严密的内在联系

王光龙先生构建的语文学习科学理论蕴含于专著《语文学习方法学》和《语文学
习概论》之中；蕴含于在由他主持的全国教育科学"九五""十五""十一五"规划的
课题统领下先后开展的语文学习方法指导、语文学习素质培养、语文学习方式转变的
理论研究与实验之中；蕴含于由他主编出版的《21 世纪语文课程学习指导丛书》之
中。说他的语文学习科学理论已经自成体系，首先就在于这些理论有着完整而严密的
内在联系。他所有的语文学习科学理论研究都聚焦在语文学习素质的培养上。语文学
习素质是语文学习科学理论的逻辑起点，是语文学习科学理论的支撑点，是语文学习
科学理论研究的出发点和归宿，是统摄全部语文学习科学理论的灵魂。为了弄清语文
学习素质的内涵，他首先从学习素质论起。1996 年，他提出了学习素质这一中心概
念，并将其定义为学生素质的"元素质"，认为它是学生获得其他所有素质的基础。也
就是说，学习素质是"人的各种素质中最基础的、首要的素质，是催生其他素质的素
质，也是使其自身得以完善的素质"，并且指出学习素质具有内涵的综合性、品质的稳
定性、个体的差异性。学习素质系统包括学习认识、学习驱动、学习智能、学习操作、
学习管理等五个子系统，每个子系统各有自己的构成要素。子系统之间有密切的相互
依存性和互动协调性。他在《学习素质与学习型社会》一文中，又将学习素质与学习
型社会建设和人的全面和谐发展联系起来，积极倡导全社会重视培育人的学习素质。
他的这些论述深化了人们对学习素质的内涵、特征、地位、作用和结构系统的认识，
为国民学习素质特别是学生学习素质的培育指明了方向。

在弄清了学习素质这一基本概念的基础上，他又自然而然地引出了语文学习素质

的概念。他认为语文学习素质是带有语文学科特点的学习素质，是学习素质在语文学科学习中的体现和运用。语文学习素质也有一个结构系统，由语文学习的认识、驱动、智能、操作、管理等五个子系统构成。各子系统的要点分别是：对语文学习的价值、功能、目标、特点、规律等的认识，语文学习的动机、兴趣、情感、意志、态度，语文学习的观察、分析、概括、记忆、想象等能力，语文学习的方法、策略、技能、模式、习惯，以及对语文学习计划、内容、进程、成效、环境的管理。不管是《义务教育语文课程标准（2011 年版）》中列述的各项语文素养，还是《普通高中语文课程标准（2017 年版）》中总结的四项语文核心素养，不管是语言知识、文学知识、逻辑知识、文化知识的积累与运用，还是识字写字、阅读写作、听话说话、审美鉴赏、信息搜集分享等语文能力的训练与提升，都要依靠上述语文学习素质各系统的协同运作，其理解、运用、训练、提升的程度和效率，都要受到语文学习素质实虚优劣的制约。没有良好的语文学习素质，便难以形成良好的语文素养。因此，说"语文学习素养是语文核心素养的元素养"，是合乎逻辑并合乎实际的。

由此可见，无论是学习素质，还是在此基础上形成的语文学习素质，其内部要素都是学习理论系统的一个因子。无论是学习素质或是语文学习素质，都是各有其自身内部联系的有机整体。而所有的语文学习理论观点，就像是众星捧月一样围绕在"语文学习素质培养"这个主题周围。王光龙先生语文学习科学理论严密的内在联系也就体现在这些地方。

（二）语文学习科学理论具有独创性

"须教自我胸中出，切忌随人脚后行。"王光龙先生的语文科学学习理论是独树一帜、自成一体的。他的语文学习理论中的多数设想都是在他之前无人涉猎过的。

王光龙先生关于语文学习科学理论的独创性还表现在他纠正了一些关于语文学习的片面认识。

比如多年来，僵化的传统教法观禁锢了人们的思想，它将教法置于学法之下，阻碍了对教法本质的揭示，严重地影响了对课堂教学规律的进一步探索与掌握。王光龙先生看到了教法与学法密不可分的内在联系，他认为："教的目的是为了学，不真正了解学生如何学习，教的目的也是难以达到的。"这就把教法与学法联系起来，将教法研究融入学法的研究之中了。我很赞同这个观点。王光龙先生在《语文学习素质及其培养》一文中提出，培养学生语文学习素质要坚持三项原则：一是计划性原则，二是实践性原则，三是协调性原则。在这三项原则的引领下，又有培育学生的语文学习素质的五条策略：一是引领学生明确语文学习的目标，二是引导学生遵循语文学习的规律，三是指导学生优化语文学习的方法，四是指导学生养成语文学习的良好习惯，五是积极探索语文学习方法指导课的模式。王光龙先生的三项原则和五条策略说明教师在课堂上进行学法指导的活动既是学生进行学的活动，也是教师进行教的活动，教与学是难解难分的。仅以引领学生明确语文学习的目标为例，王光龙先生认为，"首先须了解不同学段学生的心理需求和实际基础，然后针对其需求和实际给予恰当引导。教师可以通过宣示、提示、渗透等方式来指引目标，如在学段之始、学期之初结合制订学习计划，宣示学习目标；在阅读、写作某类文章作品，组织口语交际、综合性学习等活动的时候，传达课标中相关的要求，提示学生教科书编写者的意图；在课堂教学过程中，在作业、作文、试卷讲评中，在阶段性总结、复习中，随机渗透目标要求。同时注意照顾学生的差异，将指示与'非指示'结合起来，尊重学生的自主选择"。这段论述说明，任何教学规律都是在揭示一定条件下教师活动与学生活动所具有的本质属性及其内在联系，一切教学规律都是师生共同活动的规律。教者，导学也，教师的天职是参与学生的学习过程，帮助学生学习，使教学内容内化为学生的认知结构，促进其个性发展。可以说，从教的角度研究学，与从学的角度研究教，就其内容和宗旨而言是一回事。而这种研究的直接成果就是为学生的学习设计了一种最适宜的学法。任何教法都是教师主导下的学法，它是在先进教育理论的指导下，对以往成功学法的集中、提炼、改进与再实施。教法是学生的学法，教法的成败，在于它本身是否符合学生的学习规律，而学习规律既是认知规律，又是心理规律。在课堂教学研究上"搞教法与学法两张皮"，又在教学上实施不是教法的学法指导，或实行不是学法的教法，这种人为割裂的双轨研究无异于将一颗完整的心脏先割成两部分，然后令其同频率跳动。

还比如有人认为，"语文学习科学理论就是指导语文学习方法的理论"，让学生学会学习就是指"指导学生掌握学习方法"。这种认识固然不错，但却是十分狭隘的。其实，学法不仅是指学习方法，还包括学习观点、学习心理、学习态度、学习目的等。这正是开展学法指导的内容。学法指导的效果不仅受到老师和学生两个个体因素的制约，还受到学习内容、学习环境等因素的影响。学法指导要研究的主要是学生的独立学习能力是怎样形成和发展的，要解决的问题主要是帮助学生独立、高效、高质量地学习，达到"教是为了不教"的目的，为学生的终身学习打下基础。因此帮助学生学会学习的语文学习科学理论就不只是指导学生掌握学习方法。学法指导的正确理解是指教育者通过一定的途径、方法，对受教育者进行学习观点、学习内容、学习目的、学习方法的传授和指导，使之形成健康的学习心理，学会具有创造性地，独立、高效、高质量地学习。王光龙先生在这方面就有精辟的见解，他认为"语文学习这部分内容应该包括语文学习心理的理论，语文学习智力因素和非智力的理论，语文学习方法培养的理论，语文能力培养的理论"。这一见解正好纠正了"语文学习科学理论就是指导语文学习方法的理论"和让学生学会学习就是"指导学生掌握学习方法"的片面认识。

王光龙先生的语文学习科学理论克服了"学法研究缺乏系统性"的弊端。学习学在国外早已经成为一门独立的科学，它融汇了心理学、思维学、教育学、哲学、社会学、文化学、现代自然科学与技术等有关学习方面的研究成果。而我们的学法指导研究往往单纯与某一具体科学理论相结合，缺乏学习学这一现代科学理论的系统、全面指导。如在语文教学中只重视学习知识的研究，忽视了学会应用的研究；只重视学习语文知识的研究，轻视培养良好个性、品格、态度等方面的研究。王光龙先生的语文学习科学理论就是多学科理论结缘的综合体。他在《试论语文学习方法学的建立》一文中，针对学习科学的外延指出了许多门类和分支。如学习心理学、学习生理学、学习思维学、学习潜力学、学习卫生学、学习环境学、记忆学、学习哲学、学习美学，等等。单是一个语文学习方法理论，其内涵就十分丰富。他在《试论语文学习方法学的建立》一文中缕析了语文学习科学理论建构的基础与传统。他把从儒家经典《礼记》中的《学记》一直到清代的《学海津梁》作为语文学习方法学的历史基础。他将叶圣陶20世纪20年代的《作文论》《略谈学习国文》《中学国文学习法》、叶圣陶与夏丏尊合著的《文心》《阅读与写作》，及中华人民共和国成立以后吕叔湘、朱德熙合著的《语法修辞讲话》都作为语文学习方法论的理论支撑。《叶圣陶论略读学习指导》一文对叶圣陶的略读学习思想进行了系统总结。《略论朱绍禹的语文学习思想》一文介绍了朱绍禹的语文学习研究价值观、语文学习指导的内容观、语文学习方法的效益观等学术思想。所有这些无不说明王光龙先生的语文学习科学理论具有深厚的理论功底，且克服了我国的学法指导研究缺乏系统性的弊端。

（三）语文学习科学理论具有实践性

王光龙先生对语文学习科学理论的研究是非常深入的，因而其理论的抽象程度自然就很高。他对语文学习科学理论作了鞭辟入里的理性思考，摸索在实施语文学习科学理论中带规律性的东西，重在一个"论"字上，学术性很强。但王光龙先生研究语文学习科学理论的目的十分明确，不是要拿它作花瓶当摆设，而是要用它来指导学生语文学习的实践，帮助教师运用语文学习科学理论指导学生进行有效的学习实践。不仅要有的放矢，而且要矢能中的。多年来，他在从事理论研究的同时一直坚持"眼睛向下"，密切关注基础教育阶段的语文课程改革。他有过小学、中学和大学的教学经历，这种经历也决定了他研究语文学习科学理论时绝不是将自己封闭在象牙塔中。他将语文学习科学的理论研究与语文教学实践指导相结合，使其兼具理论性与应用性的双重色彩。他构建的语文学习科学理论是接地气的应用理论，突出了语文学习指导的实践性，这种实践不仅有多学科的理论作为支撑，更有大范围、大规模的实验作为依托。他的语文学习实验范围覆盖全国十多个省、市、自治区，参与实验的学校达近百所，探索出了语文学习素质的课堂培养模式和活动培养模式数十种，形成了课题实验论文和报告近千篇，出版了实验论文集和培养模式集数十本，总结了成熟的语文学习素质培养系列方法。参加实验的中小学生明显增强了语文学习兴趣，普遍掌握了系统的语文学习方法，初步形成了良好的语文学习习惯，整体上提高了语文学习素质。这些成果和经验为语文教育工作者提供了宝贵的借鉴。

综上所述，王光龙先生的语文学习科学理论既有严密的内在联系，又有独创性、实践性，所以说他的语文学习科学理论自成体系是当之无愧的。几十年来，王光龙先生就是这样咬定语文学习科学理论研究不放松，加上他有一双善于发现的眼睛和一颗善于创新的心，才能在语文学习科学理论研究与实践方面独领风骚，令人叹服。

二、倾情培养学生语文学习素质

王光龙先生既是语文学习科学理论的开创者，又是语文学习科学理论的传播者。他通过著书立说、开展学会（指全国语文学习科学专业委员会）学术活动，用自己的研究成果直接去武装一线中小学语文教师的头脑，也通过课堂向他的学生传授语文学习科学理论。他对语文学习科学理论的教学与研究的热爱都源于他对学生的热爱。这种热爱表现为温和地善待学生、严格地要求学生、不倦地教诲学生、全面地关心学生。

温和性是教师对待教育对象应该有的最基本的态度，是教师应具备的最起码的品质。温和性在王光龙先生身上表现得尤为突出。他在学生心目中的印象有："慈眉善目""儒雅亲切""和蔼可亲""语气柔和，十分慈善""什么时候都是和颜悦色的""镜片后的眼睛眯着缝，极具亲和力""金属框架眼镜下的眼睛会随着嘴角上扬而洋溢笑意""性格温和敦厚，不急不躁，说话常常是慢条斯理、有板有眼的"。

王光龙先生对学生十分和蔼的同时，对学生的要求也十分严格。他不会姑息迁就学生的缺点和错误，他绝不是那种"睁只眼、闭只眼，免得担风险；不说好、不说坏，谁也不见怪"的好好先生。他的一名学生有这样一段回忆：

当时，仅是我们一届研究生，王老师就带了五位。单是上课时，他的一份作业就是四五千字起步，每周来个三四次，每个人的作业他都要一一点评，一一听我们解读，一一给我们改正。他言辞犀利，绝不姑息我们避重就轻的偷懒行为。如果达不到他的标准，要重新写过。一节课上，我们如果没有被拉出来"示众"，不被诘难倒，就是万幸了。

这不由得使我想起孔子在《论语·述而篇》中说的"子温而厉，威而不猛，恭而安"来，王光龙先生不就是这么一个既温和又严厉，既威严但又不凶暴，既恭谦庄重又自然安详的好老师吗？

诲人不倦是孔子教学生的准则，更是爱学生最重要的标志。王光龙先生每次上课，总是早早地进了教室，坐在那儿等学生来上课，长年累月，无一例外。一名学生这样回忆王光龙先生：

王老师有个习惯，会不停地用力揉搓双眼，很久之后我们才知道这是因为早些年王老师长时间看书写文章留下的眼睛肌无力的后遗症。可即便是这样，我的学年论文、毕业论文、硕士论文，甚至是每一次的开题报告、中期答辩，大到行文结构思路，小到一个错别字、一处标点，王老师都会细致地圈画修改。

还有一名学生也有类似的回忆：

记得毕业那年王老师帮我修改毕业论文时，他那种专注勤勉的科研精神深深地感动了我，论文的题目、摘要、正文、参考文献，他都一字一句批阅，并将文中的标点符号、文章格式等问题一一指出。为了确保参考文献资料的可靠和全面性，王老师还把远在美国读书的三女儿的联系方式给了我，叮嘱我需要参考外文资料的时候，可以找他女儿寻求帮助。王老师这种对细节一丝不苟，从不打马虎眼的态度让我受益匪浅。

在学业之外，王光龙先生对学生的关怀也可以说是无微不至、感人至深的。他教小学时，常给学生理发；教大学时，饺子与山西陈醋，是他与妻子经常款待学生的美味佳肴；他向有胃病征兆的学生介绍自己养胃的妙招；他帮学生的孩子解决借读问题；他把自己女儿的自行车借给丢失了自行车的学生使用；他把脚踝骨折的学生接到自己家里照顾……凡此种种，不一而足，不由得使人联想起鲁迅为青年补靴子的琐事。这是怎样的关怀备至、平易近人啊！

王光龙先生对学生的爱是一种博爱，他要让阳光吻遍每一片土地，让每一块金子都能闪闪发光。他说："心中要有学生，眼中也要有学生。讲课时目光不能只停在一处，心里不能只想着学习好的学生。"这就是告诉我们，既要爱"白天鹅"，也要爱"丑小鸭"，既要爱优生，也要爱学困生、后进生，总之，要面向全体，一个也不能少。

王光龙先生对学生的爱，是将教书与育人结合起来。他不仅是经师，也是人师。他作为学校的党支部书记，一直坚持以自身的人格魅力影响和带动学生的人生观、世界观和价值观的养成。据不完全统计，他曾带过的毕业班学生有三名担任副厅及以上领导职务，二十余名担任副县及以上领导职务，还有一批企业家、作家、新闻工作者、律师、法官、警官、检察官等各行各业的中坚力量。

在全国语文学习科学专业委员会中，王光龙学生是学会的理事长，而我是学会学术委员会主任。在办会中，我们结下了不解之缘，二人相与为金石之交。当我读到《王光龙：语文学习教育人生》一书时，脑子里总是闪现出王光龙先生那"方略从容能处事，精神洒脱见挥毫""青山入眼不干禄，白发满头犹著书"的奕奕神采。聪明的资质、内在的干劲、勤奋的工作态度和坚忍不拔的精神，这些都是王光龙先生的科研与教学"比翼齐飞"的必要条件。王光龙先生始终不忘教书育人，学术之树常青，令人敬佩！我亦祝愿此书（指《王光龙：语文学习教育人生》一书）获得广大读者的喜爱，希望读者们从此书中不只是能吸取到语文学习科学理论的精津美汁，还更能领略王光龙先生的思想，以及他的心灵——那祥和、宁静、淡泊的心灵，那冰清玉洁而又一往情深的心灵。

我想以一首小诗作结：

恰似南山不老松，人生最美夕阳红。

立年始效昌黎说，古稀犹吟孟德风。

老骥识途千里志，青苗得雨百秋功。

杏坛执纛师心在，正是语林春意浓。

爱语文　爱学生　爱研究

——语文教师的职业操守

我的教学生涯起步于深山老林的一所民办初中，那是在 1968 年。五十多年来，我在对语文教学的探赜索隐中，渐渐对语文教师的职业操守有所领悟。我认为，语文教师这一特定人群的职业特征、思想观念、教育对象、教学内容、教学方法、工作环境、思维方式、行为选择、社会影响等，通过语文教师的学习、工作、生活、交往，在语文教师个性主体、心理本体和行为载体中积淀和聚合，从而形成了语文教师的职业操守。语文教师的职业操守浓缩成一个字，那就是"爱"：爱语文、爱学生、爱研究。

一、爱语文

我十分热爱语文教学，决心做本真教师，教本真语文，把自己的兴趣爱好做成自己的事业。在五十多年的教学与研究生涯中，我曾先后三次放弃了别的选择，在人生的转折点、在事业的岔道口，我毫不犹豫地将脚踩在教室的三尺讲台上，坚守了五十多年的语文教学与研究。心理学家威廉·詹姆斯说："人性中最深切的禀质，是被人赏识的渴望。"学生称赞我的课堂是"知识的清明上河图""培养能力的广袤原野"，我自知没有那样好，但是我把这些赞誉当作是鼓励、鞭策以及我在教学上应该追求的境界。在课堂上，我从学生聚精会神的表情和对我充满信任、赞许、崇敬的目光中，得到的是慰藉、快乐。虽然我也先后担任过四川省雅安市汉源县第二中学副校长、四川省雅安教育学院党政办公室主任、四川师范大学文学院党委书记等职务，但我从不离开教学与科研，所承担的教学与科研任务总是比专职教师还重。虽然这些工作也耗去我许多时间和精力，但我总是把双休日、寒暑假及每天下班的时间用来搞教学与科研。我曾执教中学语文、担任语文教研员十七年（1968 年至 1985 年）。在离开中学到高校的三十八年（1985 年至 2023 年）中，我仍然经常去中学办讲座和上"下水"示范课。

我在全国各地作语文方面的专题报告六百余场，上语文示范课一百余堂。我的一些教学实录被刻录成光盘公开发行，一些语文杂志也刊登了我的教学实录并附上专家们的评论文章。我的教学实录在《中学语文》杂志刊登后，主编潘纪平先生专门撰文作了评析，他评论道：(教学实录)一是内容凝练厚重；二是抽丝剥茧，层层递进；三是从知到行，强化实践。我七十岁生日那天，亲朋好友本来张罗着要为我办一个热热闹闹的生日宴会，而我却辜负了大家的一番盛情，去到相距千里之遥的广西玉林给初三年级的学生上语文课，为广西参与"国培计划"的教师作示范。五十多年来，我出版的大部分专著，发表的大部分论文，主持的国家级、省部级教学与科研课题瞄准的都是语文教学。若干年来，我担任了四川省高考语文命题组组长、四川省高考语文阅卷指导委员会负责人或指导委员，我常常去中小学听语文教师上课，为各种语文讲课大赛当评委，为中小学语文教师课题实验当顾问……所有这些，都因为我对语文教学有一种难以割舍的情怀。这种情怀来自我对教师职业意义及价值的深刻理解。我是在用辛勤劳动来描绘教师的美丽人生，是在生命的挑战和创造中获得职业的浪漫、专业的尊严和事业的欢乐。

二、爱学生

爱学生是师爱的出发点和归宿。语文教师这个职业，说到底就是通过语文教学来培养学生的语文素养，使他们成为有理想、有道德、有文化、有纪律的社会主义事业的建设者和接班人。

这里，我想摘录几段专家和学生所写的回忆录。我爱学生，学生也爱我，这些情感都包含其中。

全国著名特级教师李镇西先生说：

> 我还特别想向刘老师表达一份真诚的感谢。多年来，他对后辈的关怀与提携，让包括我在内的许多语文教师受惠，并顺利地成长起来。坦率地说，当今像刘永康老师这样心地善良、为人朴实、学问深厚、虚怀若谷、视野开阔、胸襟博大的教育专家并不多见。至少对我来说，学习、继承并发展刘永康老师的做人品格、治学精神和教育思想，是对他最好的感恩。

我的学生、四川师范大学文学院教授张华先生有一篇回忆录叫《一路恩师，一路阳光》，其中有几段写道：

记不清在哪个地方看到泰戈尔的一句话："像阳光一样拥抱你，又给你以光辉灿烂的自由。"品读它，印刻在我脑海里的却是和恩师刘永康先生一起漫步在阳光草坪上的点点滴滴。从十年前读研究生到毕业后留校任教，每逢同先生一道与他人在场，先生都会向别人介绍："这是我的开门弟子。"一时间，我似乎都能在一阵莫名的诚惶诚恐之间，看到他眼中闪烁着的缕缕温暖和悠悠慈爱，看到他那海纳百川的胸怀中涌动着的生命的鲜活。

在先生的课堂上，一句劝诫、一声叮咛、一言教诲，叫人如沐春风；在先生的家里，我在这无亲无故的城市中更是得到了亲人一般的待遇。如今，在川师大（指四川师范大学）奔波劳顿、跌跌撞撞的时候，先生依然不断地用智慧而又充满能量的熊熊火炬点燃我的思维之薪；先生依然不断地用甘甜而又温润的滴滴雨露浇灌着我的成长之田；先生依然不断地用热情而又真切的谆谆教导扬起我的生命之帆。

教育这条路上，风雨兼行，风化成了屏帷，雨化成了白雪，化成了黑板和粉笔；而正是有了先生的教诲和指引，黑板化成了教导，粉笔化成了知识。先生以其言、其行、其心作出了表率，让我们看到了当代教育家的典范。

我的学生、成都双流中学正高级教师陈剑泉先生撰文说：

2001年，我报名参加了四川师范大学语文教育硕士的考前培训，由于铁路塌方，延迟了两天时间才赶到四川师范大学，错过了专业课的辅导。为了拿到复习资料，我忐忑不安地敲响了刘永康教授的大门。我本打算说明来意之后，拿到考前复习资料就走。可是没想到，刘教授对我十分热情，把我带到阳台上，为我泡了一杯茶，阳台上有一张圆桌，桌上有几本书、一沓稿纸、一支钢笔。待我坐下后，刘教授开始辅导我了。以我现在的眼光来评价，那时的我对语文教育可以称得上一无所知，与刘教授根本就没有"对话"的资质。但令我奇怪的是，刘教授的辅导照样让我听得入迷。在这之前，我基本不看语文教育杂志，不看各种教育理论书籍，不了解各种教育政策，对于语文教育界争得十分热闹的语文学科的性质的争论一点都不知道。刘教授的讲解让我大开眼界，异常兴奋。他从工具性、人文性、科学性、时代性、实践性、创新性等各个角度，引经据典，旁征博引，一环扣一环地阐释，指出了各种流派所提观点的进步性与局限性，并在综合各类观点的基础上，提出了自己的观点，同时充分地阐释了自己的观点克服了哪些局限性、解决了哪些问题。现在想起来，刘教授对我的辅导就是一篇精彩绝伦的论文，使我感觉到自己好像从来就没教过语文一样（其实我从 1996 年调到渠县师范学校后就一直从事语文教育工作），原来语文教育是那么深奥，我一直处在语文教育的大门之外，完全不知大门之内的风景。也正是这一次与刘教授的初次接触，让我像变了一个人似的，突然"低调"起来。默默地记下刘教授在辅导中所提及的书名，第二天就到成都西南书城和新教育书店购买了十多本书，仅留下回家的路费，其余的钱全花在买书上面了，甚至没给女儿买一样礼物。书提在手上，沉沉的；自己的心，也沉沉的。自此，我踏上了语文教育的艰苦之旅。自那以后，那个阳光明媚的午后，那张圆桌，刘教授那双炯炯有神的眼睛一直被珍藏在我的记忆深处，震荡着我的灵魂，使我在语文教育之路上不敢也不能停下来。2002 年，刘永康教授成了我的授业恩师。在读研期间，刘教授对我的影响体现在三个方面：渊博的知识和超常的记忆力震撼着我，严密的逻辑思维能力征服着我，与人为善、乐于助人的人格感染着我。

三、爱研究

爱语文、爱学生，最终要落实到爱研究上。只有这样才能把课上得有模有样、有滋有味、有声有色，才能把爱语文、爱学生落到实处。研究要有成效，这两点绝不可少，即读书与实践、开拓与创新。

（一）读书与实践

读书与实践为研究提供了本钱。没有知识的积淀和实践的历练，研究就会是无源之水、无本之木。

读书是我的主要爱好。偶尔我也唱唱歌、跳跳舞、散散步、做做家务，此中亦不乏生活的乐趣，但更多的是作为看书闲倦之后的一种调节。有精力的时候，除了工作，我差不多就是看书。都说"熟读唐诗三百首，不会作诗也会吟"，我的体会是，读书还真有这样的奇效。我的所读之书后来成了我治学的资本。我在大学教过古汉语、文艺学、语言艺术、逻辑学，特别是语文学科教学论方面的一系列课程，能教好这些课程都得益于平常熟读背诵的积淀。我撰写的论文、出版的专著里，充满了我所读所背的东西。我作报告、上课、写作都喜欢引经据典。大学毕业分配前，我在军垦农场锻炼，当过马夫。借放马之机，我将司马迁的《史记》翻来覆去地读，并背诵了本纪、世家、列传中的许多篇目。没有这个铺垫，后来我也写不出《〈史记〉与现代文明》这部专著。

这些积累在后来都成了我丰硕的成果。在课程方面，由我主编的《普通高中新课程理论与实践丛书》，包括高中所有学科共十二种，是由我主持的四川省哲学社会科学研究"十一五"规划重点课题的成果，经高等教育出版社出版后，其中有五种被教育部评为全国教师教育优秀课程资源，供全国教师培训使用。在教材研究方面，由我主编的《中学语文教学论》是教育部批准的"面向21世纪教学内容与课程体系改革"重点课程的骨干教材。我主编的《语文教育学》被《人民教育》《中国教育报》《四川师范大学学报》和部分中学语文杂志宣传评论，最后被教育部评为全国教师教育优秀课程资源，供我国许多高校作为教材使用。我主编的《语文课程与教学新论》成为我国首个国家级精品课程——"语文课程与教学论"的教材，成为我国首批教师教育方面的"纸质文本＋数字化"新形态教材，在全国高校以及培训语文教师时使用。

在教法研究方面，由我独立完成的学术专著《语文创新教育研究》获四川省优秀教学科研成果一等奖、四川省哲学社会科学研究优秀成果二等奖。我主编的《西方方法论与现代中国语文教育改革》是我主持的国家"十五"规划课题的成果，经人民出版社出版后获四川省优秀教学成果一等奖和哲学社会科学优秀成果奖。我国著名语文教育理论家朱绍禹先生生前撰写的最后一篇论文《语文教学的多学科视域拓展》发表在《语文教育通讯》2008年第10期，就是专评《西方方法论与现代中国语文教育改革》的，其中指出："本书带给读者的至少有十八个领域的知识，而且是指导社会科学、自然科学、人文科学的哲学知识。它不是一种方法论知识，而是多达十八种方法论知识。其种类之多、方面之广、角度之新，实属罕见。一部书能包容这么多知识已属不易，而更值得称颂的则是主编者把这十八种方法论分别与我国语文教学改革相联结，而重点又在我国语文教育的改革。它将引导我国中小学语文教师不仅能从语言的、文学的、教育的、心理的乃至文化的、科学的领域观察和驾驭语文教学，还能从哲学方法论的角度观察乃至驾驭语文教学。"我研究语文教学方法论的论文不下一百篇，许多论文在《中国教育学刊》《课程·教材·教法》《语文建设》《中学语文教学》《语文教育通讯》《名作欣赏》等重要刊物上发表，多篇被人大报刊复印资料全文转载。我的

"刘永康语文方法论体系"与王尚文先生的语感论、王荣生先生的内容论被合称为"中国当代语文教育理论的金三角",而我的方法论被誉为"刘氏鲸鱼型方法论"。我国著名语文教育理论与实践家李华平先生专门撰文对其作了详尽深刻的论述。

在考试研究方面,凭着我十多年中学语文教学的经历,凭着我若干年来担任四川省高考语文命题组组长、四川省高考语文阅卷指导委员会负责人或指导委员的经验,我在高等教育出版社出版了《新课程高考语文考点透析与能力提升》丛书,被教育部评为全国教师教育优秀课程资源。我是第一个提出"高考命题应以测试语文素养立意"主张的人,并引起了国家考试中心的注意。体现这一主张的论文《质疑高考命题以能力立意》发表在 2009 年第 1 期《语文建设》杂志上。目前我的主张已被吸纳入修订后的高中语文课程标准之中,其中明确提出,要把学生的语文核心素养作为高考测试的目标。

在教师研究方面,我被教育部特聘为全国教师教育课程资源专家委员会委员。我撰写的学术论文《儒家的尊师重教观》《论〈学记〉的择师观》《师心与诗心》《对高师生的审美教育》《转变培训观念,更新培训内容》《自主学习的是与非》《带着学生走向知识》《当前小学语文教学值得注意的几个问题》等,都发表在《中国教育学刊》《课程·教材·教法》及其他高级别的学术刊物上。

纵观我对语文教育理论研究与实践探索的所有成果,不难发现,我不断吸收本专业领域的前沿理论,也尽量旁及其他学科的研究动态。在此广采博取的基础上,我始终注意了两个方面的融合,一是调动与语文相关的各专业学科的知识(如教育学、心理学、国学、文艺学、语言学、文章学、阅读学、写作学、美学、逻辑学等学科知识)来研究语文教学;二是将西方方法论中的合理成分与中国传统的教育理论相结合,来审视和观照语文教学,为语文教学提供新的视角与思路。这集中反映在两部专著中,即我独著的《语文教学探赜索隐——中西合璧的语文教育观》和我主编的《西方方法论与现代中国语文教育改革》。

苏霍姆林斯基说:"一个人在少年时期和青年早期读过的那些书,决定着他的精神丰富性,决定着他对生活目的的认识和体验。这一点也决定着青年人人生观点和情感的形成。"我从读书中体会到,书不仅给了我做学问的本钱,也给了我修身养性的营养。为人正直、做事认真、待人诚恳、帮人真心、忠于职守、追求执着、知难而进、受挫不馁……这些做人应该具备的基本要素都是我从书中悟出来并在实践中躬行的。不知是谁立出了一个公式:教师=学识×技巧×道德。这个公式表明,教师工作具有乘法效应,不论何者为零,教师的教育活动都会失败。而任何一方增值,其效果都会因相乘而大增。

"读万卷书，行万里路"，书本知识的积淀与实践经验的融合形成了我这一生的研究能力。人民教育出版社中学语文教材主编、中国语言学会理事长顾之川先生在全国语文教学方法重建暨刘永康语文教育思想研讨会的开幕式讲话中说："刘永康先生对语文教学的研究之所以取得这样大的成就，之所以能在全国产生这样大的影响，就是因为他的研究是接地气的。"全国语文学习科学专委会理事长王光龙先生在这个研讨会的开幕式上也说："刘永康先生的语文教育思想，既继承了我国传统语文教育经验，又吸收了国外先进经验，并深深植根于语文教育实践，内容全面系统、思想丰富深刻，使他成为我国当代杰出的语文教育理论家。"以上二位先生的讲话都肯定了我的研究工作是理论联系实际、学以致用的。

（二）开拓与创新

21 世纪是知识经济时代，要求各级各类学校实施以培养学生的创新精神和实践能力为重点的素质教育，为国家培养创新型人才。正是从这一认识出发，我无论是教学还是科研都自觉地坚持走创新的道路。

1. 深化教学改革，成功构建我国第一个国家级精品课程"语文课程与教学论"

由我带领的"语文课程与教学论"教师团队十分重视转变观念：思想上，有改革意识；知识上，有更新意识；教学中，有民主意识；科研中，有创造意识。团队针对本课程学时多、内容旧、实践少、方法死、效果差等问题，以队伍建设为主线，以教育科研为抓手，以教材编写为突破口，以课程建设为平台，以教学方法为指针，以实践教学为保障，不断深化教学改革，终于建成了我国第一个国家级精品课程"语文课程与教学论"，现在课程资源经由教育部通过爱课程网推向全国。

2. 立足教育实践，狠抓教育科研

迄今为止，包括独著、主编、合著等在内，我出版各类专著三十余部，发表论文二百余篇，主持国家级、省部级教学与科研课题十余项，所有的研究都力争能有所创新。

我的《语文创新教育研究》旨在帮助语文教师从根本上转变传统的课堂教学观念，从人才观、质量观、优劣观、发展观诸方面确立与创新素质教育相适应的现代语文教学观念：变守成型教学为创新型教学；变塑造对象为创造主体；淡化统一型，强化学生差异型发展。本书把创造学的观点引入语文创新教育的研究之中，以创新思维为纽带，把某些自然科学方面的创造活动与培养学生的创新意识、创新精神、创新能力的语文教学活动紧密地拴在一起，进行对照研究，在拓宽语文教学研究领域、文理渗透方面作了一点尝试。本书获四川省优秀教学科研成果一等奖，又获四川省人民政府颁发的四川省哲学社会科学研究优秀成果二等奖，为当年全省教育类最高奖。

2001 年至 2003 年，我承担并主持了国家教育科学"十五"规划课题"西方方法论与现代中国语文教育改革"，本课题旨在运用西方方法论中的合理成分与我国传统的教育理论相结合，来审视现代中国语文教育改革的实践，从中摸索出带规律的东西，为实施以创新教育为核心的素质教育提供科学的理论依据和有效的实践途径。课题在全国二十多所中小学校实验长达三年，最后研究成果形成了由我主编的学术专著《西方方法论与现代中国语文教育改革》，在人民出版社出版。本书在对语文教育理论的研究中，重新思考了原有的思维模式，移动了固定的审视语文教学的观察点，并超越常规科学规范的限制，大胆地有选择性地移植西方现代方法论中对语文教学有启迪作用的科学理论，与我国语文教学的特点相结合，使之逐步本土化，化为我们自己的血肉。正如人民教育出版社著名编审周正逵先生所言："这种既重视对我国传统经验的分析与改造，又重视对国外先进理论的研讨与吸收的研究方法，可以说真正体现了科学化与本土化的统一，用这种方法来比较系统地深入地研究中国语文教学的专著，开辟了语文教学研究的新天地。"该研究为开展以培养创新精神、实践能力为重点的语文素质教育提供了科学的指导思想和行之有效的方法与途径。

以上谈到的爱语文、爱学生、爱研究，便是我对语文教师职业操守的理解。我今年七十八岁，早已在享受"海棠花下戏儿孙"的天伦之乐，但对语文教学的研究总是有一段不了情，割舍不下、挥之不去、欲罢不能，这颗心常常不安分，还想为语文教学尽一点绵薄之力。有人说我是语文界的领军人物，但我从来不敢以此自居。"芳林新叶催陈叶，流水前波让后波"，我现在唯一的心愿就是争取永不掉队。要想今天的我不同于昨天的我，明天的我不同于今天的我，要想不断地超越自我，就要不断学习、与时俱进，生命不息，奋斗不止。

纠缠如毒蛇 执着如怨鬼

——我对语文教学的探赜索隐

　　1964 年，我跨入四川师范大学中文系的门槛，从此我这一生与语文教学及研究结下了不解之缘，并为之耗费了整整五十多年的心血。五十多来，我教中学语文十四年，担任语文教研员三年，其余时间都在四川师范大学培养和培训中小学语文教师，从事语文教学的理论与实践研究。语文界同人认为，近年来，语文教学方法研究受到冷落，亟需重建；又认为我用数十年构建的以辩证法为主导，以系统论为框架，以启发式（现代启发式）为核心，以语言能力为基座，以中国古代方法论思想、西方现代方法论思想为源头的"刘氏鲸鱼型方法论"语文教学方法新体系将成为重建语文教学方法研究的重要标本之一。于是，在我从教四十五周年（从 1968 年算起）之际，2013 年 10 月 25 日至 27 日，由中国高等教育学会学习科学分会语文学习专委会、中国高等教育学会语文教学法专委会教师教育研究中心、中国教育学会中学语文教学专业委员会联合，在成都举办了全国语文教学方法重建研究暨刘永康语文教育思想研讨会，来自全国高师院校的语文教育专家、中小学语文教师、语文教研员共四百六十余人参会。我国语文教育方向第一位博士生导师、中国高等教育学会语文教学法专委会常务副理事长兼学术委员会主任倪文锦先生，全国语文学习科学专委会理事长王光龙先生，中国语言学会理事长顾之川先生等我国著名语文教育理论家在大会开幕式上发言，对我的语文教育思想作了中肯的评价。研讨会为我出版的两部专著《语文：诗意栖居的表现——刘永康语文教育文选》和《语文：金针度人的存在——刘永康语文教育思想研究》作了发布仪式。倪文锦、王光龙、顾之川、靳健、王荣生、潘纪平、裴海安、陈玉秋等我国当代著名语文教育理论家，以及全国著名语文特级教师于漪、余映潮、李镇西等，或参会主持研讨，或在研讨会上作专题发言，或在研讨会上献书法，或为我的两部专著题词。所有这些，都在肯定我对语文教学理论研究与实践探索取得的成绩。

　　著名语文教育理论与实践家李华平先生在他的《刘永康语文教育思想研究引论》

中说：

> 刘永康先生是全国著名的资深语文教育理论家，是教育部全国教师教育资源专家委员会语文学科委员，其语文教育思想博大精深，被人教社著名编辑周正逵先生誉为"比照中外，贯通古今"，在我国语文教育思想谱系中占有重要地位。他的方法论是对叶圣陶方法论思想的具体化与进一步发展，与王尚文先生的语感论、王荣生先生的内容论合称为"中国当代语文教育理论的金三角"。研究其思想，必须理解其价值、选择好角度、把握其基础、突出其重点，也就是要首先理解一些最基本的、元点性的问题，这样才能把握先生语文教育思想的精髓，才能从整体上理解先生本人和先生的语文教育思想。

倪文锦先生在研讨会开幕式上说：

> 刘永康先生是首批四川省精品课程、本领域第一门国家精品课程"语文课程与教学论"的开拓者，是语文学科教育改革的杰出代表。高等师范院校不仅需要更多的像刘永康先生这样的名师，更需要倡导他那样的语文教育态度。

五十年多来，我从事的中学语文教学的研究与实践都不断地在融合、创新、改革三个方面探赜索隐。我对语文教学探赜索隐的态度也的确如倪文锦先生所言：纠缠如毒蛇，执着如怨鬼。

一、融合

五十多年来，我不断地吸收本专业领域的前沿理论，也适当旁及其他学科的研究动态，在此广采博取的基础上，我始终注意两个方面的融合。一是调动与语文相关的各专业学科的知识来研究语文教学。我认为，汉语言文学专业的其他课程是在"造零件"，唯有"语文学科教学论"课程则是在"搞组装"。在我的教学中，在我的论文与著作中，主攻方向是语文教学，然而内容都是与语文相关的各门学科知识的综合运用。我的研究领域成了教育学、心理学、思维学、文章学、写作学、阅读学、文艺学、语言学、美学、逻辑学，包括自然科学的汇合点。二是将西方方法论中的合理成分与中国传统的教育理论相结合，来审视和观照语文教学，为语文教学提供新的视角与思路。

二、创新

无论是教学还是科研，我都自觉地坚持走创新的道路。我于 1999 年出版了《语文创新教育研究》，2001 年至 2003 年主持国家教育科学"十五"规划课题"西方方法论与现代中国语文教育改革"，与此同时，"语文课程与教学论"也不断实现了自身教学创新。

（一）课程创新

1997 年至 2000 年，我承担并主持了教育部重点课题"西南地区面向 21 世纪高等师范院校汉语言文学专业教学内容与课程体系改革"的研究工作。

我发表的论文《高师汉语言文学专业面向基础教育树型课程体系的构建》《论高师"中学语文教学法"教学的实践性原则》，探讨如何使课程具备"强化素质教育、拓宽专业口径、注意知识更新、加大课程弹性、重视内在联系"等特点，并通过反复实践，使课程基本实现了高等师范院校汉语言文学专业语文学科教学论面向 21 世纪树型课程体系"学时要少、内容要新、水平要高、效果要好"的构建目标。该课题成果获四川省人民政府颁发的优秀教学成果一等奖。

（二）教材创新

由我主编的在高等教育出版社出版的《语文教育学》被教育部评为全国教师教育优秀课程资源，获由四川省人民政府颁发的高等教育优秀教学成果一等奖。《中国教育报》《人民教育》杂志以及《四川师范大学学报》和部分中学语文杂志均有评论文章。中国著名语文教育理论家曾祥芹先生在他发表的评论中说：

> 这部书扎实厚重，在同类教材中，前所未有。本书之所以能在理论体系上比较完整，在课程理念上比较先进，在教材体例上比较实用，在教育方法上比较有效，其根子在于有一个开放的学科视野。全书既重视对当代语文教学实践经验的总结和提高，又重视对我国悠久的语文教学传统的批判与继承；既重视对国外母语教学理论的研究与借鉴，又重视探索中国青少年学习本国语文的规律。显然，作者采取"古今中外法"来研究和概括语文教育的"学"和"术"，每论述一个专题，都能历史地追索其发展过程，广泛地借鉴其最新

成果，现实地解决其疑难问题。

由我主编的在高等教育出版社出版的《语文课程与教学新论》，已成为我国本专业领域内迄今为止唯一的一部国家精品课程教材、国家教师教育创新平台共建共享教材，经由教育部通过爱课程网推向全国，供全国高等师范院校中文专业本科生、研究生使用。这是根据国家基础教育课程改革精神和语文新课程实施的现状编写的新形态"语文课程与教学论"教材。本书既可作高等师范院校语文教育专业本科生、研究生必修课教材、语文教育专业自学考试教材，也可作普通中小学语文教师、职业中学语文教师的培训教材。这部教材获得四川省人民政府颁发的高等学校优秀教学成果一等奖。

（三）教法创新

新的课程体系和与之配套的教学方法必然要把促进学生的创造性学习置于突出地位。对于高等师范院校汉语言文学专业本科生、硕士生来说，学习成果不完全是自我形成的，还需要教师提供的具有鲜明导向性的教学氛围和良好的教学条件为基础。而为了更有效地形成这样的氛围和条件，我们在实践中摸索出这样的教学原则：第一，在知识的传授和掌握上，采用面向结果与面向过程相统一的原则；第二，在教和学的方式上，采用因材施教与因材择学相统一的原则；第三，在学习主体心理的调动与投入上，采用认知和情感相统一的原则；第四，在师生互动方面，采用教的创造性和学的创造性相统一的原则。

从个性化教学的需要出发，我们构建的树型课程体系增强了课程的弹性。根据这一要求，我们减少了考试课程，增加了考查课程。大体上讲，规定必修课程为考试课程，限定选修课程、任意选修课程、活动课程作为考查课程。考核的方法灵活多样，从实际出发，分别采用了开闭卷结合，笔面试结合，课堂提问、撰写论文、试教结合等方式。

三、改革

融合是为了创新，创新是为了服务基础教育，当前高等师范院校汉语言文学专业的教学和科研主要是面向中小学语文教学，特别是为中小学语文教学改革传递正能量。自 1998 年以来，围绕面向 21 世纪教学内容与课程体系改革这个核心，我先后主持了五个国家级、省级教改课题研究。五个研究成果全部获四川省人民政府颁发的优秀教学成果奖。其中一等奖四个："新课程、新知识、新方法视野下的语文教育教材建设""高师语文学科教学论面向基础教育的探索""面向 21 世纪创新型语文教师的培养""国家精品课程'语文课程与教学论'整体构建与创新推进"，二等奖一个："创造性思维与语教法教学的实践性原则"。

关于面向基础教育改革实践方面，我们的主要工作是：

（一）主持教改课题

2007 年至 2010 年，我承担并主持了四川省哲学社会科学研究"十一五"规划重点课题"高中课程改革的理论与实践"。由我负责组织了一批教育专家和优秀高中教师组成课题组，深入全国高中新课程实验省（区）对课程改革中取得的经验、存在的问题、产生的困惑、出现的误区等作了深入调研，在此基础上对目前普通高中新课程推进中的理论和实践问题进行了系统、深入的思考和研究。结题后，我主编了一套《普通高中新课程理论与实践丛书》，共十二种，丛书内容不只是涉及了语文，还涉及了基础教育其他学科。本丛书对国内外相关研究文献资料作了系统研究，力图进一步厘清课程改革的理论脉络，较好地体现科学性和前瞻性；同时，对各实验区取得的经验和遇到的问题进行研究，特别是对典型案例进行研究，以资借鉴。本丛书在内容编排上基本按照思考研讨、理论概述、案例分析、资源链接、教学反思五个部分展开，力求体现理论与实践的统一，凸显应用取向。本丛书是对当前高中新课程教师培训资源的有益补充，既可供高中教师新课程培训和后续研修使用，也可作为高等师范院校本科生、教育硕士生了解、研究普通高中新课程的有益资源。

（二）主持"国培计划"教学

2002 年我首次承担并主持了"基础教育新课程骨干培训者国家级培训"任务，为全国十九个省培训了六十多名国家级骨干培训者。通过对新课程标准等有关文件的深入学习和研究，结合基础教育课程改革的实践经验和典型案例的分析与研讨，从理论与实践相结合的层面使培训者进一步理解新课程改革的课程理念、课程价值定位、课程目标、课程内容、课程实施和课程评价的原则和方法，更新培训者培训观念，变革培训模式，提高培训者队伍实施新课程培训的实际应用能力。此后若干年，我作为教育部确定的"国培计划"专家，应邀在省内外八十多个地区，为二十多所高等师范院校以及许多中小学教师作有关课改的各种报告二百多场，受到一致好评。

（三）担当课改顾问

我先后担任六十多所中小学校的课改、教育科研顾问，为他们献计献策，对反映他们科研课题成果的教学进行点评。如在全国首届"语文教坛新星杯课堂教学大赛"上，对《面朝大海，春暖花开》《错误》《声声慢》《绝望》《病梅馆记》《小狗包弟》《名人传序》《再别康桥》等高中组的讲课实录作现场点评。对李华平执教的《背影》和韩军执教的《背影》均在《语文教学通讯》上撰文点评。我先后为反映语文教学研究的十余本专著或作序，或在杂志上发表评论文章。如评张伟的《母语测评学》、评洪宗礼的《中外母语教育比较与我国母语教材创新研究》、评李华平的《语文科文本解读学》、评刘小芳的语文教育诗集《长成一根苇草》等，这些评论文章分别在各种语文刊物上发表后，在全国语文教育界都产生了一定影响。

（四）高考命题阅卷

我以负责人的身份积极介入了中高考语文命题改革的理论研究和实践活动，从2006年开始，一直担任四川省高考语文命题组组长。十多年来，我一直是四川省高考语文阅卷指导委员会负责人或指导委员。我主编了新课程背景下《高考语文考点透析与能力提升指导》丛书三种，还有《新课程背景下的高考作文》，这些书由高等教育出版社出版，在全国发行。我还在《语文建设》《现代基础教育研究》等刊物和《人民日报》《教育导报》上发表了研究高考语文命题改革的学术论文多篇。

（五）中学示范教学

作为语文教育理论工作者，不仅要能研究具有学术价值和实践意义的理论，更要能在运用这些理论搞教学设计、语文课教学方面给中小学语文教师作出行之有效的示范。因此，我除了用自己的理论研究成果指导中小学语文课程改革外，还直接用自己的理论研究成果设计语文教学的"下水"示范课，深入省内外基础教育课堂，为我国许多地区中小学语文教师作教学示范，并受到各方面的高度赞扬。

著名语文教育理论家王光龙先生在全国语文教学方法重建研究暨刘永康语文教育思想研讨会上说：

纵观刘永康先生的研究成果，他对于语文教学实施的几乎所有方面都有精到的论述、精辟的见解。这不仅得益于他有多年从事第一线中学语文教学的丰富的实际经验，更得益于他对实际经验的深刻总结和理论概括。他是至今为数不多的仍可以上语文示范课的当代杰出的语文教育理论家。他的语文教学方法论植根于语文教学的现实土壤中，又吸取了我国传统的语文教学经验和国际母语教学先进经验，形成了独具特色的语文教学方法体系。这是他用数十年的思想结晶奉献给我国语文教学理论宝库的一串明亮的珍珠，是他对我国现代语文教学理论建设作出的杰出贡献。

著名语文教育理论与实践家李华平先生撰文说：

> 刘永康教授的语文教学理论成果以及他运用这些成果在我国多个地区中学语文课堂执教的"下水"示范课具有极大的生命力，往往在中学语文界形成一阵阵的振荡波。

融合—创新—改革，这便是我五十多年来在语文教学方面探赜索隐所做的三件事。融合是前提，创新是手段，改革是目标，着眼点是学生的发展。

我把对这五十多年的语文人生梳理凝聚为下面几句小诗，算是为我自己的教学生涯打一个总结：

> 灌园躬耕冀早霜，栉风沐雨为谁忙？
> 荣育奇葩艳山河，耻养莠草败春光。
> 借得东风送暖意，输来玉液润诸芳。
> 百花亦解浇灌苦，不负三春竞喷香。

另附全国著名特级教师于漪先生为《刘永康语文教育思想研究》作的题词：

> 刘永康教授一辈子钟情语文教学，从理论与实践结合的高度执着探寻教育规律，果实累累，恩泽莘莘学子，可敬可佩。

再附中国语言学会理事长顾之川先生为《语文：诗意栖居的表现——刘永康语文教育文选》作的题诗：

> 西蜀教坛，刘师永康。语文名家，学界传扬。
> 传道授业，纲举目张。灌园躬耕，栉风沐霜。
> 融合创新，教改吐香。精深实活，语文之光。
> 滋兰树蕙，厚德流芳。品味赏析，诗意煌煌。

语文名师的成长路径

说到名师，我便想起一首精致的无名小诗：

> 假如你命该扫街，
>
> 就扫得有模有样，
>
> 一如米开朗琪罗在画画，
>
> 一如莎士比亚在写诗，
>
> 一如贝多芬在作曲。

有人从这首小诗中升华开来，提出"要像莎士比亚写诗那样去教书"的主张，而且为大家树立了一个"像莎士比亚写诗那样去教书"的榜样，这个榜样就叫雷夫·艾斯奎斯。这位老师能把教室内外遇到的一切和他所创造的一切都演绎为平凡而又动人的教育故事，在平凡简单里，使人看到了孩子们复杂而又丰富的精神世界；在单调重复中，使人领略到他多姿多彩的教育艺术。

于是，我们是不是可以这样来给语文名师下结论：

如果你钟情于语文教育，用"纠缠如毒蛇，执着如怨鬼"那样的态度去对待语文教育，把语文教育当作艺术来追求，也一如米开朗琪罗在画画、莎士比亚在写诗、贝多芬在作曲那样去教语文，把语文教得有模有样、多姿多彩，你就会成为中国的雷夫·艾斯奎斯。

怎样才能成为一名语文名师呢？我想至少要具备三个方面的条件：

一、语文名师应注重立德树人

古人说，做经师易，做人师难。经师是授业，教给学生知识；人师是传道，教会学生怎样做人。一个语文名师，既要传道，又要授业，既要教书，又要育人，在教书与育人方面，要成为语文教师的楷模。尤其是要做堪为人师的楷模。哲学家雅思贝尔斯有一句著名的话，"教育就是一棵树摇动另一棵树，一朵云推动另一朵云，一个灵魂召唤另一个灵魂"。夸美纽斯说："教师的人格是学生心灵最灿烂的阳光。"一个语文名师就是要用自己的人格魅力去引导学生学会做人。所谓"做人"，就是要做一个有健全人格的人，也就是毛泽东主席在《纪念白求恩》一文中所说的："一个高尚的人，一个纯粹的人，一个有道德的人，一个脱离了低级趣味的人，一个有益于人民的人。"立德树人是当今时代党和国家提出的教育目标，我们语文教学就是要在让学生学习知识、培养能力的同时形成正确的世界观、人生观、价值观、伦理道德观。

教学生做人要落实到语文教学中，在语文教学中，本着工具性与人文性相统一的原则，遵循语文学科的基本特点和规律，充分发掘教材中的育人因素，在读写听说的教学活动中，对学生进行中华民族优秀传统文化的教育，使他们走出做人的种种盲区。

比如，我教杨绛的《老王》一课，文中写病中的老王有一句话："他简直像棺材里倒出来的，就像我想象里的僵尸，骷髅上绷着一层枯黄的干皮，打上一棍就会散成一堆白骨。"

针对这句话，我问道：该句中的"倒"能否换成"爬"？通过思考讨论，学生得出结论："爬"表明自己还能动，而"倒"和后面的"僵尸"呼应，表现出老王当时已没有一点活力，走到了生命的尽头。这就流露出作者对老王的同情和关心，含蓄地提出了关怀不幸者的社会问题，表现了作者的人道主义精神、平等的观念、博大的爱心。这对培养学生关爱他人的情感可以起到潜移默化的作用。

二、语文名师应注重审美情感教育

审美情感教育主要表现为教师以美的感染和熏陶引起学生强烈的感情共鸣，带来情绪的激动。情感是审美情感教育中最活跃的心理因素，教师对学生的爱正是把教材的审美因素转化为学生的审美情感的中介因素，基于对学生的爱，教师才会有极大的兴趣去发掘和传达课文的审美价值和审美情趣。喜则眉飞色舞，怒则切齿瞪眼，哀则蹙额锁眉，乐则笑逐颜开。要使学生觉得自然、真实、亲切，于美的熏陶中接受知识。如果教师失掉了对学生的爱，就失掉了运用教材的审美因素、诱发学生情感的外部条件。

有一位老师教学《最后一课》，文中有一段韩麦尔先生责备自己的话："我呢，我难道就没有责备自己的地方吗？我不是常常让你们丢下功课替我浇花吗？我去钓鱼的时候，不是干脆就放你们一天假吗……"这位语文老师在给学生范读韩麦尔先生这段话时，眼圈红润了，声音也哽住了，惹得台下的学生都屏声敛气，平时顽皮的学生红了脸，低垂下头，露出了羞愧的神情，有的女生甚至抽泣起来。仿佛这位语文老师就是韩麦尔先生，台下的学生都成了小弗朗士。只有爱学生的老师才会当着学生的面公开自责。这位朗读课文的老师，在读到韩麦尔先生自责的话时，能如此动心动情，好像是面对自己的学生自责一样。这正是他爱祖国、爱学生的情与韩麦尔先生的自责之情的交融。这股强烈之情冲开了学生的感情闸门，学生在感情的波动中受到了教育。有的学生在作文里写道："韩麦尔先生上的最后一课，特别是他自责的话语，才使小弗朗士懂得失去国土的痛苦。对当初不懂事、贪玩、没有好好学习祖国语言感到悔恨。我们学习祖国的语言，也有点像小弗朗士，为了不使我们的祖国得而又失，为了使摆脱帝国主义奴役的祖国繁荣昌盛，我们现在就要努力学习，凭着过硬的本领去保卫祖国、建设祖国。"这就是成功的审美情感教育。

三、语文名师应注重教育科研

凡语文名师一定是学者型教师。他们一手抓教学，一手抓科研，两手都很硬。他们是以教学带科研，以科研促教学。教育科研无疑为语文名师的专业发展和职业成长拓展了新的视野。语文教育科研，就是"以解决语文教学问题为目标的诊断性研究以及实践者对自身实践情境和经验所做的多视角、多层次的分析和反省"。"研究"之于"教育"，无论是从初衷还是归宿来说，都是教师主体和教育本体一次积极的自我敞亮、自我审视的行为，借以达到发展自我、提升自我的最优解。波斯纳提出的一个教师成长的公式"经验＋反思＝成长"，以及我国学者林崇德提出的"优秀教师＝教育过程＋反思"，同样恰如其分地表达和彰显了"教育教学需要研究"的重要特性。

我们看一看，当今的这些语文教育名师，哪一个不是课上得炉火纯青，科研也搞得红红火火？

情感派大师于漪先生在改革开放之初就率先进行语文教学综合效应的实验，这项实验的目的是：探索学生学习语文的规律，提高教学质量和效率，进而达到教书育人的综合效应。她在初中进行的三轮教改实验，取得了令人满意的效果：不仅培养了学生学习语文的良好习惯和语文听说读写能力，培养了他们自学语文的能力，还总结出一套完整的教学经验，写出数百万字的专著和论文。她的导入设计、创设情境、立体分析、熏陶感染、审美渗透、开启思维的教学方法艺术影响了我国几代语文人。

导读派大师钱梦龙先生不受传统讲读模式的羁绊，创造性地探索出"三主三式"导读法这一崭新的教育理论和教学模式。以学生为主体、以教师为主导、以训练为主线的"三主"，以科学的教学认识论和教育心理学的有关原理为理论支撑，而"三式"自读式、教读式、复读式则将"三主"实践化、具体化了。为了贯彻"三主三式"导读法，他又摸索出阅读训练的入格、民主平等的交谈、妙趣横生的曲问、欲擒故纵的悬念、富有情趣的点拨、阅读写作的沟通等语文教学方法艺术。钱梦龙先生的这些研究成果对中国当代语文教学产生了极其深刻的影响。

管理派大师魏书生先生把培养学生的语文自学能力和学生自我教育能力作为开展教育科研的着力点，创造了"六步课堂教学法"，摸索出培养学习主人、培养自学能力、激发学习兴趣、实施教学管理、延伸教学时间、拓展教学空间的教学方法艺术。

思维派大师宁鸿彬先生把"发展学生思维能力，提升学生的思维品质"作为教改的主要目标，把减轻学生的学习负担、提高课堂教学质量作为教改的主攻方向，成功地构建了高效语文教育体系，摸索出讲读课文、思维训练、教学设计浓缩内容、卡片教学、常规训练等教学方法艺术。

四、语文名师应注重专业修养提升

语文教师担负着为国家和社会培养建设者和接班人的任务。语文教师不仅要具有坚定正确的政治方向、扎实的现代科学文化知识和较强的能力素质，而且要具备现代观念、现代人格及成熟的心理品质和高尚的道德情操。语文教师专业修养指语文教师这一特定人群的心态、氛围、情状，包括语文教师的生活样式、思维方式、行为选择、价值观念等，通过语文教师的组织管理、人际交往、学习生活，在语文教师个性主体、心理本体和行为载体中积淀和聚合，从而构建起语文教师群体的文化特色和教育气质。

事实上，在青少年的成长中，教师的重要性怎么强调都不过分。这不仅是因为教师承担着教书育人的责任，还因为教师在青少年心目中的形象与师生关系的好坏，对于青少年的自我观念的形成、生活目标的确定、身心健康的状况都具有深远影响。毫无疑问，如果教师本身的素质不高，他就无法承担培养高素质学生的重任。试想，一名教师自己都不注重专业修养提升，怎么能保证他的学生能够拥有语文素养呢？如果一名语文教师本就缺乏专业修养，还谈什么教师职业的幸福，奢求什么教师事业的崇高呢？因此，语文教师的专业修养理所当然成为我们关注的焦点之一，关注语文教师的专业修养，正是关注语文教师的职业生涯前提。凡是名师，那一定是在自我专业修养上下了功夫的。

于漪先生本是学教育学的，最先是教历史课，后来转教语文，她能成为我国著名的语文情感派大师，完全是靠刻苦自学，即使躺在病床上也不退缩。她说："学习应该是教师的一种美德，我们的事业需要我们学习、学习、再学习，积累丰富的知识。能不能成为一名受学生欢迎的语文教师，很大程度决定于自己学习的自觉性、能动性。要拿出钻探宝藏的那种劲儿钻研教学业务，哪怕是一词一字，也不含糊。在真懂上下功夫，钻探不厌其详，不厌其多。"她又说："一辈子做老师，一辈子学做老师，这绝不是一句空话，我一辈子都在学，不断完善健全自己的人格。"她还说："我不断地反思，我一辈子上的课，有多少是上在黑板上的，有多少是教到学生心中的。"这几段话足以说明于漪先生在自我修养方面下的功夫之深。

钱梦龙先生只有初中学历，他也是全靠自学成为我国著名的语文导学派大师的。他自学《唐诗三百首》《古文观止》《资治通鉴》时，翻烂了整部《辞源》，为了丰富教育学、语文教学的理论知识，他又系统地学习了教育学、教学论、心理学，并自觉运用这些知识去钻研语文教学。

魏书生先生也只有初中学历，他自学了古今中外教育学、心理学，还钻研了生理学、语言学、管理学，阅读了大量的马列主义著作以及各种杂志。他还拜同行为师学习古文，向刚毕业的大学生学习中文专业的全部课程，认真自学现代汉语和与语文教学有关的书籍，认真地听专家学者讲授文学史以及有关语文课程、教材、教法的课程，因为这些知识都是教书育人不可缺少的。他说："人应该学会自我更新，今天的我应该比昨天的我有新的发现、新的认识、新的提高。只有不断地自我更新认识才会有新的高度，工作才会有新的突破，师生感情才会有新的发展。"

第二编
课程改革——坚持立德树人

第八轮基础教育课程改革可以说是一场风暴、一次洗礼、一场启蒙，甚至可以说是一次涅槃。其旨归就是要更好地在我国开展以立德树人为目标、以培养学生创新精神和实践能力为重点的素质教育。

本编收录的关于课程改革研究的内容可以分为四类。

一是论述第八轮基础教育课程改革是与知识经济时代到来相适应的改革。这场改革正以令世人瞩目的迅猛之势在全国推进。它必将对我国基础教育乃至整个国民教育的发展产生深远的影响。

二是论述第八轮基础教育课程改革的总目标是坚持立德树人，培养学生的核心素养。当每一门学科都实现了这个目标的时候，我国的基础教育课程体系就完成了育人观的转型，这是我国基础教育课程与教学摆脱僵死的机械论、控制论窠臼的唯一选择。

三是分析了当前语文课程改革中出现的种种误区和走出误区的方法与途径。

四是研究实施语文新课程中一些大家比较关注的重大问题。

知识经济时代呼唤课程改革

一、知识经济的内涵

知识经济的概念，最早是在 1996 年 10 月经济合作与发展组织的报告《1996 年科学、技术和产业展望》中提出的。知识经济是建立在知识和信息的生产、分配和使用基础上的经济。

知识经济是"相对于人类曾经经历过的农业经济、工业经济而言的，是人类生产方式的又一次重大变革"。在传统的农业经济和工业经济中，土地和劳动资本分别是主要的生产要素，人们通过开发自然资源带来经济增长；而在知识经济中，经济的繁荣不是直接取决于资源、资本、硬件技术的数量、规模和增量，而是直接依赖于知识或有效信息的积累和利用。

知识经济是工业经济的进一步发展和深化，它以人的创造性知识作为最重要的生产要素，从而使经济的发展不再属于资源依赖型，而转化为知识依赖型。由于地球上的资源总是有限的，而人的头脑中的知识却可以源源不断地产生创造发明，因而知识经济作为知识依赖型经济，可保持长期的持续发展。

二、知识经济的基本特征

（一）知识经济是信息经济

知识经济是以信息为基础的经济，信息技术的开发和传播是知识经济的关键因素。信息技术以信息的制造、加工、传播和利用为主体。在知识经济时代，信息产业成为最受重视、发展最快的产业之一。

（二）知识经济是智能经济

在知识经济时代，社会对智力的要求比以往任何一个时代都高。高新技术成果的大量问世，专利发明的激增，计算机软件的不断开发利用和更新换代，咨询服务业务的发展，教育在经济发展中起决定性作用，这些都是智能经济的特点。智能经济让智力成为资本的观念深入人心。在智能经济社会，知识成为身份的象征，受教育程度越高、掌握知识越丰富的人，越受到社会的尊重。智能经济还要求人们不断改变思维模式，不断创新，充分体现"科学技术是第一生产力""知识和智力创造财富"的思想。

（三）知识经济是学习经济

在知识经济时代，劳动者的结构将发生重大变化，知识劳动者将取代传统的产业工人。所谓知识劳动者，主要是指从事知识和信息的收集、处理、加工和传播工作的劳动者。在知识经济时代，科学技术的不断更新，将改变"文盲"这一概念的传统内涵，"文盲"一词将不再是单纯指没有文化知识的人，而是指不能继续学习、不能更新自己的知识和技能的人。正是在这个意义上，有人也把知识经济称为"学习经济"。

（四）知识经济是人才经济

从世界范围来看，凡是经济发达的国家和地区，经济的迅猛增长无不是由于对教育和人才的重视。近年来，很多国家分别提出了以知识和人才为先导的强国方针，如韩国的"头脑强国计划"、欧盟的"莱昂纳多计划"和"达·芬奇计划"，以及我国的"863计划""火炬计划"等。凡此种种，其实都是因为人们意识到了人才在经济发展中不可替代的作用。

（五）知识经济是无形经济

无形经济是与有形经济相对的一个概念。有形经济从本质上看是物质经济，经济的主要对象是处理物质资源。而无形经济则是以处理无形资源为主。这一现象的出现与无形资源在资源总量中所占比重日益提高有直接关系。现代信息技术的发展和信息产业化进程的加快，人力资源日益受到社会的重视，使得无形经济资源成为人类获取财富的新途径。这是知识经济时代最显著的特征之一。

（六）知识经济是创新经济

在知识经济时代，创新将是国与国之间进行竞争的利剑。创新主要有知识创新、科学创新、技术创新、体制创新、管理创新。

三、知识经济时代呼唤课程改革

在知识经济时代，知识成为最重要的生产要素，知识对经济增长的贡献率超过其他生产要素贡献率的总和，知识对于当今经济发展的意义相当于土地、劳动力对于农业经济的意义，原材料、机器、资本对于工业经济的意义。知识经济在向我们提出严峻挑战的同时，也向我们提供了难得的机遇，如果我们能够很好地抓住人类生产方式转变这一历史性的机遇，我们就可以尽快地缩小与发达国家的差距，甚至超越它们。同过去时代发展主要依赖于为数不多的精英人物相比较，当前我们更需要与现代化要求相适应的高素质的劳动者和专门人才。充分开发和利用丰富的人力资源，把沉重的人口负担转化为巨大的人力资源优势，是我国可持续发展的一个重要因素。这也是我国的教育无可推诿的重大责任。

知识经济时代的科学技术已经成为第一生产力。在国与国之间进行综合国力竞争的时代，由于教育在综合国力竞争中起着奠基的作用，综合国力竞争必将聚焦到教育上来。从这个意义上讲，教育是世界各国国力竞争的制高点，谁抢占了这个制高点，谁就将占据主动的地位，谁就将有可能最终赢得这场竞争的胜利。基于对教育功能准确而深刻的认识，党中央、国务院适时提出了"科教兴国"战略，提出要把教育摆在优先发展的战略地位。

在农业经济时代，人们希望占有土地；在工业经济时代，人们追求拥有资本；在知识经济时代，人们渴望掌握知识，掌握知识将成为现代人的终身需求。教育作为培养人才的一种社会活动，其基本职能就是提高人的思想道德素质，培养良好的行为规范；给人们传授知识，培养劳动技能。知识的传播、创新和运用，最有效的方式就是教育。教育对发展科技迎接知识经济时代的到来有着重大作用，主要表现在：第一，教育是积累、传递科学技术的手段；第二，教育是培养科技人才和高素质劳动者的基础；第三，教育是进行科技创新、推动科技发展的重要力量；第四，教育是科技转化为现实生产力的桥梁。优先发展教育，是实现科技发展创新、经济持续增长、社会全面进步的必要条件。我国的教育事业已经被赋予了中华民族伟大复兴的历史重任。为了更好地担负起这一光荣而艰巨的历史使命，我国的教育工作者应该深刻地反思我国教育的现状，并认真地思考究竟应该如何担负起这一历史重任。

迎接知识经济的挑战，要求我们必须深化教育改革，大力提高教育质量，努力培养具有创新精神和创新能力的人才。"那种有知识、缺文明；有学问、缺教养；有理论、轻实践的人，显然是无法获得社会的认可与欢迎的。"我国的基础教育必须切实纠正应试教育的偏向，积极推进素质教育，提高所有学生的思想素质、文化素质、心理素质和身体素质，加速教育制度的创新，建立适应知识经济需要的现代教育制度，构建新的人才培养模式，加快未来型人才的培养步伐。

高中教育既是义务教育的延续，又是高等教育的基石，具有基础性、大众性、独特性的特点，它不仅承担着学生的升学与就业的责任，更是承载了培养学生素质、辐射文化、服务社区、开展交流、发展自身等任务。因此，实施普通高中新课程改革将面临比义务教育新课程改革更大的挑战，任务更为艰巨。

第八次基础教育课程改革是与知识经济时代到来相适应的改革。这场改革正以令世人瞩目的迅猛之势在全国推进。这次改革，步伐之大，速度之快，难度之大，都是前七次改革所不可比拟的。成千上万的教育工作者正以高度的历史责任感和极大的热情投入到这场改革潮流之中，相信它必将对我国基础教育乃至整个教育的发展产生深远的影响。

立德树人是课程改革的终极目标

　　《中共中央　国务院关于深化教育教学改革全面提高义务教育质量的意见》指出，要"坚持立德树人，着力培养担当民族复兴大任的时代新人"。《国家中长期教育改革和发展规划纲要（2010－2020 年）》在"战略目标和战略主题"部分强调"坚持德育为先，立德树人，把社会主义核心价值体系融入国民教育全过程"。《基础教育课程改革发展纲要（试行）》把"初步形成正确的世界观、人生观、价值观"单独列为第一条，确定其为整个基础教育培养目标的"纲"。《普通高中语文课程标准（2017 年版2020 年修订）》的指导思想是："以马克思列宁主义、毛泽东思想、邓小平理论、'三个代表'重要思想、科学发展观、习近平新时代中国特色社会主义思想为指导，深入贯彻党的十八大、十九大精神，落实全国教育大会精神，全面贯彻党的教育方针，落实立德树人根本任务，发展素质教育，推进教育公平，以社会主义核心价值观统领课程改革，着力提升课程思想性、科学性、时代性、系统性、指导性，推动人才培养模式的改革创新，培养德智体美劳全面发展的社会主义建设者和接班人。"

　　以上所有文件精神均强调立德树人，这是基础教育课程改革追求的终极目标。立德树人的本质就是要让学生德才兼备、德智体美劳全面发展。"立德"就是要学生有一个健全的人格。所谓健全的人格，是真、善、美的统一，是理性、意志、情感的统一，是指人的个性朝着健康方面充分发展，从而形成良好的个性品质。健全的人格是理想的人格，就是健康的自我。习近平总书记在北京大学师生座谈会上强调："才者，德之资也；德者，才之帅也。"人才培养一定是育人和育才相统一的过程，而育人是本。人无德不立，育人的根本在于立德。这是人才培养的辩证法。办学就要尊重这个规律，否则就办不好学。要把立德树人的成效作为检验学校一切工作的根本标准，真正做到以文化人、以德育人，不断提高学生的思想水平、政治觉悟、道德品质、文化素养，做到明大德、守公德、严私德。要把立德树人内化到学校建设和管理的各领域、各方面、各环节，做到以树人为核心，以立德为根本。要立德树人，教师就必须以德立身、以德立学、以德施教、以德育德。坚持教书与育人相统一、言传与身教相统一、潜心问道与关注社会相统一、学术自由与学术规范相统一，争做有理想信念、有道德情操、有扎实学识、有仁爱之心的"四有"好老师。教师要做学生锤炼品格的引路人、做学生学习知识的引路人、做学生创新思维的引路人、做学生奉献祖国的引路人。

但在实际操作中，对学生立德树人的教育在某种程度上并未引起广大管理者、教师足够的重视。一谈到课程改革，人们往往只想到课程的结构与内容和学习方式的改变，只想到课程资源的开发与利用，只想到怎么应对课程改革之后的中考、高考。但怎么让学生在获得知识、培养能力的同时，形成正确的世界观、人生观、价值观，怎么培养学生健全的人格，对于这些方面的考虑很少。一些学校领导和教师只信奉一条：说一千，道一万，考上重点大学才算好汉。至于思想教育、人格培养，这一切通通被边缘化。甚至有教师在课堂上向学生散布消极的思想情绪。比如朱自清的散文《背影》的主题是表达父慈子孝的亲情，《背影》之所以感人，就因为它凝聚了亲情这样一种人类的普遍感情。背影闪动着父亲的爱，吸引着儿子的眼，牵引着儿子的情，催生着儿子的泪，打动着读者的心。这种父慈子孝的亲情正是维系家庭关系的黏合剂，是社会和谐的基因，因此教师应该利用文中的亲情描写来对学生进行审美情感教育。可是有的老师上公开课，却颠覆了《背影》中父慈子孝的传统认识，无中生有，把《背影》的主旨诠释为生命是虚幻的、短暂的、脆弱的，因而要珍惜生命。即使是珍惜生命的主题，难道我们今天呼唤学生珍惜生命，就仅仅因为生命是虚幻的、短暂的、脆弱的吗？要学生珍惜生命固然不错，问题是要让学生明白珍惜什么样的生命和怎样珍惜生命。引导学生把实现个人价值和服务社会、报效国家联系起来思考生命的价值和意义，这样才是传播正能量。如果大肆渲染生命是虚幻的、短暂的、脆弱的，因此才要珍惜生命，那就是在宣扬生命虚无主义，那就是在向学生灌输消极的保命哲学。

其实，正如课程改革具体目标中的"功能目标"所言，应"使获得基础知识与基本技能的过程，同时成为学会学习和形成正确价值观的过程"。这早已为我们立德树人的教育指明了正确方向，那就是在教书中育人，在育人中教书。

就语文教学而言，就要顺应语文课人文性与工具性相统一的特点。人文性关注的是人的价值、人的生存意义。它以追求真善美等价值理想为核心，它主要指向人格、情感、意志、性格、心理品质等。工具性就其本质而言应该指语言的能力性。这种能力就是正确理解和运用语言文字的能力，简称语言能力。语文课的人文性是蕴含在语言文字之中的，学生凭借对语言文字的正确理解和运用去把握人文性的过程，也是学会正确理解和运用语言文字，提高语言能力的过程。这就是人文性与工具性的统一，是语文教学立德树人的有效途径。

下面我们联系语文教学的实际来谈这个问题。在孙犁的《荷花淀》中，小苇庄游击组长水生在区上报名参军，回到家后，很想把报名参军的消息尽快告诉妻子水生嫂，但又怕过早地触动妻子的心绪，勾起她的离情别绪，因此，他是欲言又止、欲说还休。水生嫂从丈夫的异样神情和支支吾吾的样子中料到丈夫一定有什么隐情，于是就问了一句："怎么了，你？"怎样来引导学生体会这个问句的感情呢，我在自己的教学中有这样一个教学环节。

我设下一问：水生嫂为什么不问"你怎么了"而要问"怎么了，你"？学生在阅读中思考，在思考中议论，在议论中争辩，并在我的点拨之下终于明白："怎么了，你"就是"你怎么了"的倒装，倒装之后，用逗号把句子隔开，使本来短促的语气显得更加急促，而"怎么了"也在倒装中得到强调，这就把水生嫂渴望知道丈夫的隐情，但又不得而知的急切的心情表达出来了。这种急不可待恰恰反映了作为妻子的水生嫂对丈夫的关爱，这就写出了亲情。而她的丈夫不是一般的人，是在区上报名参军去抗日的游击队员，因此，这份亲情中还包含一种爱国情。

在这个教学环节中，引导学生去分析文句的语法结构和句子组合规则，体现了语文的工具性。学生正是在体会句子的组合规则中，感受到了水生夫妇之间的亲情和爱国情，体现了语文的人文性。工具性与人文性的统一过程就是在实现立德树人。

在语言建构与运用的训练中，我给大学生出了这样一道题：

　　小李多次向男朋友小江索要礼物，小江批评她，小李不服气地说："记得一位名人说过'生命诚可贵，爱情价更高'。所以，爱情当然是用高价才能换来的。"请你用简明得体的语言来反驳。

在学生练习之前，我作了适当的提示：小李心中的"爱情"和一位名人说的"爱情"是一回事吗？我们在先前的议论文学习中，已经懂得什么是归谬法。归谬法是反驳错误观点的一种方法，先提出与错误观点相应的假定，然后从这个假定中得出与已知条件相矛盾的结果来，这样就否定了原来的假定从而反驳了错误的观点。根据我的点拨提示，有的学生进行了很好的反驳：

　　是的，小李，是有一句话叫"爱情价更高"，但它指的是爱情所具有的精神价值、伦理价值，而不是物质价值。如果你一定要把它曲解为商品价值的话，那么你不但亵渎了神圣的爱情，也贬低了你自己。真正的爱情是无价的。古今中外多少情侣为了忠贞的爱情可以不顾生命，以求得心灵的和谐。梁祝的彩蝶之恋千古传颂就是一例。如果说高价可以换来爱情，那么喜儿为什么不嫁给黄世仁，而偏偏要嫁给大春？如果说爱情可以用金钱来衡量，那么有一首群众喜爱的歌是否可以改为"你问我爱你有多深，金钱代表我的心"？

　　这个语言运用的训练题引导学生运用归谬法反驳偷换概念的错误观点，这就体现了语文的工具性。通过反驳，让学生分清了什么是正确的爱情观，什么是错误的爱情观，这就体现了人文性，这就是工具性与人文性的统一。

　　但在课改的实践中，也出现了肢解课程目标的现象，课堂在工具性与人文性两个方面左右摇摆。有的教师一味地追求情感、态度、价值观的落实，在教学中形式化地设计交流互动，而忽视了知识与技能的形成和巩固。有的教师则是倾心于知识的传授，不大关注在教学中学生的体验和情感。对学生学习过程中需要的方法，教师也缺乏必要的指导。

　　新课程立德树人的培养目标表现出"动态整合统一"的特征，从基本内容看，强调基础教育目标的整体性，从语文教学的角度看，就是要体现工具性与人文性的统一。新课程新在哪里？新在以人为本，新在以学生为本，新在以学生的知、情、意的健全、完善、和谐发展为本，课程改革的总目标与具体目标均聚焦在以人为本，也就是立德树人上。这是一个不可分割的整体，这是新课程的人文起点。

走出误区 回归正道

自实施新课程以来，学校课堂变得波澜起伏，但随着新课程改革向前推进，在小学语文课堂教学中也暴露了一些不容忽视的问题，不解决这些问题，新课改的总目标和具体目标就无法达成。

一、片面强调学生学习的自主性，消解了教师教学的主导性

针对传统教学过分强调接受学习的弊端，新课改提倡自主、合作、探究式的学习方式。但在实施过程中，自主学习被一些权威诠释为"自己做主的学习"。这种观点是否正确，这要看从哪个角度看。如果从教育追求的终极目标看，"自己做主的学习"就是一种理想的学习境界，它体现了叶圣陶关于"教是为了不教"的思想。如果学生有一天能够真正离开老师的指导，自己完全做主地学习，那就是教育的成功。为达此目的，在基础教育阶段，为学生自己做主学习创造条件、搭建平台、提供机会、营造氛围、指点迷津，那也是合理的。但绝不能搞过了头。如果将基础教育阶段的"自己做主的学习"推向极端，把它作为一种主要的甚至唯一的学习方式，那就大错特错了。既然都自己做主了，还要教师干什么？教学设计自然也就成了多余的。可是，基础教育阶段，尤其是小学阶段的学生从知识结构、认知水平、生活阅历、心理素质、思维能力等方面看，都还不具备可以完全离开教师的指导而独立自主地完成学习任务的能力。这不仅在事实上行不通，就在理论上也站不住脚。但是，自实施新课改以来，这种观念已经并且还将继续消解一些教师在学生学习中的主导作用。目前，自主学习就是"自己做主的学习"这一片面思想已经捆绑了无数教师的手脚。他们再也不敢放开手脚确定教学目标、教学内容、教学环节了，怕被说成是"牵着学生鼻子走"的预设。

同时，有人公然主张什么无教案教学法，并借助媒体广泛宣传推广。这样一来，教师也就不用备课，不用搞教学设计了，在课堂上可以信手拈来、即兴发挥。但这样就把自主学习变成了离开教师指导的放任自流、信马由缰的学习。放弃了教师的有效指导，放弃了教师的主导作用，课堂也就成了无舵之舟，随流漂泊，任意东西。这样的课堂固然热闹，但热闹的背后是无效。这就是淡化教师作用的"唯自主化"倾向，这种倾向导致学习中学生的主体性因离开教师的有效指导和受到自身水平的限制而不能得到充分发挥，学生的认识水平也只能在原有层次上徘徊不前。

可见片面强调学生学习的自主性是错误的。在基础教育阶段，自主学习应该主要是指学生在教师引导下的自觉主动学习。这种自觉主动的学习是在发现问题、研究问题、解决问题的过程中学习。学习过程的各个环节，包括学习目标的确定、学习进度的计划、学习策略的选定、学习活动的参与都要自觉主动。作为一种依靠内在精神与品质的学习，自主学习能够调动学生学习的内驱力，能够磨炼、发展和提高学生的主体意识，能变"带着知识走向学生"为"带着学生走向知识"。但有效的自主学习一定是在教师正确引导下进行的。在人格上与教师平等的学生并不意味着在学识上也与教师相当，在学科专业领域内，教师理所当然是处于优势地位，他必须重视学生的学，但又必须重学而行导。教师必须认真搞好教学设计。教学绝不能打无准备之仗，"导"不是一种随心所欲的教学行为，一个"导"字，应该蕴含了教师先进的教育思想，囊括了教师的全部工作内容，凝聚了教师的心血和智慧。教师的主导作用应体现为加强对学生自主学习的督促管理，通过精心的教学设计来营造自主学习的氛围、提供自主学习的条件、教授自主学习的方法、调控自主学习的方向，借助质疑激发学生开启自主学习的思维门扉，凭借点穴通窍来帮助学生解决自主学习活动中的各种困难，通过升华结论作出评价来确保自主学习的质量。教师的这些主导作用不仅不会束缚学生的手脚，反而能使学生的自主学习更有成效。离开教师指导的所谓的自主学习活动，很可能就是一种自由散漫、盲目随意、各行其是的学习行动。

二、新的教学模式捆绑住了部分教师的手脚

自实施新课程以来，小学语文教师和其他学科教师一样，都在积极探索符合新课标理念、有别于传统教法的新教法。在当前的课程改革实践中，教师的教学设计都普遍包括八个环节。

环节一：兴趣导入。通常包括巧设导语、诗画起兴、故事入题、歌舞煽情、质疑

激思。

环节二：创设情境。将学生置于某种真实的或虚拟的情境之中，吸引学生对教师提出问题的关注。

环节三：探究准备。学生针对教师提出的问题查找相关资料，借助搜集的各种资料对教师提出的问题进行独立思考。

环节四：划分小组。学生分组为探究问题做好组织准备。

环节五：集体讨论。学生对问题展开小组讨论，最后推举代表发言。

环节六：归纳补充。对学生讨论的意见，教师及时进行归纳总结，对学生的答案肯定正确的，否定错误的，补充疏漏的。

环节七：知识迁移。对教学进行必要的拓展延伸，引导学生把正确结论用于思考分析解决新的问题，完成由知到行的过渡，收到"得法于课内，得益于课外"的效果。

环节八：评教评学。教师以发展期待的眼光、实事求是的态度、描述议论的方式、平等对话的姿态，引导学生对教学目标的达成情况，以及学生的学习表现、学习效果进行反思与评价。

由以上八个环节组合而成的教学模式，充分体现了新课改先进的教学理念。的确，师生双方的主动性、积极性、创造性都能够在这样的教学模式中得到有效的发挥。但是，这种教学模式几乎已经被凝固化、唯一化、标准化、僵化了。这种教学模式最先出现在各种赛课活动中，评课专家们也以此作为评课标准来评选优质课。于是，这种教学模式也就通过各种赛课活动并借助媒体在全国范围内推广开来。而今，大部分语文教师都在遵循这种模式施教。这种模式已经捆住了一些教师的手脚，成了语文教学中的"新八股"。如果教师不顾学生的实际、教材的特点、教学的环境条件、教师自身的优势与风格、时间与空间的变化情况，一律运用上述模式施教，这样的教学还有什么生命力可言吗？"教学有法，但无定法，重在得法"，"教学有法"的"法"是指规律、法则，它是语文学科特点与学生心理特点的交叉点，是语文教学设计的依据。教学目标的确定、教学内容的选择、教学环节的安排、教学方法的使用都必须依"法"设计。"但无定法"的"法"指教学方法、教学模式。这些方法、模式是多种多样的，教学设计中考虑使用什么样的教学方法和教学模式要以遵循教学规律为前提，从客观实际需要出发，借以体现教学的艺术性。"重在得法"就是说各种教学方法、教学模式都有它们存在的合理性，关键是要看用得恰不恰当。如果选择的教学方法和教学模式能够体现教学规律、能够从实际需要出发、能够体现师生互动、能够有效地达成教学目标，那就是合理的、恰当的、得法的，反之则否。新课改要求教师要与时俱进，不能坚持一成不变的、僵化的教条主义。

三、极端民主化倾向影响了科学化民主教学的实施

新课改新在"以人为本",这是它的人文起点。这个课改的总目标决定了必须打破"教师主宰一切"的局面,建立民主和谐的新型师生关系。传统教育观认为,教师在教学过程中主宰一切、决定一切。在凯洛夫主编的《教育学》中就提出了"教师是教学过程的中心人物"。教师提出的要求,对学生的学习生活来说"具有法律的性质"。在传统的师生关系中,教师带着社会赋予的权利,凌驾在学生之上,教师不习惯站在学生的角度考虑问题,往往凭着自己的主观愿望任意地塑造学生。在现实的教学活动中,师生的关系并不都是平等的。学生并没有得到充分的尊重,课堂上的"不规矩的行为"、异想天开的想法都会遭到老师的否定、批评甚至处罚。所有这些体现的就是极不民主的"师道尊严",它与新课改提倡的"以人为本""以学生的发展为本"格格不入,违背了科学化的民主教学思想。

新课改提倡科学化的民主教学。在这一思想的引领下,师生关系已经发生了很大变化。新课改要求教师充分尊重学生的人格,关注学生的个体差异,满足不同学生的合理需求,创设引导学生主动参与的教学环境,努力营造民主、和谐与宽松的教学氛围,凭借这些来激发学生学习的主动性、积极性、创造性。在对问题的探讨上,教师要保护学生发现问题、提出问题、解决问题的积极性,要鼓励学生紧扣教材提出新问题、发表新见解、作出新答案的尝试。许多教师在新课程实施中学会了欣赏和赞美学生。他们欢迎学生质疑、争辩,甚至是否定老师的观点,允许学生出错和保留不同的意见。这些都是尊重学生的正确态度,的确有利于学生的健康发展,这是一种进步。

有一名老师执教《乡下孩子》,老师让学生轻声自由读课文,了解乡下孩子都玩些什么。教室里迅速发出嗡嗡的读书声,不到一分钟,一阵清脆响亮的声音盖过了读书声。刹那间,师生的目光一齐射向声音发出的地方,只见第二排的一名学生嘴里含着一片草叶,正专心致志地吹着口哨。这不是跟老师唱对台戏吗?这样下去怎么收场?听课的老师们都为这个授课老师暗暗捏了一把汗。只见授课老师平静地问:"你吹得真好,能告诉大家你吹的是什么歌曲吗?"她微笑着问。小男孩自豪地说:"我是乡下孩子,我喜欢用草叶吹歌曲,刚才我吹的是《小白鹅》。""是啊,和课本中的孩子一样,你们都是乡下孩子。老师知道你们都是能干的孩子,那么你们还干些什么呢?"老师兴高采烈地问。学生们的表现欲一下子被调动起来了,大家演的演、说的说,很快融入

了这特定的情境之中，听课的老师们都露出赞许的笑容。

案例中的这名学生从轻声读课文到用草叶吹起《小白鹅》，显然他已经对《乡下孩子》的课文内容产生了兴趣，只可能因为这样，他才会倾情投入，甚至忘记了自己所处的课堂环境。从读课文到联想自身，再到用行为演绎，这正是他阅读时的独特表现，而且这种表现正是由他的自身经历产生的。因此这位学生出格的言行就不应该等同于有意违犯纪律的行为。授课老师在尊重学生体验的同时，灵活地运用教育智慧，及时地调整了教学的预设环节，她用一句话"那么你们还干些什么呢"把全班同学都调动了起来。这不仅尊重了学生，而且也巧妙地维护了师生的关系，这样就真正体现了民主教学的思想。

但是，有时民主教学又被扭曲了。一些人用极端民主化的教育思想来淡化甚至取代了科学化的民主教学。

其表现之一是把尊重学生搞成了无原则地吹捧学生。他们在课堂上始终坚持肯定，奉行"说你行你就行，不行也行"的原则，不辨是非曲直、不问青红皂白，学生一张口就都是对的。他们强调"不要用教师的讲授去代替学生的感受"，提倡"独特感悟、多元解读"，这些本来也是对的，但在学生的发言明显偏离了教学目标，开始"东说南山西说海，东扯葫芦西扯瓢"时，老师也不去纠正。有位小学语文老师在教学《程门立雪》时，提出了问题："你们觉得杨时是一个怎样的人？"许多学生认为杨时"立雪"的行为说明他是一个尊敬老师、求知好学的人。可是，有一名学生站起来说："我觉得杨时有些傻！"学生的理由是：杨时"立雪"万一冻坏了身子，不但自己难受，还会影响他的学习，那老师就得单独给他补课，老师的休息时间就没有了，从这一点看，他也没有尊敬老师。学生们各执己见，争论不休，老师对此却不置可否，不及时加以评价。教师的这些做法极容易造成学生认知方面的错误，使学生错误地把课堂当作脱口秀剧场，这样下去，学生思维的严密性又怎么能形成？教师把尊重学生搞成无原则地吹捧学生，其最大的危害还在于不利于对学生进行挫折教育。如果学生从老师那儿总是听到恭维话，连错了也听不到批评意见，久而久之，就会听不得不同意见，就会拒谏饰非。如果学生连一句"你错了"都不能接受，今后又怎么能去面对纷繁复杂的大千世界呢？

其表现之二是教学时一切唯学生的欲望是从。"学生想学什么就学什么""学生喜欢怎么学，教师就怎么教"，这似乎是在充分尊重学生的兴趣爱好，把学习的主动权交还给学生。可是，一个小学生，他有没有自我选择、自我取舍、自我调控的能力？学生想学的、喜欢的，是不是都符合课程标准的相关要求？怎么保证学生的"想"不是胡思乱想？面对学生和文本，教师究竟应该扮演什么角色？在这一系列问题上，这些教师是缺乏思考的。对于学生的一切欲望，怎么能不管是非曲直、不分青红皂白地一概加以满足呢？这种不加区别地一概满足，是在教学上搞无政府主义，是把民主教学推向极端民主的泥坑。青少年学生，特别是小学生，他们的世界观、人生观、价值观、伦理道德观尚未定型，他们的生活阅历还很浅，知识结构还很简单，认识问题、分析解决问题的能力还很不足，所有这些决定了他们在许多方面的幼稚、不成熟，这就必然导致他们对问题的思考难免带有主观性、片面性和偏激情绪。正如前面所说，学生学习的自主性要在教师的主导作用下才能得到发挥，如果教师对学生的学习放任自流、信马由缰，那么学生的自主学习就会沦为自发、自流、自生自灭的状态。这样一来，学生的学习很可能走偏方向、步入歧途！

四、将愉快教学庸俗化并且推向极端，忽视了必要的挫折教学

愉快教学要求教师重视让学生在轻松愉快的气氛中学习，实质是调动学生学习知识与培养能力的兴趣和欲望，帮助他们形成良好的心理体验，保持快乐与充实感。在小学生中开展愉快教学有着特殊的意义。这种教学特别符合小学生认知心理规律。第一，小学生重形象思维，具有对具体、形象、生动的学习内容感兴趣的心理，针对这样的心理特征，就要千方百计地把他们带进童话世界，开展读童话、听童话、编童话、讲童话、演童话的活动。第二，小学生有强烈的表现欲，好胜心非常强，针对这种心理特征，可设置问题情境，让他们置身于某种虚拟的情境之中，设身处地地去思考问题。有的小学语文教师教《老山羊和狮子》《卖火柴的小女孩》时，会让学生扮演其中的不同角色，演绎故事情节；教《漓江游记》《金字塔》时，会让学生扮演导游向大家介绍景点，学生参与的热情出奇的高，而且有的能根据自己的想象，结合课文创造性地加入某些情节，进一步深化了文章的主题。这些都是实施新课改以来在愉快教学方面出现的新气象。

但是，愉快教学并不是一种规范的教学模式，当教和学的内容不加选择地被纳入到愉快教学的框架中来时，教学的本质就很有可能发生异化。有的教师将愉快教学搞过了头，甚至将其庸俗化了。他们刻意追求课堂的趣味效果，把自己等同于相声小品演员，在课堂上极尽插科打诨、做作表演、哗众取宠之能事，这种并不高明的表演，除了让学生觉得滑稽可笑之外，还会有什么教学效果可言？它冲淡了学生对作品人物命运的担忧和对文本深刻内涵的领悟。有的老师上公开课或进行赛课时，刻意追求形

式，管它有无必要，总要模型、挂图、录音、投影齐上阵。课堂上，声光电磁转换不断，弄得人眼花缭乱，目不暇接。观摩课等同于阅兵式，又像是时装表演，这样的愉快教学是在过度地张扬愉悦，不适当地利用学生好玩、好奇的天性，离开实际需要大搞形式主义。学习是一种高强度的脑力劳动，会产生许多的困惑、难题，会遭遇很多的困难、挫折和失败。它需要一种"苦战能过关"的精神。闻鸡起舞、悬梁刺股、韦编三绝，在这些成语中，哪一个不是在强调学习不能怕苦怕累？从心理学上讲，愉悦可以开启心智，挫折可以铸就顽强。学海无涯，不能有了"乐"就丢掉"苦"。如果一味地引导学生追求愉悦，遁入形式上的"乐学"，没有同艰难、挫折相对抗的勇气，他们就会渐渐变得意志脆弱，在困难面前望而却步、知难而退。所以，我们在重视愉快教学的时候，不能把它庸俗化，要将愉快教学与挫折教学结合使用。

五、用读、议、练的教学环节排斥教师必要的讲解

读、议、讲、练是任何教学都不可缺少的四个环节。读是基础，练是手段，议是关键，讲则是贯穿始终的。这四个教学环节就像《红楼梦》大观园里的贾、史、王、薛四大家族，几家沾亲带故，一荣俱荣，一损俱损。可是，新课改以来，由于片面地强调学生的自主学习，讲居然成了教学之大忌。凡是讲均等同于灌，凡是灌均等同于学生被动接受。于是，有人就说：语文教师要管住自己的嘴巴，一节课教师讲的时间不能超过十分钟。这已经成为个别学校、个别教师教学的准则。有名小学教师执教《蒲公英》，四十分钟一节课，累计讲的时间为二十二分钟。评课的教研员却说："讲多了，学生活动少了，没有充分发挥学生学习的主体作用。"其实，讲多讲少不能光从时间的长短来判断，要看有无必要。如果讲的内容与达成的教学目标无关，内容对学生没有任何启发意义，哪怕一节课只讲了一句话，也是多余的。如果讲的内容能开启学生思维的门扉，使教学目标得以达成，哪怕整节课讲也不算多。对于课堂上的读、议、讲、练四个教学环节绝不能硬性规定时间比例，而应根据课标的要求、教材的特点、学生的学情、课堂上的情况灵活处理。

加大小学语文综合性学习的开放力度

开放性是语文综合性学习的显著特征之一。小学语文综合性学习应该在内部统整、学科交叉、课外拓展、利用网络等方面加大开放力度。

一、内部统整

传统语文教学的听说读写总是分散进行，搞单兵操练。其实，听说读写作为语文能力，是一个相辅相成的整体。语文综合性学习可以把听说读写的训练由分散引向综合。比如以民歌采集为专题的综合性学习，整理和修改民歌少不了写，举办民歌朗诵会就有了读和听，赏析民歌当然也就有了说。

二、学科交叉

融合式学习的显著特征就是"提倡跨领域学习，与其他课程相配合"。这个要求已经写进了各学科的课程标准，而跨领域学习也是语文综合性学习得天独厚的优势。比如运用成语概括某些生物知识，将描写音乐的几个散乱无序的句子重新组合成意思连贯的一段话，为体育课中立定跳远的动作要领编写顺口溜，搜集自然科学的有关知识编成科幻故事……这些都是将语文学习渗透于其他学科领域的路径，这样，语文就不单是学习其他学科的工具，也是盘活其他学科的综合性学科。

三、课外拓展

一些学校搞封闭式管理，将学生变成笼中之鸟，禁锢于"三味书屋"中，不仅丧失了"百草园"的乐趣，更是堵住了开展综合性学习的通道。语文教学应立足课内，放眼课外，由课内辐射课外，把综合性学习活动由学校引向自然与社会。那些历史人物、名胜古迹、民情风俗、生态环境、时事新闻、体育运动、交通管理、家庭生活等就是"高墙外的另一片天空"，当中有多姿多彩的语文课程资源，能拓展学生的学习视域，为语文综合性学习提供丰富的目标、开放的时空、自主性的学习空间、多元化的过程和方法以及发展性的评价标准。

四、利用网络

小学生上网，多半钟情于看动画，倾心于玩游戏。如果简单粗暴地禁止，那是因噎废食。通过加强管理，引导并帮助学生在网上开展语文综合性学习，就是变堵为疏的良方。

开放不能丢掉语文本色，要让开放活动始终散发着语文的芳香。活动中，所有知识的综合必须聚焦在对学生语文素养的培养上，如果曲解"综合"的含义，把综合性学习异化为科技讲座、环保研究、才艺展示之类的活动，只会让语文教学"种了别人的地，荒了自己的田"。

在语文教学中训练学生的自觉思维能力

《普通高中语文课程标准（2017 年版）》［下简称《课程标准（2017 年版）》］在基本理念部分指出："语言文字运用和思维密切相关，语文教育必须同时促进学生思维能力的发展与思维品质的提升。"因此，在语文教学中锻炼学生的思维素养，这是语文教学的一大任务。思维素养包含思维能力和思维品质。思维能力包含直觉思维能力、抽象思维能力、形象思维能力、辩证思维能力、创新思维能力。思维品质包括思维的灵活性、独创性、深刻性、敏捷性等。所谓锻炼思维素养，就是指让学生在语文学习的过程中获得思维能力的发展以及思维品质的提升。

一、思维的含义

思维是一种心理现象，是高级神经活动的产物。它具有间接性、概括性和差异性。

（一）思维的间接性

思维的间接性指人认识事物、了解事物不是凭直觉，而是根据已知来推导未知。

这座山很大，眼睛看得到；这首歌很美，耳朵听得到；这朵花很香，鼻子闻得到；这块糖很甜，舌头尝得到；这件衣服的质地很柔软，手触摸得到。这种凭身体去认识、反映事物的方式只能叫感觉。但世间许多事物无法被直接感知，我们如果要认识它、了解它，应该怎么办？就只能凭已知来推导未知。

这就是思维的间接性。如果我们领悟到了思维的这个特点，我们就能明白"察己则可以知人，察今则可以知古……有道之士，贵以近知远，以今知古，以所见知所不见。故审堂下之阴，则知日月之行，阴阳之变；见瓶水之冰，则知天下之寒，鱼鳖之藏也"的含义了。

（二）思维的概括性

思维的概括性指人认识事物、了解事物不是对事物作现象上的反映，而是透过现象反映事物的本质。

新课标提倡学生要"读整本书"。如果学生读完《红楼梦》后，认为它是一部言情小说，写的是贾宝玉、林黛玉、薛宝钗的三角恋爱，那么这样的认识是正确的吗？非也，因为他只看到了现象，没有透过现象看到本质。《红楼梦》以贾宝玉、林黛玉、薛宝钗的爱情纠葛为主线，通过对贾史王薛四大家族的描写，暗示康乾盛世潜伏的危机，揭露了封建社会由盛到衰、没落崩溃的总趋势。书中的《好了歌》正体现了这些内涵：

世人都晓神仙好，惟有功名忘不了！

古今将相在何方？荒冢一堆草没了。

世人都晓神仙好，只有金银忘不了！

终朝只恨聚无多，及到多时眼闭了。

世人都晓神仙好，只有娇妻忘不了！

君生日日说恩情，君死又随人去了。

世人都晓神仙好，只有儿孙忘不了！

痴心父母古来多，孝顺儿孙谁见了？

《好了歌》唱的"好"便是"了"，"了"便是"好"，一部《红楼梦》，前半部写"好"，下半部就写"了"，说的就是封建社会的天快要塌下来了，"顽石无才补苍天"的事情，这样的认识才是体现了思维的概括性，透过现象反映了事物的本质。

（三）思维的差异性

世界纷繁复杂，事物千差万别，这是不以人的意志为转移的。人的思维也是如此。我们以我国不同民族为例来说明这个问题。我国不同民族由于各自的地理位置、自然环境、民族渊源、历史变迁、宗教信仰、风俗习惯等差异，形成了不同的思维方式，产生了思维的差异性。

中国传统文化中的儒家思想产生于半封闭的大陆型地理环境之中，其世界观出于对现实社会政治伦理道德的关注，核心就是如何处理君臣、父子、夫妇、长幼的人际关系，主张仁、义、礼、智、信的道德观念。在关注人际关系方面，中国传统思维更注重群体，待人处事会考虑"别人怎么看"，而西方思维则习惯于考虑"我能得到什么"。西方社会的地理环境多是海洋围绕的半岛，这种环境引发了人们对天文、地理、代数、几何等奥秘的探索。中国传统思维认同"天人合一"，人与自然主客不分，往往从主体自身出发，在直观经验的基础上回归主体本身。西方思维则认同主客二分、天人对立，将内心世界和客观世界区分开来，将自然当作自身以外的对象来研究，因此诞生了近代科学。中国传统思维比较关注实践经验，重视整体思考，凭借直觉顿悟从整体上把握客观事物的本质规律。西方思维则比较重视实证和分析，总是借助逻辑，通过论证、推演来认识事物的本质规律。中国传统思维重形象、直观，比较注重运用形象的方法来表现抽象的概念。西方思维则重视纯粹意义上的抽象思维，侧重于定量思维。

二、思维的分类

我们可以对思维根据不同标准进行分类。

以思维的凭借物和解决问题的方式为标准，可以把思维划分为直观动作思维、具体形象思维与抽象思维。按照思维过程中是以经验为指导还是以理论为指导为标准，可将思维划分为经验思维和理论思维。按照解决问题时的思维方向，可将思维划分为发散思维与聚合思维。以思维的智力品质为标准，根据创新成分的多少，可以将思维划分为常规思维和创新思维。以思维达成的目的性质为标准，可把思维划分为求解性思维与决断性思维。以思维主体对思维运动的过程和结果能否意识到为标准，又可以将思维划分为意识思维、潜意识思维和无意识思维。

对于中学生来说，按课程标准的要求，思维能力主要是指运用形象思维、抽象思维、辩证思维、创新思维（发散与聚合思维）的能力。

三、在语文教学中锻炼学生的直觉思维能力

（一）什么叫直觉思维

通过语文的学习，学生要能获得语言和文学的直觉体验。

从思维的角度看，这种直觉体验就叫直觉思维，佛学把它叫作顿悟，艺术学把它叫作灵感。所谓直觉思维，是指人无须经过分析步骤就能对问题答案作出迅速、合理的猜测、设想或回答的心理过程。

可以说，直觉思维是抽象思维的凝聚或简化，直觉思维不同于盲目的猜想和主观的判断，它以已有的知识经验为依据，跳过了许多中间环节，直接从整体上把握事物或作出结论。例如，办案人员在了解了作案现场的基本情况后对案情作出了迅速判断；渔夫在水边转上几圈，就能判断哪儿鱼多，该在哪儿撒网。他们能这样，凭的就是直觉经验。我们语文老师在读一篇学生的作文时，能觉察到某个句子不通顺，往往并不是对这个句子进行了语法分析，而是一下子就觉察到了它的毛病。这种觉察，不同于一般的感觉，而是一种思维活动。这种思维活动又不同于一般的逻辑推理。直接觉察问题的人可能根本就没有学过语法，他不是通过语法分析，而是凭借语感，这就是直觉思维。对语言而言，直觉思维其实就是我们说的语感。可以说，语感是一种无意识的知识，是一种不自觉的能力，是一部活的词典和活的语法，是一个能提升读写听说等活动的质量和效率的杠杆，在所有的语言活动中起着关键性的作用而不可须臾或缺。离开了熟读背诵，就无法形成语感，而离开了语感，一切的读写听说都无法正确进行，一切的语基训练都失去了实用价值。

（二）夯实直觉思维的基础的方法

1. 要具备广阔的知识背景

广阔的知识背景是直觉思维的基础。从语文学习的角度看，语感的形成要靠大量的熟读背诵。可是，过去的语文教学基本上犯了两大错误，一是用烦冗的讲析去淡化甚至取代学生的阅读自悟，使得讲重于读，不讲深讲透，讲者绝不罢休；二是用大量的训练去淡化甚至取代学生的阅读自悟，练重于读。然而，讲也罢，练也罢，都不能代替学生的读课文，只能起到帮助学生读懂课文的作用。关于这个道理有许多古代的论述，如"熟读唐诗三百首，不会作诗也会吟""读书百遍，其义自见""读书破万卷，下笔如有神""大抵观书，先须熟读。使其言皆若出于吾之口；继以精思，使其意皆若出于吾之心"等。好的文章，不仅要熟读，还要背诵。朱自清就说过："学习文学而懒于记诵是不成的，特别是诗。一个高中文科的学生，与其囫囵吞枣或走马观花地读十部诗集，不如仔仔细细地背诵三百首诗。"

目前，语文教材十分重视阅读背诵，要求小学一至六年级背诵课文七十五篇，初中七至九年级背诵课文六十一篇。同时，《课程标准（2017 年版）》强调整体阅读。整体阅读是对单篇阅读的一次革命，是传承与习得的博弈。传统阅读活动一直受到文本阅读的扁平思维的影响，文本的教学内容打上了权威性与规范性的烙印。一切以教材为准，一切以教师对教材的讲解为准，老师的讲授取代了学生的感受。学生被要求尽量听老师的讲解。因此,《课程标准(2017年版)》在"教学建议"部分明确指出,要"培养学生广泛的阅读兴趣,扩大阅读面,增加阅读量,提倡少做题,多读书,好读书,读整本的书"。特别提到"读整本的书",这就意味着教师角色要发生根本性的转变,即要变多讲为少讲,变少学为多学。

2. 要具备丰富的社会生活经验

直觉思维离不开生活经验,积累生活经验是直觉思维产生的基础之一。创作讲灵感,这灵感也是要以生活经验为基础的。法国音乐家柏辽兹有一次为贝朗瑞的一首诗谱曲,前面都谱完了,只剩最后一句,他怎么也想不出一段恰当的旋律来传达这句诗的意思,不得不把它搁置下来。两年以后,他到罗马去游玩,失足落水,爬起来时嘴里所哼出的旋律,恰是两年前搜肠刮肚所不能得的。由此,我联想到作文教学,许多学生高坐书斋,不识人间烟火,不对社会人生进行观照与思考,高考作文中缺乏鲜活的材料,一旦写好人好事就是帮人推车、给人让座,写社会变化就是盖高楼、起大厦,写名人事迹往往是古有司马迁,今有张海迪,中有陈景润,外有爱迪生。作文中写虚无人、说玄虚话、抒虚假情的"三虚"现象十分严重。某些学生写作文为了感人,把自己的父母拿来作牺牲品,编造出悲惨的家庭变故,"为赋新词强说愁",实在可悲。这不禁让人发问,我们灵气逼人的学生去哪儿了?我们天天向上的生活去哪儿了?我们如此多娇的江山去哪儿了?希望中学师生早日走出利用"三虚"骗印象分的误区,我们的阅读写作理应有更广阔的空间。

此外,有些所谓的"高考作文宝典"也在把考生一步一步往脱离现实、只追求辞藻华丽的倾向上引,说什么:写作文时不要说"我很悲伤",要说"我心灵的天空一直下着雨";不要说"女人和男人应有平等的政治地位",而要说"女人应是一株木棉,和橡树并立在一起";不要说"没钱",要说"与孔方兄无缘"。这是对考纲要求中"语言生动、文句有意蕴"的误导。

以上事实从反面警示我们:作文教学要让视野冲破课堂的拘囿,扩展到宇宙万物中去,让学生去发现那些有生命有意义的人和事物。要带学生去观赏高山的雄姿,去倾听江河的怒吼,去感受秋叶的叹息,去触摸大地的体温。只要我们语文教师经常引导学生去体验和感受现象世界,耳濡目染,不断熏陶,就能调动学生潜在的感知力,并使他们对外物的感知越来越敏锐。当外物的完整、均衡、对称等特征完全内化为学生自身的活动模式和习惯之后,学生的审美感知就变得越来越敏锐。"汝果欲学诗,功夫在诗外",学生有了这诗外的功夫,写诗作文何愁无灵感,何愁言之无物?有人说,农村学生学语文的条件不及城市，其实不然，农村的山川风貌不是城市所能比拟的。而这些景致是繁华喧嚣、钢筋混凝土构建的城市中难以寻觅的。教师在上文学采风课时，可事先让学生搜集当地民歌、传说、风俗、对联等反映民风民俗的东西，上课互相交流，资源共享。让学生作文时，不妨带学生投入大自然的怀抱，看看山，看看水，闻闻花香，摸摸绿树，让学生了解大自然、热爱大自然，为山的巍峨、海的浩瀚折服，为潺潺的水声、啾啾的鸟鸣着迷。让他们从蚂蚁身上学习团结，从耕牛身上学习勤勉，从梅花身上感悟高洁，让他们面对大自然有话可说，有话多说。这样，我想，不用老师下功夫指导，学生也会自发地写出一篇篇情真意切的好文章来。

语文核心素养之语言建构与运用

新课程要培养的语文核心素养首先是语言的建构与运用能力。关于语言，从古至今不知有多少种说法，诸如言为心声、言之有理、言之凿凿、言简意赅、轻言细语、一言九鼎等。语言是社会生活的客观现象，是人们用来交际和思维的工具。所谓语言的建构与运用是指学生在丰富的语言实践中，通过主动的积累、梳理和整合，逐步掌握祖国语言文字的特点及其运用规律，形成个体的言语经验，在具体的语言情境中，正确有效地运用祖国语言文字进行交流沟通。所谓语文，包括语言文字、语言文学、语言文章。学语文总是要学语言，透过语言文字的外壳了解其中表达的情感意蕴。

一、语言建构与运用的意义

建构和运用语言应该是语文学科教学独当其任的事情。《普通高中语文课程标准（2017 年版 2020 年修订）》把帮助学生建构和运用语言作为培养学生核心素养的首要任务，语言的建构与运用也为思维发展与提升、审美鉴赏与创造、文化传承与理解这三种核心素养的形成和发展奠定了坚实的基础。但如何引导学生建构和运用语言，对此有什么行之有效的途径呢？对此，许多语文老师都存在理论模糊、操作无方的问题。我想就这些问题谈一点看法，以引起大家的思考。

二、养成语言建构与运用素养的有效途径

（一）要在诵读课文中培养学生的语感

1. 要建构语言必须培养语感

对语言文字的敏感直觉思维就是我们通常所说的语感。语感能力就是指在对具体的语言环境的感知中准确把握话语情感意蕴的能力。语言活动是一个多侧面、多层次的系统，这个系统内部的有机联系就是语感。

语感的形成又要借助于熟读背诵。熟读背诵就是点通语感的灵犀，是培养语感的不二法门。在培养语感方面，以熟读背诵为主的方法较之于以讲析为中心的方法效果更好。因此，语文教学应该以充满情感的语言感受来取代冰冷的理性分析，同时也要避免用大剂量的题海战术去淡化甚至代替学生的阅读自悟，扼杀文章的气韵和灵动感，把学生异化为记忆机器、分析机器、做题机器。老师要重读而行导，使学生真正成为文章的体悟者、欣赏者、模仿者。

2. 培养语感的两大障碍

现在的语文教学基本上犯了两大错误。

一是用烦冗的讲析淡化甚至取代学生的阅读自悟，使得讲重于读。不讲深讲透，绝不罢休。一个《孔雀东南飞》的标题可以讲一个钟头。为什么要用孔雀，不用麻雀，不用黄鹄、白鹄？抓住这两点发散开来，竟能讲成这样：

> 人们解"孔雀东南飞，五里一徘徊"，多引汉乐府《艳歌何尝行》："飞来双白鹄，乃从西北来。……五里一返顾，六里一徘徊。"以为写夫妇离散，往往借鸟飞起兴。但其他诗皆言"白（黄）鹄西北来"，何以这首独言孔雀东南飞？这是因为孔雀既能表现刘兰芝的相貌美丽，又能见其忠于爱情，品德高尚。至于"东南"，故事结局亦有"徘徊庭树下，自挂东南枝"语。"东南"二字前后呼应，可见绝非泛指。据有关考证，刘兰芝家位于仲卿家东南方。这样，两个"东南"就突出地表现了焦刘二人生死相望、坚贞不渝的爱情。

如此解释，显然违背了格式塔整体性原则。事实上，这一句诗是以托物起兴的手

法创设了一种缠绵凄楚的气氛，为全诗定下了感情基调，感染读者情绪，启发读者想象。至于是孔雀，还是白鹄，是"东南飞"，还是"西北飞"，则是无关紧要的。

二是用大剂量的题海战术去淡化甚至代替学生的阅读自悟，使得练重于读。当前，一些教师只是寻章摘句，把文章用"解剖刀"加以肢解作为训练语言的例子，用冰冷的理性分析取代充满情感的语言感受。有老师教《白毛女》选段，其中有"北风那个吹，雪花那个飘。雪花那个飘飘，年来到"一句，老师备课时首先想到，如果中考考查对这句歌词的理解会怎么命题，于是她一口气为此设计了二十八道题。上课时，老师也不让学生好好地朗读课文，而是将课文跑马似的稍稍浏览一遍，就让学生去做那二十八道题。结果当年中考果然考到了《白毛女》选段。老师高兴，学生也高兴。但学生仔细看题，题目却是："北风那个吹，雪花那个飘。雪花那个飘飘，年来到"表现了喜儿什么样的性格特征？平常做的二十八道训练题都没有把这个考点包括进去。这只能叫麻雀掉进糠堆里——空欢喜。

以上的教学错误偏离了语文教学以读为主的行之有效的传统方法，导致了少、慢、差、费的教学弊端，不利于学生语感的形成。

（二）要联系语境破译语言

一般来说，一定的语言符号与其意义是相对应的，这是语言交流得以实现的基础。但是，意义又不是一个在自由传递中可以保持稳定不变的实体，一个词或句子的具体含义往往不是由它自身决定的，特定的语言环境、说话者或受话者的状况、接触交流的方式等，都可能影响一个词或句子所要传递的信息。一个词的形象性、生动性、含蓄性往往是从结构关系中表现出来的。

周立波的《山乡巨变》中的胡癫子要调戏村里最美的姑娘盛淑君。在走投无路之际，盛淑君施以缓兵之计，假称现在不方便，约他第二天在松树林相会。胡癫子信以为真，当时便放过了盛淑君。第二天，盛淑君和她的女友爬上一棵松树，见胡癫子兴冲冲地进了松树林，就用准备好的泥团和松果向胡癫子扔去，打得胡癫子抱头鼠窜。好事不出门，坏事传千里，这事很快就在村子里传开了。村里的团支书陈大春正在与盛淑君交往，他没料到一向温柔贤淑的盛淑君居然也会打人，于是大步流星地跑去质问盛淑君，盛淑君怕说出事情真相会影响二人的关系，因此欲言又止、欲说还休，始终没有说出理由。陈大春动怒了，拍了桌子一巴掌，把盛淑君指责了一通之后，扭头就走，于是就出现了下面的情节：

盛淑君听了他最后的话，心里着急了，连忙转身，跑出房间，扯起她的嘶哑的喉咙，慌忙叫道："团支书，大春同志，大春！"

同一个陈大春，为什么会在盛淑君嘴里出现三个不同的称呼？

原来这简单的三个称呼是盛淑君在顷刻间的复杂心理活动的真实流露。第一，她迫切地想要加入共青团，生怕因打了胡癫子的事而受影响，她敬畏陈大春，不能不怀着严肃的感情叫他一声"团支书"。第二，她是一名进步青年，陈大春也是一名进步青年，他们在工作上是平等的，她有权要求他了解事情的真相，她不能接受他武断的批评和生硬的态度，所以她怀着埋怨的感情叫了声"大春同志"。第三，她喜欢这个刚毅又威严的陈大春，她热恋着他，所以在被人误解的时刻，她求他理解她，她无法遮掩自己的真情，亲昵地求援似的叫了一声"大春"。"团支书，大春同志，大春！"不过短短的三个称呼，却表现了盛淑君那种怕大春，怨大春，而又爱大春的极其复杂的心态，使读者窥见了盛淑君心中顷刻间所掀起的感情波澜。

不单是词，就是一个句子，在不同的语境中，也会表达出不同的意思。如"春天来了"，孤立地看，很难确定它的含义。如果这句话指向自身以外的一个语境，这就是对物候变化的一个判断。那么，它就是指称性的。如果说话者是一个漂泊异乡的游子，它可能是说话者内心情感的反映，是在慨叹"逝者如斯夫，光阴荏苒，时间过得真快"。如果这句话是一名老农对种庄稼的儿子说的，那么受话一方领会到的就是一个指令，意思是"一年之计在于春，要赶快耕作了"。如果这句话是一个美好的憧憬，它就与时令无关，而是一个隐喻和象征。

有时，在语境的作用下，看似不完整的句段反而会产生一种全新的情感世界。《红楼梦》中写黛玉之死时："猛听黛玉直声叫道：'宝玉，宝玉，你好……'说到'好'字，便浑身冷汗，不作声了。"黛玉究竟要说什么？好狠心？好可恨？好绝情？好糊涂？这千般滋味、万种风情，不必去规定性地虚拟几个选项来填补空白。在这里，话语的残缺反而带来了语言信息的增值，充分地显示出了联系语境破译语言的重要性。

（三）要在推敲语言中注意平中见奇

学生对白话文理解起来一般不会太困难。但其实这会让学生停止深入思考，导致学生不能透过语言文字符号深挖白话文文章中隐含的情感意蕴。一些教师也看不出浅显语言中包含的奥妙，不能引导学生与文本作深层次的对话。其实文本的许多微言大义，并非一定要借助华丽的辞藻和巧妙的修辞手法来表达。许多看似普通的词句却隐含了极其深刻的思想感情，但因为它们普通，就很容易被学生忽略。引导学生学习语言，就要善于发现这些看似极普通但又极富表现力的词句，让学生去琢磨其中的韵味，从平中见奇。如高中课文《林教头风雪山神庙》中有一句"那雪正下得紧"，这个"紧"字就极普通，学生往往不屑一顾。有老师告诉学生，那"紧"就是指雪下得大、下得急，这就没有深入挖掘下去。我教《林教头风雪山神庙》时对此设下一问：这个很不起眼的"紧"字，居然得到许多名家的赞赏，金圣叹赞扬一个"紧"字境界全出，鲁迅赞扬一个"紧"字富有神韵，周先慎赞扬一个"紧"字言简意赅、凝练厚重、惜墨如金、一字传神，这是为什么？学生没法回答我提的问题，我就要求学生把这"紧"字摆到《林教头风雪山神庙》整个故事情节中，甚至摆到林冲由东京八十万禁军教头到逼上梁山的全过程中来思考。学生终于认识到，这个"紧"字既能渲染紧张气氛，又有推动故事情节发展的作用。这个"紧"字，既是写雪下得越来越大、越来越猛，又是指故事情节发展很吃紧，它暗示一场迫害林冲的阴谋活动正在紧张进行，使读者不能不为林冲的处境感到心紧。正因为雪下得紧，林冲才到山神庙去避风雪，正因为林冲到山神庙避风雪，也才有机会从陆虞候、富安口中得知高俅要置他于死地的狠毒，从而怒火中烧，上演了一场报仇雪恨的经典好戏，终于在风雪中上了梁山。一个"紧"字是在蓄势，最后引出了情感的势不可当、喷薄而出。所以说一个"紧"字境界全出，一个"紧"字富有神韵，一个"紧"字言简意赅、凝练厚重、惜墨如金、一字传神，真是当之无愧。

（四）要从语用分析入手探究句子的组合规则

句子的组合规则可以创造新的内容。有人感叹语法无用，其实不是语法无用，而是没有用好语法。一些教师讲语法，仅仅停留在对词性、句法结构、复句层次的静态分析上，未能从语用分析入手，把语言带入交际状态的言语层面，引导学生深层次地探究句子的组合规则在表意上的奥妙。从符号美学的角度看，句子的组合规则是带有符号性质的，也就是说，句子的组合规则本身就具有传递信息的功能。尤其是文学语言，作家们总是绞尽脑汁地去发掘语言表现的内在潜力。他们把视线转移到句子的结构形式上，去寻找与所要表达的思想感情相对应的句法结构，让句子的组合形式也渗透着意蕴。阿城的《棋王》简洁到只用了几百个常用字，稍加组织就"包打天下"，这种"淡泊无为"的句法结构正好对应了作品所揭示的恬淡宁静、返璞归真、无为而治的人生境界。陈春的《一天》以单调、啰唆乏味的叙述句式，对应主人公张三的单调乏味的一生，来揭示其麻木和惰性。列夫·托尔斯泰的纯洁道德感和心理体验是从他的重浊长句结构本身自然流露出来的。乔伊斯的无标点句法结构对应了无缝隙的意识流程。加缪运用跨度大、非理性的短句结构，凝聚了他对现代人生的总体荒诞感受，这些结构形式不只是内容的载体，它本身就意味着内容。看下面这首诗：

> 我有一朵玫瑰
>
> 我只有一朵玫瑰
>
> 我只能有一朵玫瑰
>
> 我有一朵玫瑰

该诗以一个简单、寻常的句子开头，词语都是常用语，这里的"玫瑰"应该说没有特别的含义，我们可以把它换成别的什么名词。句子的结构主谓宾不缺失、不颠倒，谓语"有"前后不着任何修饰，使得主体"我"与客体"一朵玫瑰"之间呈现出一种平衡关系。总之，句子的寻常显示出生活的寻常状态。第二句诗在波平浪静的湖心投下一颗石子——"只"，刚才的平静被打破了，主客体间的关系动荡起来。为什么这个石子"投"在谓语前？谓语是主客体之间的桥梁，它的变化自然引发出主客体关系的变化。此句可看出情节的发展。第三句在微起波浪的湖心再投下一颗石子——"能"，使曾经的关系再次变化、发展。联系前后文可以看出这里变化最大，形成了一座浪峰，和该句想要透露的"我""临死"时的醒悟的高潮合拍。最后一句又回到常态，简单、平静，好似最终又回到人生起点的淡然与释然。如果上述是从时间上演示主题，我们还可以从空间上演示主题。放眼全诗，主体"我"和客体"一朵玫瑰"构成了一个世界。这个世界里，有波平浪静，有层层涟漪，有波涛汹涌，它们相互转化，融为一体，人生的悲欢阴晴倒映在湖面。

（五）要注意几种常见句式变化对句子表意的影响

1. 注意用标点改变句式带来的情意变化

文章的标点有导致句式变化进而引起语意变化的功能。因此，在阅读教学中，要解读文章的意义，不可不注意分析由标点引起的句子结构的变化所带来的语义变化。

在《记念刘和珍君》中，叙述刘和珍遇难的话是"听说，她，刘和珍君，那时是欣然前往的"。为什么不写成"刘和珍那时是欣然前往的"呢？原来，在"听说"后加上一个"她"来指代刘和珍，然后分别在"她"与"刘和珍君"后面加上逗号，这一加就增添了语言的顿挫之感，表现出鲁迅先生在叙述学生遇难时的哽咽难言之状。假若用"刘和珍那时是欣然前往的"的句式来叙述刘和珍遇难,那么,鲁迅先生因学生无辜遇难的强烈悲痛和对刽子手的强烈愤怒,就会被这样平和的句式给冲淡。

2. 注意由语序变化带来的情意变化

文言中的主谓倒置、介宾结构后置、宾语前置、定语后置,现代汉语中的主谓倒置、定语和状语的前置或后置等都是语序的变化。在阅读教学中,要从语序的变化去把握情感意蕴的变化。

《信陵君窃符救赵》中的"安在公子能急人之困",是"公子能急人之困安在"的倒装。为什么要倒装?因为倒装之后,更能突出平原君在赵国邯郸被围时的求援之急切。

鲁迅的《祝福》中这样写祥林嫂:"她一手提着竹篮。内中一个破碗,空的……她分明已经纯乎是一个乞丐了。"其中,"空的"本来是"破碗"的定语,将其后置并用逗号把它和中心词"破碗"隔开,这是为什么?因为这强调了已经沦为乞丐的祥林嫂却连饭都要不到,如此无助的祥林嫂从冷酷得令人战栗的环境中走向死亡,这已经是必然的了。这启示我们,在教学中老师不妨用改变句式的方式来引导学生思考,从而领会句子组合规则的表现力。

诗歌中的重叠句、韵律也能起到传递审美信息的作用。如《采莲曲》:"鱼戏莲叶东,鱼戏莲叶西,鱼戏莲叶南,鱼戏莲叶北。"针对这样的诗句,老师可设下一问:为什么不写成"鱼戏莲叶东西南北"?这样不是更简洁吗?答曰:这样写虽然够简洁,却淡化了鱼"戏"的完整过程,也未能表现出观鱼人被鱼给迷住时那种专注的神态,原诗中所释放的那种生命的活力差不多消失殆尽了,读者几乎无从产生审美感受。

3. 注意由成分省略带来的情意变化

省略句子成分制造语言"缺陷",会产生内在紧张力,以促使人的大脑皮层紧张地活动来填补"缺陷",从而达到内心的平衡。教师要引导学生对课文中省略的地方通过想象去填补,借此加深对文本的理解,并发展学生的想象力。

人教版小学语文第十一册《荔枝》中有这样一段话:

> 母亲一见荔枝,脸立刻沉了下来:"你财主了怎么着?这么贵的东西,你……"

为什么这里要用省略号?原来母亲一贯节约,平常买的沙果总是带疤,还有烂皮的,每斤只花五分或一角钱。可儿子买的一斤荔枝要花几元钱,在母亲眼里未免太奢侈，所以忍不住数落了儿子几句。但儿子毕竟是尽孝道，儿子孝敬母亲的美德以及母亲为儿子的一片孝心所感动的情怀，就是这省略号渗透出来的情味。

人教版小学语文教材七年级上册的课文《秋天的怀念》中，文中母亲昏迷前的最后一句话是："我那个有病的儿子和我那个还未成年的女儿……"说到这里，母亲便哽咽不能语了，这就给读者留下一个悬念：母亲没来得及说出来的话是什么？这里面或许有母亲对一双儿女的牵挂，或许有对瘫痪的儿子能重新点亮生活激情的期盼，或许有对儿女能好好活着的希望……这些正是这个省略符号所蕴含的母亲的爱意。

为突出重点而省去次要部分，这在语言运用中也屡见不鲜。如"五步（有）一楼，十步（有）一阁"（《阿房宫赋》）。从全句看，意在强调"楼阁密集"，因此非动作动词"有"的宾语"楼"与"阁"才是重点，谓语"有"不及宾语"楼"与"阁"重要，省去"有"，语言更精练，"楼"与"阁"也更突出了。

4. 注意句式的多样性导致表意的丰富性

有时，句子的组合形式并非是单一的，而是多种形式的综合，这就导致句子在情感意蕴表达上的复杂化。

鲁迅在《祝福》中，三次描写鲁家祭祀，祥林嫂都被四婶阻止插手酒杯、筷子及烛台：

"祥林嫂，你放着罢！我来摆。"四婶慌忙的说。

"祥林嫂，你放着罢！我来拿。"四婶又慌忙的说。

"你放着罢，祥林嫂！"四婶慌忙大声说。

这三句有何异同，在表意上有何区别？

这三句是在相同的祭祀环境中，四婶阻止祥林嫂插手酒杯、筷子或烛台时所说，都是祈使语气。与第一、二句比较，第三句在句子的组合上多用了两种形式，一是倒装，将"你放着罢"放在了"祥林嫂"的称呼之前，第二是省略，将不让祥林嫂插手的借口也省略了。前两次不让祥林嫂插手交代了原因："我来摆""我来拿"，虽然是借口，但那语气还比较委婉。第三句的倒装是先阻后呼，省略掉"我来摆"，那就是连借口也不要了，不容分说，就是不让你插手。加上"慌忙"后还用了"大声"，这就是一道绝对的命令，语气十分强硬，态度十分坚决。要知道，这时祥林嫂自以为捐了门槛赎了罪，便不再是伤风败俗的灾星了，然后才去坦然地拿祭祀用品的。没想到，遭到的拒绝比捐门槛前还要严厉，这对她来说简直就是五雷轰顶，意味着她的社会地位在一阶一阶地下降，她遭受的歧视一次比一次严重。她的精神因此而彻底崩溃了，正是这种拒绝，逼得她最后走向死亡，因为她已经没有再活下去的勇气了。

句子有整散之分。整句如对偶、排比、反复，其句式整齐、音调和谐、气势充足，能够使文章的情感意蕴更加鲜明；散句结构形式自由、散漫、灵活、富有变化。将整散句式交错使用，能使语言于整齐中富有变化，在对称中出现错落，这种具有流动感的语言，传情达意的功能会更强。

《祝福》中写道："年年如此，家家如此，——只要买得起福礼和爆竹之类的——今年自然也如此。"这个句子在表意上有何特点？特点就是三个"如此"构成排比，使句式整齐、语气流畅，在第二、三个"如此"之间插入"只要买得起福礼和爆竹之类的"这样一个散句，音韵和谐、错落有致，把鲁镇过年的风俗民情表现得淋漓尽致，从中可知，当时的革命新思潮对鲁镇并没有丝毫的影响。

上面分析了几种常见句式变化对句子表意的影响，目的是提醒语文教师要引导学生与文本作深层次的对话，就不要忽略对句子组合规则的分析。

（六）要引导学生从语言现象中积累语言知识

学习语言知识对于语言的建构和运用是一项奠基工程，离开语言知识，语言的建构和运用便成了无源之水、无本之木。但学生语言知识的获得不能单靠教师的灌输与奉送，更要靠教师引导学生在接触语言现象中去探索。初中课文《爱莲说》中有一个句群：

菊之爱，陶后鲜有闻。莲之爱，同予者何人？牡丹之爱，宜乎众矣！

对这段话，教师就要引导学生去思考：这三句话都是为了强调宾语而将其置于动词之前，并且都用"之"将前置的宾语与动词隔开，"之"都是对宾语作称代复指，翻译时，可将前置的宾语复位在动词之后。"菊之爱""莲之爱""牡丹之爱"，也就是爱菊、爱莲、爱牡丹。学生可以从三个相同的句式中发现宾语前置的特点，一旦学生掌握了用"之"字前置宾语的句式特点，当出现"句读之不知，惑之不解""何陋之有"的句子时，学生就能凭借已学知识去正确识别、判断和准确翻译，这就是举一反三。还比如文中有这样的句群：

予谓菊，花之隐逸者也；牡丹，花之富贵者也；莲，花之君子者也。

教师可让学生在思考、讨论甚至争辩中去发现其句式特点，那就是将定语成分"隐逸""富贵""君子"分别放在"花"这一中心词的后面，用"者"字结尾，作为定后置的标志。同时，用"之"字将中心词"花"和其定语隔开，形成一种分母和分子的关系，中心词为分母，也就是事物的整体，倒置的定语为分子，也就是部分。"之"可翻译成"其中的""当中的""里头的"，正好是分子与分母之间的那条线。"花之隐逸者"，就是花里头属于隐士的一类；"花之富贵者"，就是花当中富贵的一类；"花之君子者"，就是花之中属于君子的一类。学生一旦掌握了"……之……者"这种定语后置的基本句式后，对"石之铿然有声者""马之千里者"的理解自然也就不难了。

一句话，学生语言知识的积累要靠教师提供语言现象，然后引导他们从对语言现象的分析中得出结论，而不能被动地接受老师的填鸭式注入。

（七）要把语言和一定的历史文化背景联系起来

语言是社会的产物，语言符号与社会背景密不可分。这些背景就包括各民族的语言习惯、风俗、心理、道德、社会伦理等。汉语言中的文字符号尽管经历了由笔意到笔势、由象形到形声的变革，但其表象达意的构架始终不变。汉字具有浓郁的人文性，一个个方块汉字就像一块块活化石，昭示着汉民族历史文化嬗变演进的全貌，汉民族传统的认知方式、思维模式、价值取向都由汉字来传承。通过对汉字的研究，既可以发现民族文化之源，亦可以把握民族文化之流。学习语言，就要引导学生从语言文字中发掘历史文化的内涵。

比如让学生认识文言文中的一个"妥"字，就要把它放在一定的历史文化背景中来考查。"妥"的本义是用武力把女人抓回来。甲骨文"妥"字上边是一只手，下面跪着一个女人，因此"妥"是在描绘擒捉制伏或掠夺妇女之状，这个字正是古代抢夺婚的象征。这种残酷的抢夺婚即抢亲在古代的确存在。古代传说中，就有夏桀讨伐有施抢来了妹喜，商纣王讨伐苏氏得到了苏妲己，晋献公动用武力掳来了郦姬，这些都是掠夺婚的例证。古代妇女在婚姻中的屈从地位就从这个"妥"字反映出来。像这样学汉语言文字，学生就不只是掌握了汉字的形声义，同时也学到了汉字承载的文化。

（八）要把对语言的建构引向对语言的运用

建构语言是为了运用语言。怎么引导学生从对语言的建构走向对语言的运用呢？许多老师缺乏思考。这就导致语言的运用训练成了短板，即使有训练，也存在严重的盲目性、随意性，因而也就产生了无效性。语言运用的单项训练应该包括实词、虚词、熟语的运用，病句的辨析与修改，扩展语句、压缩语段，选用、仿用、变换句式，语言表达的连贯、得体，常见修辞方法的正确运用等。这样的语言运用训练应该与阅读、写作、口语交际教学恰当地结合起来进行。训练的途径主要有以下三种：

1. 贴近生活进行语言运用训练

要把学语言、用语言的活动拓展到学生的生活中去。"汝果欲学诗，功夫在诗外"，这"诗外"的功夫是什么？就是深入生活、观察生活、感受生活、表现生活。教师要带领学生走向社会、拥抱大自然。让生活丰富语言，再用语言描绘生活。

2. 结合教材进行语言运用训练

目前，无论是中考还是高考语文，其命题考查"语言表达与运用"这一能力层级中所含的所有考点，均可以结合阅读教学进行训练。年年高考考仿写，而高中阅读课文中本来就有很多精彩的名句，为什么不让学生去仿写呢？

比如郁达夫《故都的秋》中有这样一句：

> 南国之秋……比起北国的秋来，正像是黄酒之与白干，稀饭之与馍馍，鲈鱼之与大蟹，黄犬之与骆驼。

针对上句进行仿写，我觉得可以这样设计：

师：这段话中作者拿什么与什么对比？生：用南国的秋与北国的秋进行对比。师：就哪一方面进行对比？生：在秋天的味道这一点上作对比。师：对比的结果是什么？生：南国的秋不如北国的秋味道那样浓。师：在这个对比中还用到什么样的修辞手法？生：比喻。师：既然用了比喻，那喻体和本体各是什么？生：本体是北国的秋和南国的秋，喻体是黄酒与白干、稀饭与馍馍、鲈鱼与大蟹、黄犬与骆驼。师：比喻的相似点在哪里？生：相似点是"味道"。

在学生弄清了上句的意义、表现手法与修辞手法的基础上，教师可要求学生以上句为例仿用其中的对比与修辞手法进行造句训练。

3. 创设虚拟情境进行语言运用训练

情境是指一种能激发人的某种情感的自然环境或社会环境。这种环境具有一定的生物学意义和社会学意义。建构主义理论认为，创设情境能够使学习在和现实情况基本一致或者基本相似的情境中发生。教师要从语言运用训练的实际需要出发，依据训练目标创设以形象为主体、具有情感体验的自然或社会环境，以吸引学生的注意、激发学生的兴趣，从而完成语言运用训练的任务。

语言建构与运用要同其他核心素养结合训练

语文核心素养有四种，除语言素养外，还有思维素养、审美素养、文化素养。高中语文课程标准也指出，语文学科核心素养的四个方面是一个整体。语言是重要的交际工具，也是重要的思维工具；语言的发展与思维的发展相互依存，相辅相成。因此对它们的训练往往是同步进行的。

一、与思维素养的结合训练

思维是人的大脑对客观世界的间接、概括、有差异的反映。它始于问题又终于问题。语言与思维是一对孪生的姊妹，或者说语言是思维的形体，思维是语言的灵魂。人们借词语来表达概念，借语句来表达判断，借语段来表达推理。我们说调整语言，实际上就是在调整思维；训练语言，其实就在训练思维。下面，我们结合训练案例来说明这个问题：

> 根据括号内的要求写一段树叶与阳光的对话。
> 早晨，树叶与阳光亲密地交谈。
> 树叶（感激地）：_____。（排比）
> 阳光（谦虚地）：_____。（比喻）
> 答案示例：
> 第一问：（1）树叶（感激地）："你用火一般的热情给我以新绿，给人以温暖，给大地以光明，世界因你而流光溢彩。"
> （2）树叶（感激地）："你无私的关爱，慷慨的施予，温暖的呵护，使我

的生命充满活力。"

第二问：（1）阳光（谦虚地）："你是大地的外衣，不单是我，和煦的春风，绵绵的细雨也为你增添了美丽。"

（2）阳光（谦虚地）："你是绿色的宝石，没有你的反射，在你身上也不可能闪烁我的光辉。"

这道题训练了学生的想象力，而想象正是形象思维的认知加工方式。

二、与文化素养的结合训练

民族文化的载体就是语言，民族文化是语言研究的宏阔背景。中华文化的深厚渊源与中华民族的五千年悠久历史融合在一起。博大精深的汉族语言的显著特征就是中国文化蕴藏的人文性。而受民族心理制约着的汉族语言，积淀着无比丰富的民族历史文化现象，鲜明地烙印着汉族的文化心理结构。高中语文课程标准指出，语言文字是文化的载体，又是文化的重要组成部分；学习语言文字的过程也是文化获得的过程。因此语言的建构与运用要和民族文化的传承与理解进行紧密结合训练。

郑愁予的《错误》中有"东风不来，三月的柳絮不飞"一句，孤立地看，不知所云，就是联系全诗，也未必能解其中味，但如果我们联系汉族的文化背景来思考，情况就不同了。原来古人有折柳送别的习俗，"柳"与"留"谐音，是希望行人留下不走。因此见柳生愁便是自然而然的了。弄清了这个，我们再回过头来看《错误》，这首诗从整体上讲，是写一个古典美人正在等待思念自己的心上人。她见到了柳絮，能不勾起离愁别绪吗？可是，"东风不来，三月的柳絮不飞"，就好像连东风也善解思妇的闺怨，不愿吹飞柳絮去招惹她。这两句诗恰好含蓄地写出了思妇的凄苦。这和李白《劳劳亭》中的"天下伤心处，劳劳送客亭。春风知别苦，不遣柳条青"真有异曲同工之妙。

三、与审美素养的结合训练

高中语文课程标准指出，语言文字作品是人类重要的审美对象，语文学习也是学生审美能力和审美品质发展的重要途径。无论是发掘美的因素，把握美的情感，还是训练审美感知力、联想力、想象力、通感力，都必须以语言为媒介。比如《荷塘月色》

中有这样一句："塘中的月色并不均匀；但光与影有着和谐的旋律，如梵婀玲上奏着的名曲。"针对这句话，教师就可以设问：从人的感觉看，"光与影"属于哪种感觉？"梵婀玲上奏着的名曲"又属于哪种感觉？若学生答：前者是视觉，后者是听觉。教师则又问：这二者有何相通之处？若学生答：都具备"节奏的和谐"的特点。这就是在说两种不同感觉的相通点，也就是我们所说的审美通感，然后教师便可以相机告诉学生：所谓审美通感，就是在一种审美感受的诱发下，萌生出一种新的审美感受，也就是把听觉、视觉、味觉、触觉打通，通过一定的内在联系促使这几种感觉互相转化。像上句中就是以"节奏的和谐"为内在联系，将视觉转化成听觉。这种感觉的转化，使表达方式更为自由，反映的生活也更为广阔深邃，给欣赏者的艺术感受也更为丰富多彩、复杂细腻。这就是借助对课文语言进行鉴赏训练的同时训练学生的审美通感能力的做法。

也谈语文思维

    自从高中语文课程标准把对思维能力的培养与思维品质的提升纳入培养语文核心素养的范畴后，很多人都在思考，究竟什么是语文思维？不弄清楚这个问题，语文思维教学就会迷失方向。于是有人为语文思维下了定义：语文思维就是在语言文字的运用过程中，与语言文字运用相生相伴的思维。说得通俗一点，语文思维就是汉语言听说读写的思维，是一般思维在语言文字运用过程中的个性化体现。

    对于这个定义，我想问一问："与语言文字运用相生相伴的思维"到底是什么？"听说读写的思维"又是什么思维？如果答案是后面一句话"是一般思维在语言文字运用过程中的个性化体现"，那个性化又作何理解？对于这个问题，我认为是这样的，一般思维学研究的思维与学科教学中研究的思维本质上是同一种思维，而不是两种不同的思维，思维学与其他学科交叉后，自然要染上该学科的色彩，打上该学科的烙印。各学科思维的个性化表现在各学科思维研究的出发点、思维研究的对象、思维研究的方法因学科特色不同而有所区别上。普遍性寓于特殊性中，共性寓于个性中。但是，一般思维融入各学科之后，它原来是什么思维就还是什么思维，不会因为与各学科交叉，它就变成别的思维了。这个个性和特殊性也不会生出别的思维来。只不过一般思维与其他学科交叉后，其研究的出发点、研究的对象、研究的方法等有所不同而已，这恐怕就是个性吧。

    比如语文教学要用到联想，数理化教学也要用到联想。在语文教学中的识字教学中，汉字本来就是人们对"物"与"形"、"理"与"字"进行联想的产物，所谓"依类象形"就是这个道理。因此，识别汉字最容易引发人的联想。"联想是联系原有认知结构，寻找生字与熟字的相似性，以熟字为凭借与参照，求得认同；类推是为了扩展类化从而达到同化，将生字纳入认知结构，使生变熟，从而将其内化，并达到运用自

如的目的。"教师可以引导学生通过对同一部首进行联想来识记一类文字，比如以
"木"字为基础，可联想到"杆""桂""标""梧""树"；以"心"为基础，可联想到
"思""想""念""愁""息"。凡与太阳有关的字，均有一个"日"旁；凡与语言有关
的，都有一个"讠"旁；凡与水有关的，必有一个"氵"旁。根据汉字音形义三位一
体的特点以及六书的造字方法，在识字教学中可以让学生凭借生活积累以及知识储备，
从汉字的原型出发，展开由此及彼、由近及远、由浅入深的联想来理解汉字的形音义。
汉字认知的联想类推规律在实践中的运用可以大大提高识字教学的效率。老师教学
"奋"字时，学生编出"一群大雁田上飞"；教学"美"字时，学生编出"羊字没尾巴，
大字在底下"等帮助识记的口诀。通过直观的形式、形象的语言、生动的小故事，把
一个个抽象的汉字演绎成一个个生动的故事或一幅幅有趣的图画，这一类游戏能够激
活学生们的思维，激发他们的创造力，既能展现语文课的趣味性，活跃课堂气氛，又
能提高识字效果。

　　无论哪个学科，它进行思维训练都有两个相同的任务：一是用思维学的一般原理
来解决该学科教学中的问题，二是培养学生的思维能力和提升学生的思维品质。而完
成后一个任务，对语文教学来说尤其重要。因为培养学生的思维能力和提升学生的思
维品质是培养语文核心素养的重要内容，因此它必须被纳入语文教学的任务之中。思
维在语文教学中的具体运用，其个性就在于紧扣语文学科特点来研究思维运用的出发
点、思维运用的对象、思维运用的方法。

　　有人认为，数学、物理、化学、生物等学科的课程标准对思维都有较准确的符合
学科特质的阐释，体现了各门学科发展学生思维的独特价值，并引用课标的表述，列
举出数学提到数学思维，物理、化学提到科学思维，以此显示其学科思维的特质和独
特价值。但我认为，这些学科思维的特质和独特价值实际上仍是一般思维在学科中的
具体运用表现。以数学为例，《数学思维的形式》一文就对数学思维作了明确的定义：
所谓数学思维就是用数学思考问题和解决问题的思维活动形式。这里对数学思维中思
维概念的解释与一般思维的定义毫无二致。该文还指出，我国初、高中数学课程标准
中都明确指出，思维能力主要是指：会观察、实验、比较、猜想、分析、综合、抽象
和概括；会用归纳、演绎和类比进行推理；会合乎逻辑地、准确地阐述自己的思想和
观点；能运用数学概念、思想和方法，辨明数学关系，形成良好的思维品质。这段文
字中除"能运用数学概念、思想和方法，辨明数学关系，形成良好的思维品质"一句
是体现数学学科特质外，其余的话全是对一般思维的描述。

　　综上所述，我认为：研究学科思维学仍然是研究一般思维在学科教学中的运用以

及如何紧扣学科特点来培养学生的一般思维能力和提升一般思维品质，而不是由一般思维衍生出一种与一般思维不同的新的思维来研究。思维在学科教学中的具体运用，其特质和独特价值，就在于它紧扣了学科特点去培养学生的一般思维能力和提升一般思维品质。也就是说，一般思维的运用、培养提升，是所有学科的共同任务，不存在谁"抢谁的饭碗"的问题，而是大家"同吃一锅饭"，是殊途同归。"同归"是各学科的一致性，"殊途"是各学科的差异性、个性。

认为语文思维是与一般思维不同的思维，持这种观点的老师对语文思维的基本特点归纳出几个特性来：载体的言语性、内容的人文性、功能的基础性、过程的实践性，并且提出，这个"性"或那个"性"，其他学科也有。至于语文思维的结构层次分类，这是一个十分复杂的问题。因为不能只考虑语言与思维的关系，还要考虑文化因素、审美因素等，这些都与思维有剪不断、理还乱的关系。语文包括语言文字、语言文章、语言文学、语言文化，其中每一个方面要细分会非常复杂。语文涉及的方面太多，而思维就只有那么几种，万变不离其宗。它可以渗透到语文的所有方面，但不能有一个语文要素就产生一种语文思维。对"语文课程到底培养学生什么思维"，我思前想后，认识又回到原点上来了，那就是"紧扣语文特点培养学生的一般思维能力和提升学生的一般思维品质"。这个认识还是没有跳出语文课程标准这尊如来佛的手掌心。所以，我们研究语文思维千万不要节外生枝，还是老老实实按课程标准的要求，在语文学习过程中通过语言运用，促进直觉思维、形象思维、逻辑思维、辩证思维和创造思维的发展，以及深刻性、敏捷性、灵活性、批判性和独创性等思维品质的提升。

第三编
教材改革——教材变为学材

教材是教师在课程标准指导下组织教学活动、完成教学任务最重要的载体，也是一个人一生中所接触的十分重要的读物。语文教材的功能在于育德启智、锤炼语言、扩展知识、提升素养。本编收录了我研究语文教材改革的文章。

一是有关全新打造高师汉语言文学专业的《语文课程与教学新论》新形态教材的改革历程的研究，这场教材改革的重点是将纯粹的纸质教材改造为"纸质文本＋多种形态的数字教学资源"的新形态教材。

二是对《语文思维教学研究》教材编写的思考，探究了语文思维教学研究的目的和必要性、指导思想、对象和特点，展现了对语文思维教学的理论与实践进一步深化思考。

三是有关初中语文新教材的双线组织单元结构的研究，我分析了其编排意图，即体现了人文性与工具性的统一。这符合课程标准对语文学科性质的定位。同时还研究了怎样从语文的学科性质出发来使用语文新教材。

我对教材的研究聚焦在介绍分析语文教材编写的整体性、统筹性、时代性、系统性、适应性、可读性、可教性等基本原则上，以求加深对教材的认识和理解，从而把握好使用教材的基本规律，变教材为学材，变"教教材"为"用教材教"，从而提高教学质量。

教材改革的正确方向：建设新形态
《语文课程与教学新论》教材

目前，我国高校教师教育的首批新形态教材正在打造中，这将成为未来教材改革的范式，从此纯粹的纸质教材必然被新形态教材取代。为什么要建设新形态教材？什么叫新形态教材？怎样建设新形态教材？编写或使用新形态教材的高校教师是必须了解的。

一、建设新形态教材的意义

传统教材以纸质教材为主。在网络时代，教材改革要走向信息化。随着教师教育和基础教育改革的不断推进和信息化教学的发展，政策研究、课程改革、内容组织、资源建设等方面不断呈现出新的发展变化趋势。对于承担教师教育工作的各高等院校来说，它们对教师教育课程资源的需求也在不断变化。创新课程理念、改革教学内容、开发优质课程资源对教师教育的纸质教材提出了明确的修订要求。国家"十三五"规划提出"网络强国"的战略，"互联网＋教师教育"成为历史的潮流。根据已有建设成果进行新形态教材建设已经被付诸实践而且初步取得了一些成功经验。数字化教材建设扩大了教师教育教学研究的空间，促进了师生的互动交流。它能容纳的信息量更大，更能够体现逻辑思维与碎片化思维模式的有机结合，使不同形态的教材之间能够优势互补。在当前国家开放课程建设的背景下，"纸质文本＋多种形态的数字教学资源"模式应该是今后教材建设的主要形式。基于此，通过对原有教材的修订，我们重新打造了"定位本科、兼顾专科"，突出实践导向和师范生能力培养，文本教材与数字资源紧密结合，符合教师教育发展规律的优质立体化学习资源型教材。

二、新形态教材的含义

所谓新形态教材是指纸质文本与多种形态的数字教学资源（文字、表格、图片、音频、动画、视频等）有机融合的新型教学资源集合体。

（一）新形态教材的主要表现形式

"纸质文本＋多种形态的数字教学资源"一体化设计，同步进行规划和建设。

纸质文本内容更加精练，知识结构框架更加突出和鲜明。

数字教学资源紧密关联教材，既能对纸质文本内容作补充和拓展，又相对独立。

数字教学资源可单独使用，以满足不同学校、教师、学习者的个性化需要。

（二）新形态教材的主要特点

新形态教材具备六大特点。

1. 理念新

（1）应用现代教育技术，支持教育从"传统教育三中心"向"现代教育三中心"转变

"传统教育三中心"主张：第一，教师中心，即教师是教学过程中的绝对主导；第二，教材中心，即注重书本知识的传授；第三，课堂中心，即以班级授课为主要的教学形式。"现代教育三中心"主张：第一，学生中心，即一切教学活动围绕学生进行，符合学生需要和兴趣；第二，活动中心，即强调学生在实践活动中学习；第三，社会中心，即根据现实社会需要和学生的兴趣、需要设计课程。

"三中心"的转变需要条件、环境的支持，通过改变教材形式，进而改变学习环境，最终为改变中心要素功能提供支持。

（2）强调以学生为中心，师生共同发展的理念

以学生为中心，即以学生的发展需要为中心。帮助和引导学生学习掌握本领域的专业知识和能力，形成实践智慧并有效运用，引导学生以已有经验为基础，在反思基础上生成和建构新的经验。

师生共同发展，即师生作为学习共同体，其发展随着教育教学的实施相伴而生，教师不是燃烧自己照亮别人，而是在支持学生发展的同时，让自己的积累更加深厚、经验更加丰富，获得更大发展，从教师变成导师。

2. 内容新

先进性。经典理论简明化，最新理论、最新研究成果、典型案例进教材。

选择性。丰富的、合适的理论和材料进教材，为不同层次和阶段的教和学提供选择。

生成性。教学过程中生成的资源可以被方便地整理应用。

3. 形式新

呈现形式新。通过二维码将文字、表格、图片、音频、动画、视频有机关联到文本中。

表达方式新。强调栏目板块设计，支持学习从接受式转向自主、合作、探究式，语言简明、易懂；体现教学设计思想和教学实施过程。

资源整合途径新。应用现代信息技术提供学习资源支撑、支架支撑。提供案例和丰富的教育情境，通过相关工具适时收集反馈意见和生成资源，使得学习者成为建设者。

4. 立体化

文本内容与学习资源等有机关联，可读、可视、可听。

5. 数字化

学习资源以数字化形式呈现；资源通过数字化平台集成；教与学通过数字化平台进行互动；文字资源通过数字化工具完成连接。

6. 可创新

"纸质文本＋多种形态的数字教学资源"支持和促进教学方法改革，支持教师在保证课程基本教学质量的基础上进行创新。

三、《语文课程与教学新论》新形态教材的建设

目前，正在打造的《语文课程与教学新论》新形态教材是以现已出版的、在全国范围内影响较大的、被公认为当今教师教育方面的三十一部课程优质教材为基础，按新形态教材的特征进行修订的教材。

（一）指导思想

修订的指导思想体现了教师教育和基础教育课程改革的精神，符合《教师教育课程标准（试行）》的基本理念、课程设置和实施建议，遵循国家教师教育改革实践的基

本规律。在翻转课堂、混合式教学、信息化教学的背景下，满足高等院校教学方式的变革需求，配套建设在线课程、微视频等数字资源。以学习者为中心，满足学习者的学习需求，实现教材向学材的转变。

（二）教材修订与数字资源建设相结合

以修订纸质教材为契机，将教材修订与在线课程、微视频等数字资源建设结合起来，实现教材和数字资源的紧密结合、共建共享，充分发挥现代信息技术的作用，提高教育教学效果。

（三）进一步突出实践取向

进一步突出实践取向，关注教育教学的现实问题，强调对现实问题解决能力的提升，体现教育改革与发展对教师的新要求。在注重师范生教育教学能力培养的同时，引导师范生参与和研究基础教育教学与改革，发现和解决教育教学实际问题，发展实践能力。

（四）进一步结合实际案例

教材修订和数字资源建设应结合基础教育教学的实际案例，引导师范生主动关注基础教育第一线，通过案例呈现，使师范生明确未来职业生涯可能面临的各种问题、挑战及对应解决办法，实现理论知识和实践的结合。

（五）创新教材编排方式

将数字课程资源与教材密切关联起来，凸显教学活动过程，通过二维码等方式实现教材立体化建设。在每部分的内容中设计"知识导航""学习目标""知识链接""问题思考""实践反思""拓展阅读"等具体栏目来呈现教学活动，实现由教材向学材的转变，真正体现以学生学习为中心的理念。

想要弄清传统教材与新形态教材的主要区别，就要从理论陈述、表达方式、资源丰富程度、开放性几个方面来作比较。从理论陈述来看，传统教材以学术理论为中心，具有体系性、系统完整性；新形态教材以问题解决为中心，具有条理性，简明扼要。修订时，要对原有教材进行"瘦身"，要压缩内容。从表达方式来看，传统教材属于叙述式，体现学科逻辑，主要运用演绎法；新形态教材具有灵活多样的特点，体现问题逻辑，多用归纳法。从资源丰富程度来看，传统教材资源单一，以纸质文本为主；新形态教材资源丰富。从开放性来看，传统教材具有封闭性，强调验证；新形态教材强调开放，在互动讨论研习中培养学生独立思考、分析解决问题的能力。

四、教材修订的重点

(一) 关注基础教育改革方向并在修订中有所反映

《教育部关于全面深化课程改革落实立德树人根本任务的意见》指出，教育部将研究提出学生发展核心素养体系，明确学生应具备的适应终身发展需要的必备品格和关键能力，突出强调个人修养、社会关爱、家国情怀，更加注重自主发展、合作参与、创新实践。结合相关文件政策对教育、教学工作的要求，立德树人、弘扬社会主义核心价值观，教学内容必须符合党和国家的方针政策，不能有政治错误，不能泄漏国家机密，涉及有关宗教、民族和港澳台等问题的表述，务必与国家现行政策保持一致。

(二) 关注国家师资队伍建设与教师教育教学改革新进展

关注教师资格考试相关能力要求。对于与中小学幼儿园教师资格考试、专业发展密切相关的教材，编写者一定要通读考试标准、考试大纲、专业标准，结合相关标准构思本课程内容，将相关要求化解为相应知识点、技能点。直接相关的教材，建议单设栏目；前言、各章对此有所明确体现。

(三) 研究教育信息化对教育教学的影响 ("互联网＋教育")

要研究在线开放课程对教学的影响，研究移动终端（智能手机、平板电脑等）和移动互联网在学习中的广泛应用。研究"00 后"学生的数字化成长环境、学习习惯及心理特点。设计相关任务，引导移动终端在学习中的合理应用、教材学习内容中新的呈现方式。

(四) 反映教育学、学科教学等最新研究进展和成果

数字课程实施带来教育学理论的发展，如翻转课堂学习、混合式学习、联通理论等。

学科教学的研究进展带来了教学内容的调整，如学科最新理论研究成果与学科教学研究前沿新教材内容；处理好学科知识创新与稳定的关系。教材主线以稳定、普适性内容为主，前沿内容可设计为拓展学习内容。要特别注意，教材并非学术专著，不能以研究角度来写。要避免引进学术界尚有争议的学术观点，要以目前通行说法为主，强调引发学生思考。

(五) 实现内容与形式的有机统一

要建设适量的数字资源、文本内容，数字资源同步规划，按计划建设并有机整合

与关联。梳理提炼学科教学的关键点，实现内容与形式的有机统一（避免资源泛化和面面俱到）。

（六）加强实践内容设计，避免纯理论形态的内容呈现

对原有的纯理论形态内容要通过引入教育情境案例、增加学习活动与实践操作（训练、应用）等进行调整。比如，正文前增设导学栏目，提出理论结合实践的学习要求；在正文中穿插合作、探究学习板块，引入教学一线案例及案例分析；增加正文中与章后实践训练的比重（增设实践训练题，包括实践训练要求、操作要点提示、参考案例等）。

精心打造《语文课程与教学新论》新形态教材

众所周知，课程建设的关键是教材建设。四川师范大学文学院编写的《语文课程与教学新论》是依托国家精品课程、国家级精品资源共享课"语文课程与教学论"，并由高等教育出版社出版的教材。该教材被全国一百四十多所高等师范院校选作语文专业课教材，也是我国语文教师培训的首选教材，在多年的使用实践中，受到各方面的好评，荣获"全国教材建设先进集体"奖。下面，笔者就与教材相关的一些问题作出说明。

该教材是根据"语文课程与教学论"这门课程的性质、任务、学习方法来编写的，学习"语文课程与教学论"这门课程，首先得明确课程的性质、任务、学习方法。

一、"语文课程与教学论"课程的性质

"语文课程与教学论"是高等师范院校汉语言文学专业教学的必修课程，这门课程是在教育学、心理学以及汉语言文学等相关学科理论支撑的基础上，根据中小学语文课程设置的目的、内容和特点建立起来的，它是课程论与教学论在中小学语文教学中的具体化呈现。它主要揭示中小学语文教学活动过程的特点和方法。这门课程可以帮助中小学语文教师以及准备做中小学语文教师的高等师范院校汉语言文学专业的本科生、研究生理解、分析、处理各种语文教学的理论与实践问题，提高语文教学质量。

（一）以语文课程论与语文教学论为研究对象

本课程命名为"语文课程与教学论"，是因为它以语文课程论与语文教学论为研究对象。从中小学语文教学的理论与实践看，这个命名涵盖的范围更为全面。课程是实现培养目标的基本单元。课程论与教学论在实际教学活动中本是密不可分的，但由于

历史文化传统的因素，中外学者在二者的关系上莫衷一是。我们认为，二者虽有关联，但又有各自不同的领域。课程论是教育学的一门分支学科，课程论的研究对象是课程，它强调每一个学生学习的范围，以课程设计、编制、实施、评价和改革的理论与实践为其研究领域。而语文课程论则是研究中小学语文课程设置的目标、结构、内容、教与学的方式、评价与考试改革以及课程管理和政策制度等方面的理论。

目前，研究语文课程论要以第八轮基础教育课程改革的理论为指南。本次基础教育课程改革在转变课程功能，改革课程结构、课程内容、课程实施、课程评价、课程管理等方面提出了具体要求。自第八轮基础教育课程改革实施以来，已在很多方面取得了新的突破，如新理念得到学生、家长和学校的普遍认同，初步形成了良好的政策环境，营造了积极的社会舆论氛围，探索了有效的工作机制，创造了适用的实施策略，教学活动出现了许多新气象，实施工作正在有序地向纵深发展。但是，课堂教学的有效性、模块化教材的适应性、三维目标的整体性、课程资源的适切性、专业指导与支持的紧迫性、考试评价制度改革的支持度等，这些与课程论相关的问题还需要从理论和实践层面进行理性、冷静和辩证的分析和研究，并作出及时、有效和科学的回应。这些正是包括语文课程在内的整个基础教育课程改革需要认真思考解决的理论与实践问题。语文课程论就要把这些作为研究的主要目标。现行的语文课程标准以及根据课程标准编写的教材凝聚了语文课程论的基本理论，集中体现了学校的办学思想和人才培养模式。如何熟悉学科的课程标准和教材，理解教材的编写逻辑和体系结构，正确处理课标与教材的关系，这些就是语文课程论要解决的问题。

教学论也是教育学的分支，以搞好教学的理论依据以及提高教与学的合理性、有效性为其研究领域。教学论研究的对象是教学，它强调要正确把握教学中教师与学生的行为。语文教学论就是对"语文教学设计与实施"的研究。它既要坚持以语文教学理论研究为主要任务，不断提高语文教学理论成果的抽象概括水平，又要在已有语文教学理论原理的指导下开展必要的应用研究，解决语文教学中一些带普遍性的操作问题。

为了让学生更好地把握语文课程论与语文教学论，根据 2011 年教育部颁发的《教师教育课程标准（试行）》中"课程设置"部分的要求，在《语文课程与教学新论（第三版）》的修订中，对第二版中的绪论和十七章内容按照事理关系作了重新排序，将二者分别纳入"语文课程标准解读与教材分析"以及"语文教学设计与实施研究"两论之中。"语文课程标准解读与教材分析"属于语文课程论，"语文教学设计与实施研究"属于语文教学论。

（二）"语文课程与教学论"课程是实践性极强的应用性理论课程

"语文课程与教学论"课程在研究语文课程与语文教学方面，并非只是教育学、心理学一般原理的演绎，更多的是对语文教学实践经验的总结、归纳、提升。理论的产生、形成和发展都要紧紧依赖语文教学的实践，而且又必须回过头来指导语文教学实践。应该看到，处于中小学语文教学前沿的教师们遇到了一系列教学、教改的实际问题，迫切需要把教学、教改实践中的经验教训加以概括、升华，提炼出具有普遍意义的理论来。"语文课程与教学论"这门课程的理论体系构建，不在于框架上的大拆大卸，而在于重新校正论述问题的出发点、着力点、落脚点。想要为本课程理论体系的构建奠基，就离不开基础教育中的语文教学实践。本课程的所有理论，它的根都深深地扎在中小学语文教学实践的土壤里。

与本课程相对应的教材《语文课程与教学新论》，收录了近几年来全国各地中小学语文教学中的大量教学案例，无论是成功的，还是失败的，都是来自中小学语文教师的真实教学实践。这些案例是本课程所有理论观点的支撑，是发现理论与运用理论的中介、桥梁。教材运用教育学、心理学原理和科学的方法论，运用与语文学科相关的专业理论知识研究这些案例，提炼理论观点，对成功的案例进行点评分析，模拟成功案例开展教学设计活动和"诊治教病"活动（即分析失败案例，找出纠正办法），以帮助学习者对理论观点的理解、掌握和运用。对这些案例的理性思考，便是建设理论体系的主体工程，也是连接教学体系的枢纽，是理论体系建构的落脚点。这样建构出来的理论有利于引导学生从单纯寻找问题的答案，转变到掌握知识的形成过程，理解其产生的基础以及它与其他知识的相互联系。这样的"语文课程与教学论"才能较好地体现科学性与思想性的结合，将基础理论知识与实用知识相联系，增强"语文课程与教学论"这门课程的理论对于指导语文教学实践的有效性，使得学习者掌握这样的理论后，可以更好地提高实践的效率。

二、"语文课程与教学论"课程的任务

（一）使学生掌握语文课程与教学的专业理论

"语文课程与教学论"是用于研究语文教学理论与实践的多门学科融合的综合体。搞好语文教学，需要多方面的理论，诸如教育学、心理学、语言学、文字学、写作学、文艺学、修辞学、逻辑学，乃至其他社会科学和自然科学。但光凭这些理论也是教不

好语文的。对于"语文课程与教学论"这门课程而言，这些学科的理论好比是制造语文教学这部机器所需要的零件，而"语文课程与教学论"的专业理论是运用各种零件组装语文教学这部机器的"说明书"。

"语文课程与教学论"在语文教学活动中是不可或缺的。语文教学活动的正确方向要靠它来指引，教学实践的经验要靠它来提升，教学失败的教训要靠它来总结，在教学实践中遇到的各种问题要靠它来解决……在语文教学中，怎样调动与语文相关的各学科知识来钻研教材以及合理有效地使用教材，怎样以点带面、巧妙预设，让目标意识凸显出来；怎样寻找有效教学的切入点，以兴趣激发学生课堂活力，让学生张扬个性、追求特色；怎样分组使合作学习更有效，使探究学习生效；怎样让课堂联系大千世界，帮助学生在生活中学语文、用语文搭建平台；怎样使用多媒体构建信息技术条件下的多彩课堂……这些在语文教学实践中操作性很强的问题，其背后都要以正确的"语文课程与教学论"的专业理论为支撑。所以，要想上好语文课，就必须完成"语文课程与教学论"专业理论的学习。

（二）培养学生从事中小学语文教学的实际能力

重新构建语文课程与教学的理论体系，用先进的语文教育理论来武装学习者，其目的是指导大家参与语文教学实践活动。在校期间，师范生要通过各种实践活动去获得初步的教学能力和信心。在学习理论的过程中，必须把自己的思维活动由单纯获取知识引向运用知识解决教学实际问题的新境界，把运用知识的实践活动直接引入课堂，一方面学习理论，一方面及时进行实践，当学生在实践中感受到"语文课程与教学论"有用且会用时，语文教学的能力就形成了。

三、"语文课程与教学论"课程的学习方法

随着学习思想的转变、学习观念的更新，学习方法也必须相应地进行改革。"语文课程与教学论"是一门应用性很强的理论，因此，所有的学习方法都应聚焦在一点上，那就是把发现理论与运用理论的两种实践活动渗透进"语文课程论与教学论"学习的每一步骤中，使理论学习尽可能联系实践，使实践训练日常化，并在训练中不断揭示矛盾，以求得及时的重视、补救和解决。无论是发现理论的实践活动还是运用理论的实践活动，都是学生在老师引领下，以一种探究的态度充分发挥自己的潜能并取得一定学习成果的活动，因而是一种创造性的学习活动。与之相适应的方法主要有以下

六种：

（一）联系案例学用理论

"语文课程与教学论"的理论知识一般不应由教师口授给学生，而是由教师创设问题情境，即把某种能够引发问题的教学案例引入课堂，然后引导学生从分析教学案例入手，去归纳出语文教学的一般原理，完成从现象到本质、从实践到理论、从感性到理性的认识飞跃。由于不是被动地接受灌输，而是主动地参与发现，学生学习积极性会空前高涨，思维会空前活跃，对知识的理解也会更加深透，也才会更容易形成技能。

为达此目的，我们修订后的教材结合中小学语文教学的实际案例，引导师范生主动关注基础教育第一线的教改与教学，通过案例呈现，使师范生明确未来职业生涯可能面临的各种问题和挑战，实现理论知识和实践经验的结合。修订教材专门设计了"案例研习"栏目，包括教例再现、案例点睛两个部分。"教例再现"部分根据实现学习目标和呈现核心知识点与核心技能点的需要，引述具有典型性的案例。案例贴近中小学一线教学实际，具有鲜活性、现实性与启发性。"案例点睛"部分根据学习目标、核心知识点和核心技能点作出精彩点评。对案例的点评有利于启发学生的思考，能引起学生阅读后文的兴趣，以此来引导学生结合案例学理论，学会运用所学的理论去分析点评案例，这就把案例变成了发现理论与运用理论的中介，完成从理论到实践的第二次飞跃。案例学习法不但改正了以往教材重说教、可用性差的毛病，而且克服了举例高不可攀、可学性差的弱点。它适应教育实习，增强了实践品质，贯彻了"道法兼备、知行合一"的原则。

（二）师生互动重在研讨

我们提倡研究性学习。研究性学习就是在自主学习的基础上，老师按照设计的教学目标、教学范围、教学重点，围绕确定的主题来引导学生学习。学习中重视师生互动研讨。研讨前，由教师明确提出要讨论的问题和具体要求。这些问题要贴近中小学语文教学实际，具有实践性，还要与学生研究能力和学习兴趣相适应，具有可操作性。研讨时，采取普遍发言与典型发言相结合的原则，鼓励互相质疑，进行思想交锋，在相互碰撞中迸射出智慧的火花。研讨后，教师及时予以总结，并让每个学生都形成书面研讨总结材料。这样的探究性学习能激发学生进行深刻思考，提高分析问题、解决问题的能力。这种方式有利于学生对知识深层次的理解和把握，有利于学生有针对性地把握有效教学的知识量，以解决教学内容、知识容量与教师授课时间短的矛盾。

（三）运用理论"诊治教病"

修订教材中选用的案例不仅有成功的，也有失败的。因此要指导学生在掌握了某些方面的语文教学理论之后，除了用这些理论去点评优秀教师的成功案例，从中吸取教学经验，还要有意识地运用这些理论去识别违反这些理论的教学现象，并依据这些理论去纠正相应的教学偏向。研究失败的教学案例，我们称它是"诊治教病"。如学了板书理论，可针对同一篇文章所设计的几种不同的板书去鉴别好坏优劣，并对不恰当的板书进行重新设计；学了质疑激思的有关理论，就可以判断实习教学中一些质量较低的提问设计的错误，并修改其提问方法；学了语文课程标准中关于阅读教学的有关要求，就可以去分析某些实习生在教学中的"违标"现象，对其不当之处加以矫正。

（四）借助微格训练能力

微格训练就是在教师的指导下，运用微格教学理论与方法来系统训练从事语文教学的技能，比如教学言语技能、导入技能、讲解技能、提问技能、结束技能、板书设计技能（含多媒体制作）、训练设计技能、测试设计技能等。

在微格训练中，训练者会以传播理论与学习理论为基础来系统地探索、规划学习过程中诸要素的相互联系与合理组合。通过分析学习过程中的问题和需求，确定学习目的，安排学习步骤，选择适当的学习媒体，实践后经评价分析求得改进，达到学习效果的最优化。微格学习可以使教师运用语文基础理论对学生进行语文教学实践的指导。从分技能的训练到完整课的实践，符合新教师成长的一般规律。目标明确和操作具体的技能训练便于学生观察模仿，并减少了教学的复杂程度，模拟的教学环境减少了真实教学造成的心理压力，使学生可以较顺利地迈出从学生到教师的第一步。

为了支持开展微格教学，在修订教材提供的视频数字资源中，包含了很多一线教师的课堂实录视频。我们根据教学需要，在中小学精选了课堂实录课，制作成视频资源。这为模拟教学提供了示范。学生在模拟教学之前，播放与模拟教学设计相关的优秀教师的讲课实录课，供自己揣摩借鉴。在模拟课教学进行过程中，任课教师相机指导。模拟课教学活动结束后，任课教师最好能把学生上过的课由老师再上一遍，然后让大家把自己上的课与老师的作比较、找差距，通过反思进一步明确语文该怎么教的道理。这样的实践学习方法给学生提供学了就用的训练机会，强化了大家的实践意识。让学生在实践中感受到语文教学理论有用，而且自己能用、会用，由此产生出来的成就感反过来会更加激发起学习这门课程的动机与兴趣，形成"学习—应用—再学习"的良性循环。学生的实践活动既有教材理论的指导，又有教师运用理论于语文教学的"下水"示范，更有学生的亲自操作。在学生不断"入格"与"出格"之中，语文教学的能力就逐步培养起来了。

（五）开通网络拓展学习

互联网是取之不尽、用之不竭的信息宝库，互联网的出现凸显了课堂这个传统的信息源的局限性，纸质教材的知识视野亦显得十分狭窄。因此，我们还要通过互联网搜索下载有关语文课程与教学的相关资料，并对这些资料进行阅读理解、分析整理、概括综合，从中悟出从事语文教学的真谛。为加强本课程的网络学习，修订教材也把纯粹编写纸质文本的思路调整为网络课程和纸质文本并行的编写思路。全套教材整体融合了纸质文本和数字资源，实现了纸质文本和数字资源的一体化，实现了纸质文本与网络课程的互动发展。纸质文本与网络课程的有机连接，为网络课程的建设铺垫基础，网络课程的建设，为学生进一步自主学习、互助学习提供了资源及有效策略。

（六）重视实践狠抓实习

微格训练只是实践学习的一种方式，见习与实习是更重要的实践学习。为了保证实践学习的有效性，学校要完善实践学习体系，打造循序渐进的系统化的实践学习平台，对学生实行"四年不间断"的训练。学校通过每学期设置一周的"实践教学周"、大三暑假的"实践教学小学习"和高年级的综合教育实习，形成大学四年教育实践不断线的从"理论—实践—理论—实践"循环反复的教师教育实践教学体系，突出学生的积极参与和体验，培养学生"专业技能优＋教师技能强"的复合型实践能力。

同时，修订教材还设计了"实践运用"环节，包括"实践任务"和"实践指要"。"实践任务"就是布置实践运用的任务，在核心知识点、核心技能点、学习目标和"学习任务"的问题中选择两到三个点，设计两个任务供学生选择。"实践指要"就是对学生的实践运用做精要提示，提示紧扣"案例研习"中的要点，并且联系中小学一线教学实际和本科生学习实际。修订教材还安排了"学习反思"和"自我调节"两个环节，引导学生对照学习目标反思本章学习的得失，根据反思进行调整。修订教材采用这样的理论框架、编写体例，更有利于把发现理论与运用理论的实践活动引入课堂，给学生提供学与用的训练机会，以强化学习者的实践意识，培养其运用能力。

对《语文思维教学研究》教材编写的思考

《语文思维教学研究》是为高等师范学校汉语言文学专业本科生、研究生编写的一部专业学习教材，也供全国中小学语文教师、语文教研员学习使用。让学生学会认知，学会思考，这是信息时代向各级各类学校提出的新要求，也是当今教育发展的潮流。在我国全面推进素质教育的今天，培育学生思维能力的教学越来越引起包括语文教育在内的教育战线的广泛重视。目前，对语文思维教学的研究方兴未艾，本教材就是在已有研究基础上，对语文思维教学的理论与实践进一步深化研究的新成果。

一、语文思维教学研究的目的和必要性

运用思维学来帮助语文教师解决培养学生良好思维品质和思维能力的理论与实践问题，这就是语文思维教学研究的目的。语文思维教学研究十分必要，其有相应的内在理据。

(一) 高中语文课程标准对发展学生思维能力的要求

高中语文课程标准基本理念的第一条就是"全面提高学生的语文素养"，其中重点强调"发展思维"是语文素养的重要内容之一。课标总目标中第四条明确指出要"在发展语言能力的同时，发展思维能力，学习科学的思想方法……"第五条指出要"激发想象力和创造潜能……"总目标的第七条至第十条要求学生应该具备的诸如阅读、理解、倾听、表述、交际以及搜集和处理信息等能力，也无不渗透着语文思维的应用与培养。还有总目标第五条提出"能主动进行探究性学习"，这也是从学习态度与学习方法等方面指明了发展学生思维能力的目标。要提倡自主合作探究式的学习方式，培养学生良好的思维品质和能力无疑是行之有效的途径。从课标的要求可知，语文教学

的关键就在于培养学生的思维能力。因为识字与写字能力、阅读能力、写作能力、口语交际能力、综合性学习实践活动能力的形成和发展均需要思维能力的支撑。思维素质的高低直接影响到语文素养的高低。可见，语文教育在发展学生的思维能力上具有不可忽视的重大职责和作用。我们要牢牢抓住语文教育的自身特点以及语文教育在发展思维能力上的优势，努力实现课标中所确立的这一思维发展目标。

（二）国外母语教学对发展学生思维能力的要求

国外母语教学十分强调对学生思维能力的培养。新加坡语文课程标准的总目标就思维方面提出六个培养分目标：①能细心观察事物并独立思考；②能就某个问题进行分析和判断；③具有丰富的想象力；④具有联想假设的能力；⑤具有演绎、归纳、逻辑推理与反证的能力；⑥能提出创新的看法和意见。英国语文课程大纲把思维能力作为阅读的重要技巧来对待，指出："应指导学生具体深入地思考读物的质量和学习深度，鼓励他们运用自己的想象能力对作品的情节、人物、思想、词汇和结构作出反应，应培养学生的推理和演绎能力。学生应学会对所读文章进行评估，并能引用相关文章和故事片断佐证自己的观点。"对阅读书籍，要求要选择"具有挑战性、能够拓宽视角、发展思维的读物"。加拿大语文课程标准要求学生"在阅读过程中，要条理清晰，富有创造性的想象，带有批判性的思维"，并把各年级语言技能达到三级水准的普遍条件定为："学生能够独立思考。他（她）勤思好问，具有一定的综合理解能力，能够解释错综复杂的概念。学生能够用多种形式就具体目的清晰而精辟地交流思想。学生以恰当的符合逻辑的方式完成他（她）的作业……"日本语文课程纲要中的语文学习指导纲要第二章第一目标规定："在正确理解语文，提高确切的表达能力的同时，培养思维能力和想象能力，丰富语感，加深对语文的认识，形成尊重语文的态度。"高中语文目标提出："使学生具有准确理解语文和确切使用语文表达能力，同时提高思维能力……"对教材编写，提出了"为了扩大视野，养成科学的逻辑的见解和思维方式而服务"的要求。德国巴符州规定完全中学的教学目的和任务是"培养广泛兴趣，培养观察能力、实验能力、精力集中能力、逻辑和抽象思维能力，培养理论认识能力、驾驭复杂情况和解决问题的能力"；中学七年级教学指导思想是"可以通过思维方式解决问题，对空间的多角度和对角色之间相互关系的评判力都得到发展"。法国三四年级的教学大纲要求"使学生掌握学习方法，培养抽象、说理、批评的能力"。

综上所述，世界各国的母语教学在培养学生思维品质和思维能力方面，可以说是不谋而合。思维能力的培养对学生的发展至关重要，因为这关系到人的可持续发展和全面发展。作为与思维息息相关的语文教育，更应该在培养和发展思维能力上发挥重大作用。

（三）发展思维能力也是语文课程的内在要求

语文学习的主要任务就是要培养学生正确理解和使用祖国语言文字的能力。语言和思维则是一对孪生的姊妹，二者是谁也离不开谁。语言和思维的这种密切关系又决定了语言发展和思维发展应该同步进行。要想发展学生的语言，就必须重点发展学生的思维，而要发展学生的思维，又必须重视发展学生的语言。思维素养和语言素养同等重要，二者缺一不可。因此，语文学科既是一门语言学科，又是一门思维学科。语文学科的素质教育，应该是语言、思维、人文素质教育的统一。语文教材是一种综合性的教育资源，它的内涵丰富多彩，每篇课文所涉及的思维能力训练是很丰富的。学习语文的步骤是识记、理解、应用、创新。语文考试涉及的能力层级是识记、理解、分析与综合、鉴赏与评价、表达与运用、探究。所有这些，没有哪一项能够离得开思维的参与。识记需要思维，识记就是识别与记忆，无论是识别，还是记忆，都是要动脑筋、想办法的，这本身就是思维。识别需要判断，判断就是抽象思维的三大基本形式之一。理解也需要思维，理解不是一般地知道与了解，它是一种深层次的领会，它要根据已知来推究未知，既要知其然，又要知其所以然；既要知道是什么，又要知道为什么。比如从阅读理解来看，无论是对立意选材的领会、对遣词造句的认识，还是对布局谋篇的探讨，每一个理解环节都是思维的具体运用。文章写了些什么？为什么要写这些而不写那些？怎么写的？为什么要这样写而不那样写？这些理解的功夫不就是思维的功夫吗？再说应用，语文的听说读写活动均是思维的应用活动。思维的逻辑性、严密性、发散性、深刻性等都会影响语文能力的运用。探究也需要思维，探究能力的本质就是思维能力。要探究问题首先需要学生有问题意识，而问题既是思维的起点，又是思维的动力，所以越来越多的心理学家认为问题意识也是思维的重要特征之一。由此可见，学习语文与发展思维之间是相辅相成、彼此促进的。学习语文、提高思维能力的过程就是思维历程。也就是说整个语文学习的过程都烙印着思维运行与发展的轨迹。从这个角度来看，发展思维能力其实是语文课程的内在要求所决定的。

（四）当下语文教学对学生思维能力培养存在的问题

对于发展学生的思维能力，虽然课标有明确的要求，但一些老师对此并没有引起足够的重视。或者虽知其重要，但自己却缺乏培养学生思维品质的知识、方法与技能，是心有余而力不足。还有一个问题，就是未能摆脱传统教育以灌输知识为主的羁縻。

教师与教材不可撼动的权威性不知不觉压制了学生的积极思维活动。学生往往对储存的知识不会灵活地借助思维能力进行创造性地调配、组织和运用，所以常常表现出思维不敏锐、观察不细致、独立分析能力差等问题，如作文不会审题、立意选材不当、布局谋篇紊乱、缺乏想象力和逻辑思维能力。造成这些问题的原因还是缺乏扎实的思维训练。一些学校的思维训练受到课堂、教材、教参、应试的种种限制，因而不能自由而充分地开展。思维训练当然离不开教师的有效指导，但指导不等于越俎代庖。一些教师思想不够解放，包办太多，放手太少，在教学中过分依赖围绕课本设计出来的训练题、思考题。一些学校的思维训练仍较多地将学生视为"信息接收器"或"知识贮存器"，而忽视了学生作为活生生的人所应具有的思维能力。为了考试，一些教师在教学中只是简单地把自己的思维方法强授给学生，所以当学生运用知识时，他们只喜欢面对具体的问题、现成的问题被动地去分析解决，而不是独立地、主动地去提出、发现问题。而且，为了应付考试，一些学生更看重的是问题的结论，即答案，这一切，都使得学生的思维变得越来越僵化。事实上，成功的思维训练应当引导学生总结自己的思维过程，掌握其从形象到抽象，从已知到未知，从理解到记忆的转化过程中的路径，尽量使我们的教法变成学生自我思维学习的方法，从而有效地提高学生的思维能力。

如果我们长期无视这些问题而不加以改进，那么它必将进一步助长学生投机取巧、懒于主动思考的消极心理，也必将进一步影响学生思维的独立性和完整性，影响思维重点的突出和难点的突破，阻碍知识向能力的转化。所以我们一定要改进思维训练的现状，使之优化，使之适应学生的发展，而不应单纯地认为应该改变考试升学制度，这是不切实际的。

总而言之，无论从课标的要求来看，还是从国外母语教学重视思维能力培养的事实来看，无论是从语文课程本身所具有的发展思维能力的内在要求来看，还是从当前语文教学对学生思维能力培养存在的问题来看，尝试探索语文教学与思维能力培养之间的内在联系，并试图找到一些符合规律的思维培养方法都是必要的，也是迫切的。通过这种语文思维教学的研究，丰富语文学科教学论的思想理论宝库，为教师叩开语文思维教学迷宫之门献上一把金钥匙，为语文教材编写渗透思维培养因素提供理论与实践依据，无疑是正确的、合理的、必要的。

二、语文思维教学研究的指导思想

辩证唯物主义哲学是最科学的世界观和方法论，是人类对客观认识的最高概括。它是研究一切社会科学和自然科学的指导思想，人类对思维科学的研究也离不开辩证唯物主义哲学思想的指导。当然思维科学的研究成果也会丰富和深化辩证唯物主义哲学。从辩证唯物主义哲学到思维科学，又从思维科学回到辩证唯物主义哲学，这一来一往，其间起着桥梁和中介作用的是什么？那就是认识论。所谓认识论，是指研究认识活动的本质及其发展过程的哲学理论，它涵盖了认识的主体和对象的联系，感性认识和理性认识的发展，真理的本质及其发展的过程。特别是辩证唯物主义哲学的认识论，把实践提高到第一位，把辩证法运用于认识论，科学地揭示了人的认识活动的本质及其发展规律，正确地解决了认识论的根本问题。人们对思维以及思维学的研究，如果离开了辩证唯物主义认识论的指导，其研究很有可能走偏方向。

三、语文思维教学研究的对象

（一）研究思维学基本理论

语文思维教学是在语文教学中运用思维学理论来培养学生良好的思维品质和各种思维能力的教学。因此，必须研究培养学生思维能力的思维学理论。这些理论包括：第一，思维及思维教学研究的概况，这是语文思维教学研究的基础和客观依据。第二，对思维概念的多元解读。思维这一概念是语文思维教学研究的中心概念，是语文思维教学研究的逻辑起点或者说是理论支撑点，由此而衍生出语文思维教学研究形成的概念系统。思维是多门学科的研究对象，各学科从自身的特点出发，对思维概念的诠释都打上了该学科的烙印。因此，本书（指《语文思维教学研究》，下同）分别从哲学、逻辑学、心理学、美学的角度对思维这一概念作了诠释，并在此基础上，就思维的概念从宏观上作出了新的定义。第三，思维的基本特点，涉及思维的心理特质、思维的语言形式、思维的间接性、思维的概括性、思维的问题性、思维的差异性、思维的多元性，这是对思维这一中心概念的思想内涵作的更深层次的剖析，为进一步理解思维学其他理论作了铺垫。第四，思维的分类。思维学在科学提供的具体知识的基础上，根据各种思维的内容、特征、功能，把思维进行了归类。这为我们的语文教育思维品质的培养和思维能力的训练确定具体对象与目标提供了依据。根据思维的凭借物和解决问题的方式，本书将思维划分为直观动作思维、具体形象思维、抽象逻辑思维；根据思维过程中是以经验还是以理论为指导，将思维划分为经验思维、理论思维；根据思维结论是否有明确的思考步骤和思维过程中意识的清晰程度，将思维划分为直觉思维、分析思维；根据解决问题时的思维方向将思维划分为发散思维、聚合思维；根据思维的智力品质将思维划分为常规思维、创新思维。根据思维达成的目的性将思维划分为上升性思维、求解性思维、决断性思维。第五，思维的心理与非心理机制。思维的形成既有其内部原因，也有其外部原因。内因包含观察、记忆、注意、意志、兴趣等心理机制，外因包含语言、社会、集体等非心理机制。为此，本书将相关研究观点概括为大脑是思维的载体、观察是思维的知觉、记忆是思维的凭借、注意是思维的前提、社会是思维的土壤、语言是思维的外壳这几大类，并逐一加以阐释。第六，思维机体的资质特点，也就是通常所说的思维素质或思维品质。了解思维机体的资质特点的目的是培养我们健康、优良的思维素质。本书的研究将人类思维机体的资质特点概括为思维的针对性、思维的广阔性、思维的深刻性、思维的敏捷性、思维的灵活性、思维的严密性、思维的独创性、思维的批判性、思维的逻辑性。第七，思维的结构系统。思维能力的本质就是思维结构的优化，本书在这方面的研究涉及思维结构的思想内涵、思维结构的构成因素等。第八，思维的认知加工方式。思维是人的大脑对客观事物间接的概括的反映，这种反映有着复杂的认知加工过程。它具体表现为当客观事物作用于人脑时，人脑便要对各种信息进行分析、综合、比较、分类、概括、想象、联想等，这些也就是思维的认知加工方式。分析、综合、比较、分类、概括等方式往往作用于抽象思维、辩证思维。想象、联想往往作用于形象思维、直觉思维、灵感、顿悟。第九，思维的基本形态。我们根据不同的标准对思维分类，那是为了更好地认识思维的内容、特征、功能，但在思维形态中最基本的还是形象思维、抽象思维、辩证思维、直觉思维、创新思维、发散思维、聚合思维。本书研究的思维形态也是这几种。有人把分析、综合、比较、分类、概括、想象、联想等都通通称之为思维，我们认为这是对思维的泛化。如前所说，分析、综合、比较、分类、概括是抽象思维和辩证思维的认知加工方式，联想、想象则是形象思维、直觉思维的认知加工方式。灵感、顿悟是直觉思维的特殊形式。至于创新思维，它并非是一种单一思维，而是在提出新问题、解决新问题、开拓人类认识新领域方面的多种思维形式的综合运用。发散思维本是创新思维的主要结构成分，可以放在创新思维范畴来研究，但因为它太复杂、太重要，所以我们将其单列，为其开辟专章加以研究。发散思维是聚合思维的前奏，聚合思是发散思维的延伸和归结。在思维运作过程中，这二者始终是发散在先、聚合随后的，所以，我们将二者从联系上加以分析。至于思维培育学，特别是语文思维培育学方面的理论都是上述理论在教育实践中的具体运用，所以本书将其研究渗透于语文思维教学实践的研究之中，不作专门研究。

（二）研究语文思维教学的实践

随着教改的不断深入发展，人们对语文教学中良好思维品质以及各种思维能力的训练、培养也越来越引起广大语文教师的普遍重视。事实上，许多教师已在自己的教学实践中对如何培养学生良好的思维习惯和优良的思维品质，如何在思维教学中把握科学性、整体性、系统性、层次性，究竟要训练学生哪些思维能力以及训练这些思维能力又有哪些正确的方法和有效途径等做了较为深入而有效的探索，积累了比较丰富的经验，极大地丰富了语文思维教育的方法。但是，由于长期以来传统的语文教学存在学生要分数，教师要成绩，学校要名的倾向，为这"三要"而施教的应试之风盛行。频繁轰炸的题海战术弄得师生疲于奔命，穷于应付，导致许多教师在思维训练中，常常明显地表现出种种不良的状况：教学片面、简单、肤浅、散乱，有时只单一地进行一些启发训练，而没有把思维训练与思维的主体（学生）及其他综合因素相结合，只重教而不重学，以致学生的思维不论在深刻性、严密性还是在独创性、广阔性方面，都显现出一种相当混沌的状态，存在着不少缺陷。此外，实施新课程以来，我国的中小学语文教材虽然在重视基础、培养能力、发展智力方面已经进行了较为重大的改革，但课标提出培养学生思维能力的要求却在教材的编写中缺乏必要的思路，没有很好地考虑中小学生语言发展与思维发展的规律，没有确定与这些规律相适应的各个阶段思维培训的基本任务和训练目标，没有从识字与写字、阅读、写作、口语交际以及综合性学习实践活动的教学要求出发，实现语言训练与思维训练的有机结合，以形成循序渐进的训练序列。针对以上种种问题，需要运用思维科学和思维教育科学研究的相关理论来总结语文教学和教材编写工作，分析对学生进行思维品质和各种思维能力培养的经验和教训，从而为语文思维教学和教材编写提供更为充分的理论依据和行之有效的方法及途径。这些就是我们进行语文思维教学研究的出发点和归宿。在研究语文思维教学实践方面，本书从五个方面着手展开了论述：

一是对学生思维形成和发展的轨迹，从学前期、小学期、中学期三个阶段作了实事求是的分析。其目的是为了加强语文思维教学研究的针对性，使语文思维教学的研究有的放矢，且矢能中的。

二是对语文思维教学的基本策略作了总体分析。语文思维教学是指在语文教学活动中，运用相关的思维理论知识通过识字、写字、听说读写以及综合性学习实践活动来训练学生各种思维能力的教学。这势必要把握语文思维训练的特点。本书把语文思维训练的特点归纳为思想的交流性、训练的整体性、内容的广泛性、形式的渗透性这四个方面。要优化思维训练，就必须遵循教育规律，在这一点上，我们提出了以下几个方面的策略：思维训练要注意适应学生的发展，要注意创设良好的教学情境，要注意培养高尚的情感，要注意运用优美的语言，要注意提高学生的审美意识和审美情趣，要注意鼓励学生大胆质疑，要注意引导学生破除思维定式，训练重在培养学生的思维品质及语文能力。以上基本策略应该贯穿在识字写字教学、阅读教学、写作教学、口语交际教学以及语文综合性学习实践活动的思维训练之中。在策略研究中，本书还提出了要建构"思维对话型课堂"的观点。课堂是学生、教师、文本之间对话的主阵地。在课堂教学中实现学生思维的真正对话，要从心开始，用心去体验学生，搭建对话基础；用心钻研教材，开拓对话空间；用心推进生成，创设对话平台；用心赏识学生，提升对话品质。建构"思维对话型课堂"，为在各种教学活动中开展思维训练搭建了一个平台。

三是研究在语文教学中培养各项思维能力的基本原则。这是本书研究的一大重点。我们着重研究了形象思维、抽象思维、辩证思维、直觉思维、创新思维，以及作为创新思维主要结构成分的发散思维，与发散思维连用的聚合思维。将灵感与顿悟纳入直觉思维的范畴来研究。将分析、综合、比较、分类、抽象、概括、具体化、系统化等纳入培养抽象思维和辩证思维能力的认知加工方式来研究，将想象、联想纳入对形象思维、直觉思维的认知加工方式来研究。每研究一种思维形态的相关理论知识，都要研究在语文教学中与之对应的思维能力的培养原则，而且把研究的重点放在后者，体现理论联系实际、学以致用的原则。

四是研究各种语文教学活动中培养思维能力的具体途径和方法。识字与写字、阅读、写作、口语交际、综合性学习实践活动，这五个方面构成了语文教学的全部内容。如何把思维训练渗透在这五种语文教学活动之中？以往的相关专著或者没有涉猎，使这么重要的研究成了被遗忘的角落，或者仅仅是蜻蜓点水似的一掠而过，导致研究总有些隔靴搔痒之感。本书恰恰是把各种语文教学活动中培养学生思维品质和思维能力的重要途径和具体方法作为重中之重来研究，这就把思维训练真正落到了实处。这样的研究是接地气的，将研究的根深扎在语文教学的泥土之中。根深，自然会叶茂。

五是研究语文教师如何适应思维教学的新要求。我国对语文思维教学研究起步较迟，尚处于初创阶段，这是语文教学面临的一个新课题，它对语文教师从事思维教学的自身素质提出了严峻的挑战。许多教师或者缺乏思想准备，或者不适应，或者充满种种困惑，或者力不从心，甚至在思维培养的教学中走偏方向……针对这种种情况，有必要对语文教师如何适应思维教学的新要求进行研究。本书开辟专章，有针对性地研究了以下几个问题：语文教师要勇敢地肩负起思维教学的重要使命，语文教师要扎实掌握好语文思维学的相关理论，从古今中外杰出教育家思想中吮吸思维教学的精津美汁，从当今优秀语文教师教学实践中学习思维教学的经验，学习并掌握教师的教育思维理论去进行语文的思维教学。

四、语文思维教学研究的特点

本书在现有的关于语文思维教学研究成果的基础上，从整体上体现出前瞻性的新学科视野、新教育理念、新教育方法、新理论构架，以及科学性和思想性、理论性与实践性，基础理论知识与实用知识、传统理论与现代理论的整合与统一。这就使我们的研究呈现出新、精、深、实、活的特点。"新"在对传统的思维学理论以及与之相关的理论知识做了新的诠释，并将近年来国内外思维学及其相关学科理论研究的新成果纳入了我们的研究范围，使本书涉及的思维学、思维教育学、语文思维教学理论较之于以往的相关著作更完善、更前沿、更深入。最突出的是本书对近年来许多语文教师在培养学生思维能力方面的行之有效的新经验作了认真的总结和提升，对在语文思维教学中出现的问题、步入的误区，进行了正本清源的工作。"精"在力求剔除那些空洞乏味，与中小学语文教学实践相距甚远的理论，加强理论的针对性、实用性、可行性、可操作性和有效性。"深"在力求运用思维学以及与思维学相关的哲学、教育学、逻辑学、心理学、发展心理学、脑科学、文艺学、语言学、语文学科教学论等理论来科学地解释、解决语文思维教育中的种种理论与实践问题，使研究显示出应有的理论深度。"实"在增加了一些与语文思维教学实践关系密切的教学策略、学习策略以及培养学生思维品质和思维能力的途径和方法，使思维教学的理论研究接地气。"活"在大量地运用案例分析，把案例分析作为理解思维理论与运用思维理论的中介因素，使思维理论学习和思维能力的培养真正落到实处。所有这些，都力图丰富和发展思维学理论、语文教学理论，为改革基础教育课程，实施语文新课程，提高学生的语文素养，特别是培养学生的思维能力提供新的视角和思路。

双线组织单元结构有利人文性与工具性统一

——也谈如何使用初中语文新教材

　　教材，顾名思义，是教学之材料，既是教师在课程标准指导下组织教学活动、完成教学任务最重要的载体，又是教师与学生、课程标准与教学实践活动之间的中介。使用教材的基本原则就是变"教教材"为"用教材教"。前者让教师受制于教材，其教学是刻板的、被动的；后者让教材在教师的掌控之中，教师可以根据课标的要求、学生的学情、教材自身的特点及教材的编排意图，在教学目标、教学内容、教学方法上大胆取舍、灵活运用。

　　初中语文新教材是在教育部的直接指导下，聘请北京大学中文系温儒敏教授担任总主编，由国内著名专家和教授、语文教研员和一线教师，以及人民教育出版社中学语文编辑室全体编辑共同编写的。部编教材全面贯彻党的教育方针，落实《基础教育课程改革指导纲要（试行）》和《国家中长期教育改革和发展规划纲要（2010—2020年）》的基本精神，认真落实党的十八大提出的立德树人的根本任务，以《义务教育课程设置实验方案》和《义务教育课程标准（2011年版）》［下简称《课程标准（2011年版）》］为依据，遵循语文教育的基本规律，继承我国语文教育优良传统，借鉴国外母语教育经验，特别是吸收语文课程改革的经验，大胆创新，努力建设符合语文教育规律和时代特点的高质量、有特色，能让广大师生满意的新的教材体系。

　　初中语文新教材双线组织单元结构的编排意图体现了人文性与工具性的统一，符合课标对语文学科性质的定位。

一、初中语文新教材的人文性与工具性

（一）人文性

　　人文性又叫人文精神性，是指具有整个人类文化所体现的最根本的精神，体现了

人类文化创造的价值和理想，是对人的价值、人的生存意义的关注。它以追求真善美等价值理想为核心，以人的自由和全面发展为终极目的，是人类文明成果的思想内核，体现了对人类的现状、将来的关注与责任担当。它的内涵应包括知、情、意等方面，主要指人格、情感、意志、性格、心理品质等。

语文是最具有人文性的学科。正如《课程标准（2011 年版）》的总目标所言，它可以帮助我们"认识中华文化的丰厚博大，吸收民族文化智慧。关心当代文化生活，尊重多样文化，吸取人类优秀文化的营养"。而且，语言文字的本身也是一种文化。汉字既是一种记录语言的推理符号，又是一种以形表意具有浓郁人文性的象征符号。它积淀了丰厚的民族历史文化，深深地铭刻着中华民族文化心理结构的鲜明印记。我们可以从对汉字形体的分析中透视文化信息，领悟蕴藏在汉字背后的文化心理结构，包括思维方式、价值取向、民族心态以及世界观。中国语言文字的背后是人性美。我们学语文，既要学语言文字，又要学语言文字所负载和传承的文化信息。所以语文是最具有人文性的学科。

语文要突出人文性，这就要求对教材的编选与教学方法都必须作大的调整，让语文教材的选文充满人文精神。初中语文新课程教材的其中一条线就是人文主题，即对课文的选择大致按内容类型进行组合，如修身正己、挚爱亲情、科学探索、人生之舟等，力求形成一条贯穿全套教材的显在线索，让学生学到最完整、最丰富、最有活力的文化知识。

（二）工具性

工具性始于对语言功能的表述，列宁早在一百多年前就说过"语言是人类最重要的交际工具"，后来，人们把表述语言功能的词"工具"挪用到了语文的性质上来，于是便出现了语文是基本工具、基础工具、交际工具的表述，这些表述先后被写进了不同时期的语文教学大纲及语文课程标准之中，形成了工具说。在语文教育发展史上，工具说至今尚未形成严密的理论体系，但鉴于工具说的提法早已深入人心、约定俗成，因此不便更改。不过用之于表述语文的性质，必须赋予工具性这一概念以科学的思想内涵。我们认为，语文的工具性就其本质而言，应该是言语能力性。

这里首先得弄清"语言"与"言语"这两个既有联系又互相区别的概念。语言是一个社会集体共同拥有的音形义结合的词汇和语法系统，它外在于个人意志，是一种社会现象。言语则是个人运用语言的行为（说或写）和结果（说出来的话和写出来的文章）。语言是在人们的言语活动中形成和发展起来的，是对言语的抽象和概括，言语是语言材料和语言规则的具体运用。

语文并不是语言，不是词，不是词与句法之类的交际规则，而是这些规则在口头交际与书面交际中的运用，它是一种言语活动。所以，章熊先生才说："语文课所涉及的不是'语言'，而是'语言的运用'。没有注意到二者的区分，是当前语文教学的弊病之一。"语文具有培养学生言语能力的功能。培养学生的言语能力由语文独当其任，它使得语文成为语文，并与其他人文学科区分开来，因此，它是语文的本质属性和特有属性。

言语能力的核心是思维能力，也可以说是心智能力，也就是人的大脑借助语言进行心智活动的能力，其形式是内隐的。语言是思维存在的物质形式。一个人在头脑中思考问题的时候，他凭借着内部语言进行思维加工，然后把思考的结果告诉给别人，这就需要将思维的结果转换为外部语言信息表达出来。表达的方式，一种是说，一种是写。从信息接收者一方来讲，如果接收的是说出的话，那就要靠听；如果面对的是书面文字，那就要靠读。听和读所获得的信息传入大脑，大脑再对语言信息进行译码处理，从而实现对对方思想的理解。听说读写交流思想的过程，也就是信息在语言和思维的交互作用下转换的过程。听说读写能力的实质是语感能力。语感源于言语，源于主客观的言语对象对人的大脑的长期雕琢，是人长期感受言语对象不断刺激的结晶，是言语在人身上对象化的实现。语文科就是要让学生借助听说读写的言语实践活动来发展学生的思维。

言语能力还是一种交际能力。语言是人类最重要的交际工具，或者说语言本来就是因交往的需要而产生的，所以言语最主要的特点就是交际性。言语的基本功能是作为读者与作者心灵沟通的中介。真正的阅读是读者与文本作者心灵的对话。作者借助自己的文本向读者传情达意。读者在阅读文本时感知作者所传之情和所达之意的基础上，对这情和意或吸收或排斥，或纠正或补充，或深化或完善，这就产生了一种心灵的对话与碰撞、精神的传递与交流，这也就造成了对现实环境的一种精神超越，实现了物我之间的交流。所有这些无不说明，言语具有交际性的特点，交际性在语文科中表现为在老师指导下的学生的听说读写的言语实践活动中。语文教学在听说读写中实现人与人的交际，在交际实践中培养听说读写的言语能力，力求使学生在言语交际中能够自然而然地一读就懂，一听就清，一写就通，一说就顺，而且听得真，懂得深，说得好，写得美。

言语能力还是审美能力的极其重要的构成要素。审美能力表现为对艺术规律的了解，对时代精神的把握，对艺术家的理解。这一切都离不开言语活动。语文课让学生接触的艺术主要是文学艺术，文学艺术本来就是语言艺术。审美需要足够的言语能力，凭借这些能力去审美。我们要引导学生把握作品的审美情感，在审美活动中，往往要经历这三个阶段：第一，初步体会作者的情感；第二，引起感情的比较渗透；第三，引起感情上的共鸣。其全过程都包含着读者借助言语行为对审美对象理性的、社会性的评价。古人说"披文以入情""照辞如镜"，都是指运用语言对作品进行审美鉴赏，使之达到物我交感的境界。

初中语文新教材的另一条线是语文要素。它体现的就是语文的工具性。所谓语文要素，即将语文素养的各种基本因素，包括基本的语文知识、必需的语文能力、适当的学习策略和学习习惯分解成若干个知识和能力训练点，由浅入深，由易及难，均匀地分布在不同的教学单元和教学内容中。双线组织单元结构既强调语文与生活的联系，重视主流文化与传统文化的渗透，促进学生形成正确的世界观、人生观、价值观，体现语文学科的人文性，又保证了语文综合素养的基本训练，每课一得，使教学有一条大致可以把握的线索，也有层级序列较为清晰的梯度结构，体现语文学科的工具性。

二、人文性与工具性的左右摇摆

一些教师在使用教材中出现了两个极端，一是过度强调工具性而淡化人文性，二是过度彰显人文性而忽略工具性。

（一）过度强调工具性而淡化人文性

《课程标准（2011年版）》在教材编写建议中指出要"有助于学生树立正确的世界观、人生观、价值观"，这一要求制约着语文教学的方方面面。目前，一谈到课程改革，人们往往只想到怎么应对课程改革之后的中考、高考。但怎么让学生在获得知识、培养能力的同时形成正确的世界观、人生观、价值观，对这些方面考虑很少。正由于如此，在语文教学中势必淡化了人文性，忽略了对学生情感、价值观的熏陶，使立德树人成了薄弱环节。

（二）过度彰显人文性而忽略工具性

确切地说，语文的工具性就是言语能力性，言语能力是以知识为基础的，没有丰富的语文知识，就没有言语能力可言。弱化语文知识和技能的学习，也就是淡化语文的工具性。

由于语文的工具性被淡化，语文能力也就很难形成，比如，有老师引导学生读课文，学生只读内容，不去理解词语的含义，在遣词造句时便闹了笑话，用"匹夫"造句为"我们要生产大量的匹夫"；用"逃荒"造句为"我们全家人高高兴兴去逃荒"；用"袅娜"造句为"我们在爬山的时候，发现一条袅娜的小蛇从树丛中爬了出来"……这些笑话反映出我们一些语文教学淡化工具性的倾向。

课程问题本质上是知识的选择问题，革除基础教育教学的种种弊端，归根到底要靠知识的除旧布新，课程与教学目标的提出与实施，受惠也受制于相关学科的知识状况。合意的能力要靠知识来建构。这就要求各学科教学的本体要不断地从与各学科相关的学术土壤中吸取营养，要把与本学科领域的研究成果及时地转化为课程和教学领域中的新鲜知识和观念。但实际情况是，当代课程建设、教材编制和教师实践都与相关的学术界存在较大的隔膜。

最大的危机是，贫乏和陈旧的教学内容极易导致新的教育理念被架空。崭新的教育理念不能建立在陈旧的教育实践上，不结实的知识概念体系难以支撑其高大的教育理念的框架。多年来，关于语文课程和教育的本体研究更多的是在观念层面上的碰触，并没有真正触及语文教育本体的实质——知识的除旧布新。课标级别的理念改变是十分重要的，而要使新的理念形诸文字，也是比较容易办到的。但是，如果在新理念形诸文字的同时没有填充相应的新知识，或者试图在不触动原有知识的情况下覆盖一层新的理念，那么理念恐怕也只能止于理念。

三、使用教材必须遵循人文性与工具性统一的原则

如果说言语能力性亦即工具性是语文学科的基础，是桨；人文性就是语文学科的价值取向，是舵。只有桨与舵配合默契，才能使语文学科这艘巨轮驶向辽阔的海洋。那么，在使用教材进行具体的教学时，人文性与工具性应该怎么统一？我们还是用教学案例来说明问题：《故乡》一文，中年闰土去看望儿时的好友迅哥儿，闰土说："冬天没有什么东西了。这一点干青豆倒是自家晒在那里的，请老爷……"针对这句话中的省略号，我自己在教学中就要求学生展开合理的想象，把这个省略号省略的内容补充完整。有学生说是"请老爷不要见笑"。有学生说是"请老爷笑纳"。有学生说："闰土是个文盲，目不识丁，说话不可能这样文雅，应该是'请老爷收下'。"我接着问："闰土为什么不把这些意思直接说出来，而要省略掉？"这个问题就提高了思维难度，学生一时没法回答。于是，我引导学生联系全文，从闰土与迅哥儿社会地位的变化，以及送礼的轻重来考虑，学生终于明白，省略号隐含着闰土因社会地位变化带来的拘

谨以及拿不出像样礼物来的尴尬。

从我教《故乡》的这个案例中不难发现，我引导学生去推敲这个省略号的含义、研究标点符号在表意中的作用，是在训练学生掌握语文的工具性，而从这个省略号中，学生领悟到兵匪官绅给百姓生活带来的深重灾难，从而加深对劳动人民的同情，这又是在训练学生掌握语文的人文性。这就是工具性与人文性的统一。

第四编
教法改革——引导发现真理

　　教学有法，但无定法，重在得法，创造新法；新课要教熟，熟课要教新，常教常新，这些就是教师在教法上应该追求的目标。本编收录了关于我对教法改革研究的文章。

　　一是研究语言教学方法改革的文章，包括识别古汉语中的流俗词源现象、弄清中国民俗文化对汉语形成和发展的影响。

　　二是研究诗歌教学方法改革的文章，包括诗歌赏析教学的基本方法、对"双减"背景下初中古诗词课外作业设计的类型研究。

　　三是研究诗歌以外的其他文章的解读方法改革，包括运用历史语境解读、个性化解读、深度的语文阅读学习等。重在帮助学生学习解读文本的方法，使其能够明其言、晓其义、感其情、悟其旨、得其辞、体其境。

　　四是研究语文教学设计方法改革，包括解读文本不可忽视解读标点、提倡科学化的教学预设、反对非科学化的教学预设。

　　以上我对所有教学改革的研究，都聚焦在如何变带着知识走向学生为带着学生走向知识，变向学生奉送真理为引导学生发现真理。

把握文言词义的变异应注意流俗词源

词义的内容会随着客观外界和使用主体的变化而变化，从而带上历史时期的痕迹。陈第的"时有古今，地有南北，字有更革，音有转移"是音韵学上的至理名言。认识词义的历史状态，古义今义的区别，都必须有一个立足点，才能给予正确辨析。对于文言词义的变异还要注意流俗词源现象。

所谓流俗词源，就是歪曲词的原有意义，另作一番解释，而这种歪曲和解释又得到了人们在使用中的承认。流俗词源的产生大致有望文生义、谐音讹变、异读讹变、字形讹变、变文生义等原因。

一、望文生义

望文生义是因文字的视觉效应而产生的流俗心理。所谓视觉效应，包括字形结构、字序和字义生成的词义联想。如"望洋兴叹"出自《庄子·秋水》："河伯始旋其面目，望洋向若而叹。"本是"抬头仰视着发出感叹"的意思，可是有人误解为"望着海洋兴叹"。《论语·季氏》中"既来之则安之"原意为"既然把他们招抚来了，就要把他们安顿好"。后来的人误解为"既然来了，就要安下心来"，这些错误的理解被后人接受，流传至今。"西王母"是古国名，后来附会为女神之名。"狼狈"实为《说文》中的"刺跋""错跋"之异写，人们却附会为两种动物，认为"狈"是一种兽，前腿特别短，走路时要趴在狼身上，没有狼，它就不能行动，所以用"狼狈"形容"困苦"或"受窘"的样子，如"狼狈不堪"。成语"狼狈为奸""狼狈逃窜"广为流传。对成语"跳梁小丑"，有人理解为"跳上屋梁的小丑"。这就是按照字面去牵强附会，没有去推求确切的含义。"跳梁"是乱蹦乱跳的意思。此语出自庄子的《逍遥游》，庄子曰："子独不见狸狌乎？卑身而伏，以候敖者；东西跳梁，不辟高下；中于机辟，死于罔罟。"
"跳梁"是在描述野猫和黄鼠狼捉小动物时东跳西跃的样子。可见，"跳梁"本是中性
词，但一经曲解就变成贬义，约定俗成，沿用至今。

古代外来词也有望文生义而臆解附会的例子。葡萄原产自西域的大宛国，汉代传
入中国。"葡萄"二字是波斯语的音译词。在波斯语中"葡萄"的发音是 budawa，汉
使张骞将其带回时可能就是借鉴了它的发音。然而，明朝李时珍却误解"葡萄"为
"人醄饮之，则醄然而醉，故有是名"，这显然是受字形影响的主观声训。

二、谐音讹变

谐音讹变则是口语中的依声别解，即同音（近音）词（词组）的混用。唐人李肇
的《唐国史补》记载了这样的史实："旧说董仲舒墓，门人过皆下马，故谓之下马陵，
后人讹为虾蟆陵。"别解若出于臆断而乏理据则成为曲解，曲解义流行于世则成为流俗
词源。《诗经》中有："桃之夭夭，灼灼其华。之子于归，宜其室家。"后人以"逃"谐
音"桃"，戏言为逃亡不知所往。

三、异读讹变

汉字有一字多音、音转义变的特点。异读讹变是指利用汉字音义关系的流俗词源
解释。唐刘知几《史通·内篇·六家第一》中说："至两汉以还，则全录当时纪传，而
上下通达，臭味相依。"宋人牟献《陵阳词》中的《木兰花慢说》中："不妨无蟹有监
州，臭味喜相投。"这两例中的"臭"都读"xiù"，"臭味"就是"气味"。"臭味相依
（投）"本是一个不带褒贬的中性词，但后来的人将"臭"异读为"chòu"后，意义也
转变为"有坏思想、坏作风的人在志趣、习惯等各方面都相同，彼此合得来"。

四、字形讹变

字形讹变也就是将语言中的某一个字写成别的字或读成别的字，导致意义相应发
生变化，这在古籍中很早就有记载。如《旧唐书·张延赏传》附《张弘靖传》云："今
天下无事，汝辈挽得两石力弓，不如识一'丁'字。"究其实，"丁"字当为"个"字
之误。后人讥讽人一字不识或胸无点墨，便为"目不识丁"。明代杨连的《劾魏忠贤二

十四大罪疏》中说："金吾之堂，口皆乳臭，诰敕之馆，目不识丁"，表明这个讹误已经习用为常，只好将错就错。这就是因字形讹变导致的流俗词源。

五、变文生义

变文生义是指有意无意颠倒语词的秩序导致意义发生变化。变文生义的流俗词源有的或有出典。如《三国志·蜀志·彭羕传》中的"枕石漱流，吟咏缊袍，偃息于仁义之途，恬淡于浩然之域，高概节行，守真不亏"。"枕石漱流"意思是以山石为枕，以清流漱口，比喻隐居山林而情志高洁。《世说新语·排调》中说："孙子荆年少时欲隐，语王武子：'当枕石漱流。'误曰：'漱石枕流。'王曰：'流可枕，石可漱乎？'孙曰：'所以枕流，欲洗其耳；所以漱石，欲砺其齿。'"这本来是说错话了，而后加的文饰辩解，是一时的搪塞之词，但因其话语巧妙、圆滑，曲为之掩而言之成理。后世人对此大为赞赏，"漱石枕流"便作为成语而广传于世。这种因误见奇或颠倒以示奇的变文生义在古书中往往可见。《庄子·知北游》中的"每下愈况"，意思为越往下说越明显。庄子认为"道"无所不在，越从低微的事物上推求，越能看出"道"的真实情况，和现在的"每况愈下"所指的"情况越来越坏"意思相差很大。江淹《恨赋》中说："或有孤臣危涕，孽子坠心。"李善注：心当云危，涕当云坠，江氏爱奇，故互文以见义。

中华民俗文化对汉语形成和发展的影响

中国民俗文化研究以中国社会民间风俗习惯为对象。民，指相对于官府而言的民间和广大的民众；俗，指相对于国家制度而言的自发形成而又被长久共同遵循的生活习惯。民俗，指在广大民众中自发形成、世代相袭、共同遵循的各种生活的习惯与规范。民俗文化是在民间社会生活中传承的文化事物和现象的总称，是一个国家和地区的基础文化，也是创造一个国家和民族高雅文化（精致文化）的基础。民俗文化产生于民间社会生活之中，又世代相习传承于民间社会生活之中，与现实生活紧密相连、水乳交融。民俗文化对汉语的形成和发展有着极其深远的影响。

语言符号与民俗文化形成的交际背景，如语言习惯、风俗习惯、民族心理特点、道德规范以及社会伦理观点等有关。

一、汉语爱用代字、成语、典故

外国人如不了解以下这些习惯，只从字面去理解汉语，自然不得要领。

（一）代字

代字就是用人的某些特征来代替对这个人的称呼。如"须眉"，古代男子以须眉稠秀为美，后用"须眉"作男子代称。"巾帼"原指古代的一种配饰，宽大似冠，高耸显眼，内衬金属丝套或用削薄的竹木片，扎成各种新颖式样，外面紧裹一层彩色长巾。"巾帼"后来引申为女子的代称，如今已是对妇女的一种尊称。

（二）成语

成语是我国汉字语言词汇中一部分定型的词组或短句，其形式以四字居多，也有一些三字和四字以上的。成语有固定的结构形式和用法，字序不能随意更换，具有结构的凝固性。有很大一部分成语是从古代相承沿用下来的，往往出自一个故事，在用词方面往往不同于现代汉语。成语大都属于书面性质，与习用语、谚语相近，但是也略有区别。成语在语言表达中有生动简洁、形象鲜明的效果。

（三）典故

典故是指诗文中引用的古代故事和有来历的词语。泛指具有教育意义且大众耳熟能详的人物、事件。外国朋友不懂典故的成因和意义，因此翻译不好，有时译文与原意大相径庭。"积毁销骨"原指一次又一次的毁谤积累下来足以置人于毁灭之地。比喻毁谤中伤的可怕。其出处是司马迁《史记·张仪列传》："臣闻之：积羽沉舟，群轻折轴，众口铄金，积毁销骨。"有个翻译家把它翻译成"积极地筹划一次战争，造成一场毁灭性灾难，销售死人的骨头"，这就令人啼笑皆非了。

二、汉语的词语结构与词义引申和饮食密切相关

中国人自古以来对饮食就具有特殊的亲近感，对膳食享受的特殊感受使得饮食成为意识世界中的一个基本因子。如"民以食为天"和《左传》强调了饮食具有民本思想。军事学上的一条重要大略就是兵马未动，粮草先行。食性上的最大满足和"民以食为天"的思想，对汉语的表达形成和词语构成都产生了巨大影响。中国人相见时，最常见的问候是"你吃饭了吗"。在中国，"吃"成了表达亲密关系的最重要的一种方式。

中国人这种极度推崇饮食的观念给词语结构和词义引申带来很大的推动力，成为人们进行联想的一个主要出发点。一些有关饮食的词语短语后来被赋予了更多的载义功能："吃大锅饭"，表示劳动分配上的平均主义；"炒陈饭"，表示没有创新，还是老一套；"炒鱿鱼"，表示被老板解雇；"开小灶"，比喻享受特殊照顾；"菜篮子"，比喻市民们的副食品消费；"喝苦酒"，比喻忍受自己带来的不好结果；"拖油瓶"，指改嫁的妇女带着原来的孩子；"背黑锅"，指无辜背着不好的名声或罪名；"一坛子萝卜抓不到姜"，指面对忙乱，不知该怎么办；"刀切豆腐两面光"，指圆滑，两面讨好；"小葱拌豆腐——一清二白"，指光明磊落，纯洁无邪；"肉包子打狗——有去无回"，指努力而无效果；"擀面棒吹火——一窍不通"，比喻对某件事情无知，什么都不懂；"腊肉骨头——啃起来无肉，丢了又香"，指对某种东西难决定取舍，内心纠结；"生姜没有老姜辣"，比喻年岁大的人比年岁小的人更有经验，更成熟老练；"屋里不烧火，屋外不

冒烟",比喻某种现象的发生总是有它的原因,不会平白无故;"白米白面——土中提炼",比喻要想有收获,就必须努力奋斗;"癞蛤蟆上蒸笼——气鼓气胀",比喻心中有气发不出来……

如果不了解中国的饮食文化,对上述语言的理解就失去了依托。

三、汉语形成和发展与民族审美心理有关

中国人重形象、重直观的心理会使得形象性强的词被更多地使用,还会在不同性质的词当中因其外部形象相同相似而建立某种词义关系。汉字造字的"六书",体现了中国人思维典型的形象特征。这种形象特征往往是多样化的。

中国人的审美心理中讲求对称、方正,它带动了偶数结构词语的发达和数字二、四高频率的使用。对称还导致汉语独有的对偶修辞手法的产生和广泛运用,对联的文学样式应运而生,这是汉语的独特魅力。中国人红白喜事都要写对联,楼堂馆所也要贴对联,从古至今,各种考试也要考写对联。对联要求上下联字数相等、词性相同、结构相似,有的还讲平仄。

诗歌赏析教学的基本方法

较之于其他文学样式，诗歌是文学王冠上的明珠，是一种极致美。其特点为：词语凝练、结构跳跃、富有节奏和韵律，高度集中地反映生活和表达思想感情。无论是抒情诗还是叙事诗，无论是格律诗还是自由诗，都同样具备凝练性、跳跃性、音乐性的基本特征。根据这样的特征来引导学生赏析诗歌，可从以下几个方面着手：

一、借助诵读，品出韵味

诗歌有一定的音韵节奏，古人作诗讲究抑扬顿挫，格律诗还讲平仄对仗，这些都成了诗歌的音乐性。诗歌的音韵是指句末的押韵，它是诗歌与生俱来的特点，显示一行诗的终结。现代自由诗并不在乎是否押韵，但至少要有抑扬起伏，这是诗歌音律的有规则的运动，是与诗人心理生理结构相应和的内在律动，或者说叫它为节奏。无节奏，就不能叫诗。诗歌自身的这些特点决定了诗歌的教学较之于其他文体的教学更加看重诵读，借诵读来品出韵味。品韵味就是要品出诗歌的音乐美来，更重要的是透过这音乐美，把不能言传的深邃的思想感情意会出来。比如教读《乡愁》，教师就要在品出韵味上加以引导：读诗的第一、二节时，语速要慢，慢才能读出思乡之情。读第三小节时，"啊"要变音，读作"ya"（呀）。"母亲在里头"的"头"要读轻声，这个小节表达的是生离死别，想一下画面——坟墓的情景，适当读出颤音，像二胡曲一样如泣如诉。第四小节音调要上扬，要有荡气回肠的感觉，读"在那头"要一字一顿。

二、联系生活，展开联想

经典诗歌都是对社会生活的高度概括，其形象、意境的根是深扎在生活之中的。

因此，在诗歌教学中，教师要考虑怎么让学生有意识地联系生活，使他们联想到自己平时的所见所闻。酸甜苦辣、喜怒哀乐等都可以在诗歌教学中再现，让学生感到诗歌与生活息息相关。教师在教学中应本着立足课内、放眼课外，由课内辐射课外，由课外拓展课内的大语文实验宗旨，寻找诗歌赏析活动与生活相联系的衔接点。或是内引，即把学生已有的生活经验引入赏析中来；或是外联，即把学得的成果延伸到生活中去。

下面以这样一个教学片断为例：

> 师：《乡愁》这首诗，作者选取邮票、船票、坟墓、海峡等事物，寄托了浓浓的思乡之情。在生活中除了这些事物外，还有许多东西能触动我们的心灵，引起我们的思乡情绪。同学们能结合自己的理解，用具体的事物为乡愁打个比方吗？
>
> 生：乡愁是一枚青橄榄，苦苦的，涩涩的，别有一番滋味在心头。
>
> 师：非常好，巧借了李煜的词"别是一般滋味在心头"。
>
> 生：乡愁是一根电话线，我在这头，母亲在那头。
>
> 生：乡愁是一碗老醋，每尝一口，都让人心酸。
>
> 生：乡愁是一杯没有加糖的咖啡，苦苦的，涩涩的。
>
> 师：同学们说得多好啊，我们把这些句子整理出来，不就是一首很美的乡愁诗吗？同学们就是这首诗的作者，可以尝试去做诗人。

在上面这个教例中，老师调动学生的生活经验及已有知识，借用了生活中的青橄榄、电话线、老醋、咖啡以及李煜的词，将《乡愁》这首诗品出了各种滋味。课程标准强调对读物进行独特感悟，实际上就是要调动学生的生活经验、已有知识来增强其在诗歌赏析中的直觉顿悟能力。

三、瞄准空白，展开想象

接受美学中的召唤结构理论告诉我们：包括诗歌在内的文学艺术作品存在着意义的未定点，也就是古代文论中所说的艺术空白。诗歌中的形象常常是虚虚实实，以虚代实，虚实相生。用虚笔表现在人物描写上，就是侧面描写。古希腊诗人荷马在他的著名史诗《伊利亚特》中，不从正面描写海伦的外貌，而是借海伦走进会场后，那些冷心肠的老人不得不承认为海伦这样的美女进行流血的战争是值得的这件事来烘托海伦无与伦比的美貌。这是举世皆知的范例。这样的例子在语文教材中并不鲜见。如《陌上桑》，诗中写罗敷的美貌，调动了多种艺术手段，有美好景物的渲染，有精美器物的陪衬，有美丽服饰的直接描写，有对为她美貌所倾倒的行者、少年、耕者、锄者的侧面描写，但罗敷的相貌到底是什么样子，仍不得而知，这便需要我们"瞄准空白，展开想象"。

四、把握整体，琢磨诗眼

在艺术品的整体结构中常常有一个和作品整体密切相关的重要部分，它被表现的程度直接关系着整体的表现是否充分。这个重要部分，往往被形象地表述为"点睛之笔"。在人物画和文学作品的肖像描写中，关键处多集中在人的眼睛上。在《西厢记》中，崔莺莺"临去秋波那一转"，竟然使得初见面的张生"意惹情牵"；在《聊斋志异》中，散花仙女拈花微笑，"眼波将流"，竟然使得朱生"注目良久，不觉神摇意夺"，"忽然间身子轻飘飘如驾云雾"。她们的情态和魅力全从眼珠儿上表现出来。《世说新语·巧艺》记载："顾长康画人，或数年不点目精。人问其故，顾曰：'四体妍蚩，本无关于妙处；传神写照，正在阿堵中。'"一篇文章、一首诗中也有点睛之笔。陆机在《文赋》中说："立片言而居要，乃一篇之警策。"刘熙载在《艺概·诗概》中说："炼篇、炼章、炼句、炼字，总之所贵乎炼者，是往活处炼，非往死处炼也。夫活，亦在乎认取诗眼而已。""诗眼，有全集之眼，有一篇之眼，有数句之眼，有一句之眼；有以数句为眼者，有以一句为眼者，有以一二字为眼者。"这居于要害处的"片言"是"文眼"，诗歌中的点睛之笔是"诗眼"。王嗣奭评论杜甫的《偶题》诗说："而此篇又一部《杜诗》之总序也。起来二句，乃一部《杜诗》所从脱孕者。'文章千古事'，便须有千古识力为之骨，'得失寸心知'，则寸心具有千古。此乃文章家秘藏，而千古立言之标准。"王嗣奭认为"文章千古事，得失寸心知"两句就是这首诗的诗眼，为全诗的画龙点睛之笔。

从上可知，在诗歌教学中，大可不必搞字字推敲、句句分析，只需要引导学生在反复吟诵中捕捉住诗眼，便可把握诗歌的整体。

五、运用比较，进行鉴赏

比较也被广泛运地用到了语文教学特别是诗歌教学之中。在诗歌教学中，恰当运用比较对学生进行启发、诱导、点拨，就能更好地体现教师引导下的学生自觉主动学习活动，有助于学生更准确地掌握教材的特点、重点、难点，有助于开启学生思维的门扉，培养其分析问题、解决问题的能力。中小学语文课本中包括诗歌在内的选文涉及古今中外，题材、体裁、主题、风格、形象、手法、语言等诸方面都有着继承和借鉴关系，可供我们比其同、究其异、寻其合、追其分。这就为诗歌的比较赏析教学提供了客观依据。下面举一个诗歌中的置换比较例子：

阅读下面这首诗，按要求回答问题。

宿济州西门外旅馆

寒林残日欲栖乌，壁里青灯乍有无。

小雨愔愔人假寐，卧听疲马啮残刍。

三、四句中的"假寐""疲马"，有版本作"不寐""羸马"，你认为用哪个好？请结合全诗谈谈你的看法并说明理由。

这样的试题答案不求唯一，只要言之成理即可。事物都是由若干要素构成的，要素或成分不同，构成的事物也就不同。移置要素或更换成分的训练，是以现有的事物作基础，以寻找新的替换物为方向，达到加大思维强度的目的，从而加深对课文的理解，或者启发出新的见解来。作品写了这些，能不能写那些？作品是这样写的，能不能那样写？这实际上是让学生尝试对作品要素如词语、句子、段落、表现手法进行置换。如果换的内容不及原文，可以在比较中以劣显优，加深对原文妙笔的理解。如果置换得好，超过了原文，那就是创新，了不起。可见，无论换得对与不对，对于训练学生创新思维能力都有好处。

对"双减"背景下初中古诗词课外作业设计的类型研究

2021 年 7 月 24 日，为解决学生课业负担过重的问题，中共中央办公厅、国务院办公厅印发《关于进一步减轻义务教育阶段学生作业负担和校外培训负担的意见》（下简称"双减"）。在"双减"背景下，初中古诗文课外作业的设计要控制作业的"量"，不能搞题海战术。但同时也要保证作业的"质"，要有利于提升学生的语文核心素养。因此对课外作业的类型，还需要认真地进行研究。

一、古诗文默写题型设计

对于中学生来说，默写题型的着力点不能只是识记训练，还应包括理解与运用的训练。

十三岁之前是人发展记忆的黄金年龄，这个阶段的学生主要靠背诵发展记忆。这个阶段理解力发展比较缓慢，因此，能理解固然好，暂时不理解也没关系，只要记住它，随着知识的丰富、阅历的增加、思维的磨炼，过去不理解的以后渐渐会理解。从十三岁开始，学生也就进入中学学习阶段了，这时主要是发展理解力阶段，再搞机械记忆就不行了。初中阶段的学生已经重点转入理解背诵阶段，建议默写作业的题型设计应包含以下四种：

（一）填空型

填空型题型就是根据上句写出下句，或根据下句补出上句。例如：

问君归期未有期，＿＿＿＿＿＿＿＿＿＿。（《夜雨寄北》）

草树知春不久归，＿＿＿＿＿＿＿＿＿＿。（《晚春》）

但这种试题只测试了考生的识记能力，而没法判断考生的理解能力，容易导向死记硬背。可出，但不可多出。

（二）理解型

理解型题型就是根据题干所给分析或提示，写出诗文内容。这种类型的试题把识记与理解两种能力综合起来。例如：

《诗经》中有两句写姑娘思念情人的诗，曹操在《短歌行》中借它来表达自己对人才的渴望。这两句是＿＿＿＿＿＿＿＿＿＿，＿＿＿＿＿＿＿＿＿＿。

上题不仅训练了识记能力，还训练了理解能力，而且是从两篇文章的联系来考查的。

（三）情境型

情境型题型是指题干创设了一定的情境，让考生从中推断出所填写的答案。它要求考生在识记理解的基础上把名句名篇真正内化为自己生命的一部分，并对这些诗文有一定的驾驭能力，难度系数较之理解型又有提升。例如：

白居易的《琵琶行》和柳永的《雨霖铃》中，既交代了秋天的背景又蕴含离别之意的句子是：

《琵琶行》：＿＿＿＿＿＿＿＿＿＿，＿＿＿＿＿＿＿＿＿＿。

《雨霖铃》：＿＿＿＿＿＿＿＿＿＿，＿＿＿＿＿＿＿＿＿＿，＿＿＿＿＿＿＿＿＿＿！

（四）引用型

引用型题型训练学生运用记忆理解的文句和诗句来描摹物状，或刻画心理，或阐述观点，或批驳谬论。

如形容走投无路的情形，就可用"山重水复疑无路"。如果要通过农村丰收的景象侧面烘托人物喜悦的心情，就可用"稻花香里说丰年，听取蛙声一片"。为了说明看问题的角度不同得出的结论也不同，就可以引用"横看成岭侧成峰，远近高低各不同"。为了说明不经历险境就不能获得成功，就可以引用"不入虎穴，焉得虎子"。为了说明事物新陈代谢的道理，就可以引用"芳林新叶催陈叶，流水前波让后波"。说某人口是心非，说一套做一套，就可用"人无信不立"去批评他。

二、古诗文鉴赏题型设计

(一) 整体把握型

古诗文有自身的语言环境。一般地说，一定的语言符号与其意义是相对应的，这是语言交流得以实现的基础。但意义又不是一个可以在自由传递中保持稳定不变的实体。一个词或句子的具体含义往往不是由它自身决定的，特定的语用条件、说话者或受话者的状况、接触交流方式都可能影响话语的意义，决定一个词或句子所要传达的信息。这就要把一篇文章看作一个整体网络，无论是解词释义，还是分析文章的思想观点、表现形式，都要本着字不离词、词不离句、句不离篇的原则，考虑整体对局部的制约关系。

根据这个意思，古诗文作业设计可适当选择一些需要借助自身语境来解词释义、分析内容的题型。例如：

阅读下面这首诗，看它分别写了些什么内容？再从整体看，表达了什么感情？

竹里馆

独坐幽篁里，弹琴复长啸。

深林人不知，明月来相照。

针对第一问，可指出本诗既写景，又写人。写景有幽篁、深林、明月；写人有独坐、弹琴、长啸。针对第二问，可联系诗中景与人的关系来思考，孤立地看，所写之景与所写之人极为平淡无奇，但从全诗的组合看，诗人在写月夜森林的同时，又写了弹琴、长啸，则是以声响衬托出宁静。诗的末句写到月照，不仅与上句的"人不知"有对照之妙，也起了点破暗夜的作用。这些声响与寂静以及光影明暗的衬映，形成了高雅的意境，传达出诗人宁静、淡泊的心境。

(二) 想象型

在古诗文作业设计中，要训练学生的创新思维能力，就要发展想象能力。想象犹如三棱镜，它可以折射出七彩人生。对古诗文作业进行设计时就可适当命制通过想象去填补古诗文中的艺术空白的题目。比如：

陶渊明《饮酒》诗中有"采菊东篱下，悠然见南山"一句，请你联系自己的生活体验，展开合理的想象，运用第一人称的写法，将诗人所见南山之景加以拓展，描绘出与诗人超脱尘世、热爱自然的悠情相融合的美景来。（六十字以内）

以上这种题目完全可以结合平时文学作品的阅读鉴赏教学来进行训练。下面是我的示范：

山悄悄躲进白云，又偷偷露出娇容，仿佛和我捉迷藏。漫步翠柏苍松掩映的山路，我看到了石头上欢快跳跃的水花，听到了樵夫对唱的山歌。群鸟开道，夕阳伴游，清风洗尘，奇花争艳……抛去烦恼的我与南山融为一体。

（三）比较型

中小学语文课本中的选文涉及古今中外，题材、体裁、主题、风格、形象、手法、语言等诸方面都有着继承和借鉴关系。可供我们比其同、究其异、寻其合、追其分。古代诗歌比较型鉴赏题的命题角度和单纯一首诗鉴赏的命题角度基本相同，都从诗歌的意象、意境、形象、语言、表达技巧和情感方面设置题目，不同的是比较型鉴赏题需要考生针对两首或者三首诗歌进行比较鉴赏解答，或对同一首诗歌从不同角度进行比较鉴赏解答。例如：

阅读下面陆游写的两首诗，比较在内容上的相同点与不同点。

游山西村
莫笑农家腊酒浑，丰年留客足鸡豚。
山重水复疑无路，柳暗花明又一村。
箫鼓追随春社近，衣冠简朴古风存。
从今若许闲乘月，拄杖无时夜叩门。

西 村
乱山深处小桃源，往岁求浆忆叩门。
高柳簇桥初转马，数家临水自成村。
茂林风送幽禽语，坏壁苔侵醉墨痕。
一首清诗记今夕，细云新月耿黄昏。

这两首诗歌的相同点都是写景记游诗。不同的是《游山西村》通过写农村丰收之年的待客情形、山间水畔的明媚风光、古老的乡土民俗以及自己乘着月色拄杖夜游的经历，表达了自己对淳朴民风民俗的热爱。其中颔联"山重水复疑无路，柳暗花明又一村"是千古流传的哲理名句。《西村》则侧重写了世外桃源般的自然景物，表达了作者对此地乡村风景的热爱。

（四）开放型

开放型题型应该是提倡多元解读，引导学生思维发散的。其答案不求唯一，只要言之成理即可。对于文学作品而言，我们不能一概用解读是否符合作者的原意作为衡量解读是否正确的标准。作品的客观意义有时会超出作者创作时的主观思想，作者塑造的形象所产生的客观意义有时是作者本人没有认识到的，是由读者在欣赏中发现和挖掘出来的。这种情况下，读者对作品的认识已经超过了作者对自己作品的认识。语文教学要适应时代发展，为社会选拔创新型人才，就需要在作业中设计能够鼓励学生发散思维，反映学生创新能力的作业题。而开放型作业题能为学生创设一个思考、探究、发现、参与和创新的空间，可以充分发掘学生的学习潜能。例如：

> 阅读下面这首古诗，然后回答：诗中"竹窗斜漏补衣灯"这一耐人寻味的画面蕴含了哪些感情？

夜 归

夜深归客依筇行，冷燐依萤聚土膰。

村店月昏泥径滑，竹窗斜漏补衣灯。

从诗的内容看，诗人写景紧扣一个"夜"字，写情紧扣一个"归"字。首句直接点明"夜深"，刻画出"归客"拄杖而行的疲惫之态。随后，诗人以"冷燐""萤""月"等意象渲染夜色的凄凉，以夜深还在土膰、泥径中孤身前行的艰难表现出归家的心切。而最末一句，以"竹窗斜漏补衣灯"的感人画面收束全篇，与先前的艰难和凄清形成反差，更烘托出游人深夜归家的复杂心情，意味深长。

题目要求学生针对"竹窗斜漏补衣灯"这一耐人寻味的画面中蕴含了哪些感情作答，这道题的答案就比较开放，不求唯一。对这首诗蕴含的情感，除了提供给学生的参考答案中提到的急切、关切、思念之外，如果学生答惊喜、爱怜、内疚、想念、关怀、关心等，也言之成理。比如说"内疚"，可以视为游子长期漂泊在外，快回到家时，看到自己的亲人这样晚了，还在昏黄的灯光下缝补衣服，就想到自己没有尽到作为家庭的一个成员应尽的责任，因而感到内疚。

（五）借助历史语境解读文本

古诗文的产生离不开历史文化生活背景，它与政治背景、交际背景、语言习惯、风俗习惯、民族的心理特点、道德规范以及社会的伦理观点、文学传统、文学观念都有着千丝万缕的联系。如果脱离文学文本所产生的历史文化生活背景，难免造成对作品理解的偏颇以致失误。因此，设计古诗文鉴赏作业题，要适当选择需要借助一定历史文化背景才能解读的题型，引导学生通过查阅历史文献资料，在探究学习中来解读文本隐含的信息。

比如读陈子昂的《登幽州台歌》，要理解"前不见古人，后不见来者"中的"古人"和"来者"的所指，就得先从了解陈子昂的《登幽州台歌》的历史文化背景着手。唐万岁通天元年，陈子昂随武攸宜北征契丹，屡屡献计献策，均不被武氏采纳，反被武氏贬官。大才遭忌，愤懑不平，他是怀着这样的心情去登幽州台的。而幽州台是历史上燕昭王为招贤纳士所筑的黄金台。登此楼台，抚今追昔，自然会联想到像燕昭王这样爱才惜才的明君、伯乐。从这样的历史语境出发，方知"古人""来者"实指燕昭王那样的明君、伯乐。这句诗正隐含着陈子昂强烈的报效之志与现实世界受到无情阻抑的心理对立与冲突。由此可见，对作品关涉的历史背景的广泛了解，对于发掘文本的情感意蕴有很大的帮助。

运用历史语境 释放文本信息

要释放文本包含的信息，一定要依靠语言环境，即语境。语境又分语内境和语外境。口头上的前言后语，以及书面上的上下文构成一个语言系统，可称为语内境。说话或写文章的语用环境，包括自然环境、社会环境和个人因素，这些就称为语外境。文本解读是书面阅读，不仅要依靠语内境，还要借助语外境。历史语境就是解读文本的一种非常重要的语外境，它积淀着文本产生时的历史遗迹。现代认知心理学研究表明，学生的认知活动与其原有的认知结构中有适合于学习新知的观念时，有效的认知活动才能产生，情感也是如此。对于一些与学生情感经历相距较大的课文，教师若不提供一定的历史语境知识，就很可能出现文章感人，而学生却无动于衷的现象。离开那些历史久远的作品中反映的那个历史时代的客观现实、自然环境、社会环境、个人因素，就难免造成对作品理解的偏颇乃至失误。一些语文教师不懂什么是历史语境，盲目胡乱地运用教学资料，使课堂教学枝蔓横生、烦冗拖沓，淹没和冲淡了对教学重点的把握，这样的教学是一盘散沙，是无深刻性和厚重感可言的。所以，在语文阅读教学中，教师引导学生释放文本信息，一定要正确运用历史语境。历史语境包括四个方面的内容：历史背景、相关人物生平史料、共时态语境、历时代语境。

一、引导学生运用历史背景释放文本信息

弄清历史背景知识是阐释文本的第一步。在阅读教学中，无论是解词释义，还是思想内容的分析，都需要借助一定的历史背景知识。《史记·魏公子列传》中说："公子从车骑，虚左，自迎夷门侯生。"要理解这句话，教师就应该告诉学生，古代以左为上位，这样学生自然会明白"虚左"是表示尊重的意思，它体现了信陵君礼贤下士的

品质。《隆中对》中说诸葛亮"身长八尺"，《邹忌讽齐王纳谏》中说"邹忌修八尺有余"，于是有学生错误地认为邹忌比诸葛亮个头高，这就是仅从字面上去理解造成的谬误。教师要纠正学生的错误理解，就要讲一点历史文化背景知识。邹忌是战国时期的人，他的一尺相当于今天的六寸九分，即二十三厘米，他"八尺有余"，相当于今天的五尺二分，即一米八四。诸葛亮是三国时期的人，他的一尺相当于今天的七寸一分多，即二十三点八厘米，诸葛亮"身长八尺"就相当于今天的五尺六寸八分，即一米九，因此，"身长八尺"的诸葛亮比"身长八尺有余"的邹忌高。

教师对作家风格流派的介绍也能帮助学生更快地进入作者的情感世界。如了解苏轼豪放中的飘逸、潇洒，才能更深入地体会《水调歌头·明月几时有》中的旷达情怀。了解了辛弃疾豪放中的沉郁顿挫，才能更深入体会其《永遇乐·京口北固亭怀古》中悲愤的情绪。

二、引导学生运用相关人物生平史料释放文本信息

所谓相关人物生平史料，是指与文本相关的人物的其他作品、书信、日记等文字材料，以及作者的性格、喜好、人际交流等情况。这些是文本意义产生的外部影响因素，多半能揭示作者的创作意图，对于解读文本是不可或缺的。

比如要让学生对鲁迅《药》中瑜儿坟上的花环的意义有深刻体会，教师就有必要将鲁迅在《呐喊》自序中的一段话告诉学生："既然是呐喊，则当然须听将令了，所以我往往不惜用了曲笔，在《药》的瑜儿的坟上，凭空添上一个花环，在《明天》里也不叙单四嫂子没有做到看见儿子的梦，因为那时的主将是不主张消极的。至于自己，却也并不愿意将自以为苦的寂寞，再来传染给也如我那年轻时候似的正做着好梦的青年。"学生结合这段材料来理解瑜儿的坟上花环的意义，自然会明白：辛亥革命中，虽然革命者惨遭屠杀，但他们并未被斩尽杀绝，夏瑜的战友们会擦干净身上的血迹，掩埋好同伴的尸体，勇往直前、继续战斗。《药》中，华老栓夫妇用革命者夏瑜鲜血染红的馒头给儿子治病，为了让学生深刻理解这一行为的含义，教师可提供鲁迅给孙伏园的一封信中的一段话："《药》描写群众的愚昧，和革命者的悲哀；或者说，因群众的愚昧而来的革命者的悲哀；更直接地说，革命者为愚昧的群众奋斗而牺牲了，愚昧的群众并不知道这牺牲为的是谁，却还要因了愚昧的见解，以为这牺牲可以享用，增加群众中某一私人的福利。"学生凭借这信中的话来体会人血馒头事件的意义，就不难得出这样的结论：《药》把革命者的悲哀与群众的不觉悟放在一起，就批判了辛亥革命脱

离群众的局限，从而表达了革命必须唤醒民众的主题。

三、引导学生运用共时态语境释放文本信息

所谓共时态语境，是指与作品同时代的作品或哲学思想、时代思潮、历史事件构成的语境。要准确解读文本，有时还真得依靠共时代语境知识。过去很多语文教师依据教学参考书，把范仲淹的《岳阳楼记》的主题思想概括为：文章以"记"为名，借题发挥，表达了作者"不以物喜，不以己悲"的旷达胸襟和"先天下之忧而忧，后天下之乐而乐"的政治抱负。这种归纳是对范仲淹写这篇文章时的历史背景知识缺乏了解的。范仲淹与腾子京同年考中进士，范仲淹十分欣赏腾子京在与西夏作战中所表现出来的过人才智，所以当范仲淹擢升时，立即推荐腾子京"擢天章阁待制，徙庆州"。后来范仲淹还朝主持庆历新政，其改革因遭到大地主的强烈反对而失败，革新者或与新政关系密切的人陆续被贬离朝廷。腾子京也蒙冤去往岳州。到岳州后，腾子京备感前途渺茫，心情凄苦，虽然做了些事，但心里很不平衡，精神颓唐不振。范仲淹对此极为痛心，借腾子京向他索文之际，进行劝导。所以《岳阳楼记》应是一篇规箴的文章，其主题应归纳为：文章以作"记"为名，以"不以物喜，不以己悲"的旷达胸襟和"先天下之忧而忧，后天下之乐而乐"的政治抱负，表达了作者对腾子京的规箴之意。

四、引导学生运用历时态语境释放文本信息

所谓历时态语境，是指扩展了的历时态历史语境，也就是作品产生之前或之后的同类作品的情况，是判定作品时代特性的不可或缺的参照。鲁迅在《孔乙己》中写道："孔乙己满口之乎者也，教人半懂不懂的。"传统的理解是：这句话写出了孔乙己迂腐的性格特征，反映了孔乙己受封建教育毒害之深。这认识固然不错，但把这句话放在作品反映的历史大背景中，特别是联系历时态语境来考查，就会发现，这句话有更为深刻的现实意义。《孔乙己》写于1919年3月，即"五四"运动前夕，是鲁迅继《狂人日记》后的第二篇白话小说，在写这篇小说时，文化界正在开展一场"文白之争"。复古派林琴南等抨击白话文学"覆孔孟，铲伦常"，叫嚷就是要"抱残守缺，至死不易其操"。林琴南还说："白话文鄙俚浅陋，不值识者一哂之者也。"鲁迅就在写《孔乙己》不久后写了一篇《现在的屠杀者》，该文对复古派林琴南的言论作了有力的回应。

鲁迅特意把"高雅"的林琴南的"之乎者也"引出，又把《镜花缘》第二十二回《说酸话酒保咬文》中一段"满口之乎者也"的酸话引出以回敬提倡文言文的林琴南。鲁迅多次写孔乙己满口之乎者也，明显是针对提倡"国粹"的复古派的。《镜花缘》中讽刺酒保咬着文言满口酸话令人发笑，孔乙己在短衣帮面前也是之乎者也地满口酸话，一次次地引起众人哄笑，在这笑声中，不是也夹着对复古派的尖锐嘲笑吗？可见《孔乙己》不仅揭露科举制度的吃人本质，批判了封建教育对读书人的毒害，同时还抨击了当时维护"国粹"的复古派。

最后，历史语境属语外境，它必须与文本的前后文这个语内境结合使用，方能准确、全面、深入地破译文本所传递的信息。

引导学生对文本作个性化解读

　　阅读是学生的个性化行为，课标也要求学生对文本作个性化解读。所谓个性化解读，也就是对文本的自主性、探究性、体验性、批判性解读。在文本解读教学中，教师应在以下方面加强对学生的引导：

一、引导学生对文本作自主性解读

　　文学作品常常因为读者、地域、社会和时代的不同不断生成不一样的内涵。关于《红楼梦》的主题，鲁迅曾说："经学家看见《易》，道学家看见淫，才子看见缠绵，革命家看见排满，流言家看见宫闱秘事。"又如李商隐的《锦瑟》，朱彝尊说是悼亡诗，苏东坡说是咏物诗，古人对此的解读多元化，今人亦莫衷一是，有将《锦瑟》讲成作者晚年回顾一生政治遭遇之作，有解为生离死别之恨。元好问说：诗家总爱西昆好，独恨无人作郑笺。现在看来，不是无人作郑笺，而是郑笺太多，使人无所适从。之所以产生这种情况，主要是在于这首诗的诗意本身就迷离恍惚，加之语言符号的多义性，同时也还因读者的期待视野有所不同，即读者在世界观、人生观、价值观、伦理道德观、审美观、生活阅历、知识结构、性格、爱好、情趣等方面的不同。这就要求教师在阅读教学时要注意引导学生对课文作共时与历时的多元化解读。这种要求吻合了语文课程标准提出的观念："注意作品内涵的多义性和模糊性，鼓励学生积极地、富有创意地建构文本意义。"这实际上就是个性化解读。引导学生对文本作自主性解读，就是要引导学生从文本中读出"我"来，也就是要结合学生的生活经验从文本中读出自己的亲身感受来。如学《木兰诗》，学生在通过阅读课文熟悉故事情节、人物形象的基础上，感悟这首诗表达的思想感情，答案就是各式各样的，有的说忠君，有的说爱国，有的说尽孝道，有的说"表达木兰巾帼不让须眉的豪情"，还有的说是"表达木兰女扮男装的痛苦和无奈"。这就是个性化解读，这就是自主性解读，这就是多元解读。这种多元解读正好应了"一千个读者就有一千个哈姆雷特"的说法。不过对于学生的自主性解读、多元解读，也要作比较分析，看是不是都对，是不是都不对，是不是对中有错，因为多元解读的目的是为追求真理。老师要引导学生识别正确元、揭露虚假元、否定错误元、纠正偏差元，让思维由发散走向聚合。像上面学生对《木兰诗》的解读就不能一概肯定。比如"表达木兰女扮男装的痛苦和无奈"，这在诗中是没有依据的。不要忘掉审美虽然有差异性，但也有一致性。林黛玉在每个人心目中的形象肯定有所不同，但无论有多大的差异，林黛玉总是一个弱不禁风、多愁善感的千金小姐形象，不可能把林黛玉想象成为举重运动员，或者想象成《水浒传》中的母夜叉孙二娘。

二、引导学生对文本作探究性解读

个性化阅读是一种探究性阅读。学生在挖掘、理解文本的过程中，由于受到自身心智水平、认知经验的限制，一定会遇到许多疑难和困惑，尤其是当文本所表述的情感、态度、价值观念与学生的阅读期待不一致时，其疑难和困惑就更为突出，成为阅读理解的障碍，必须对此进行一番分析、推理和探究。

教师要善于抓住文本中看似平淡却极富表现力的精微之处引导学生探究。《背影》开头的"我与父亲不相见已二年余了"一句，看似平淡寻常，学生往往都不经意地一读而过。在这里，教师可以设问：这句话读着感觉是否有点别扭？把它改为"我离别父亲已二年多了"或"我已二年多不见父亲了"是否更顺口？然后引导学生从当时作者的家庭遭遇，父子之间的情感关系的全过程来探究，联系课文结尾处作者读着父亲的来信，眼泪又流下来了的情节，让学生明白，其实这句话是极富表现力的精微之处，它表明了之前作者对父亲是有成见的，感情是存在隔阂的。但文章结尾处作者流的是悔恨、愧疚之泪，至此，隔阂消除，并由此构成了父亲"背影"的全幅式的"情绪背景"。正是这个"情绪背景"浓缩着的深挚的爱与悔，牵连了几代读者的联想与追忆。

教师还要善于抓住文本中不合常理、常情、常态的地方质疑激思，引导学生探究。苏轼《赤壁赋》中有"月出于东山之上，徘徊于牛斗之间"一句，教师可引导学生就"徘徊"一词进行推敲："徘徊"是来回走动的意思，而月亮一晚只能走一次，怎么徘徊？这看来有些不合常情常理。然后通过引导学生进行探究，让学生明白：这里的"徘徊"是指月亮移动缓慢的意思，"徘徊"二字染上了作者观月时的主观色彩，好像月亮也含情脉脉，不忍离去，因而作者对冰清玉洁的月亮产生了愉悦之情。可见这是情与景的交融，精练生动、词简情深。

　　教师还要善于抓住文中看似矛盾的地方引导学生探究。《孔乙己》结尾处有一句："我到现在终于没有看见——大约孔乙己的确死了。"老师可引导学生思考："孔乙己大约死了"，这只是一种估计、推测，"孔乙己的确死了"，这是一种认定。既是"大约"，又是"的确"，岂非自相矛盾？然后让学生联系全文，通过思考议论，对这个问题进行探究。最后学生就该明白：孔乙己的死"我"到底没有亲见，非"大约"不足以表示审慎；而孔乙己好喝懒做，无谋生手段，在那冷酷的社会里，死是必然的结局，非"的确"不足以表达真实，也不足以表达作者的悲愤。这句话包含一个认识上的转换过程，由先是"大约"的推测，到最后转入"的确"的认定，这正是为了准确地传情达意而苦心为之的一种手法。看似理之所无，实则是情之所有。

三、引导学生对文本作体验性解读

　　个性化阅读是一种体验性的阅读，是发现和建构作品意义的过程。作品的文学价值是由读者在阅读过程中得以实现的。因此可以说，个性化阅读实质上是作为阅读主体的个人对阅读材料的一种带有强烈主观色彩的理解、感悟和体验。学习了《背影》后，一名女生在作业中说她从文中读出了生离死别："祖母去世了，'我'见不到她的身影了；父亲走了，背影混进人群见不到了；父亲的信中说'大约大去之期不远矣'，预示再也见不着父亲了；这篇散文不仅写了人间的至爱，也写了人间的至痛，痛就痛在人生自古伤离别啊。"这就是她与文本交流后的独到体验。她在用自己的语言去解释所认识的事物和真实感受时，对文本的个性化解读也就得以实现了。

　　对文本的理解、感悟和体验尤其要聚焦在文本的艺术空白上。语言艺术的巨大魅力正在于这些意义未确定的空白处，它给欣赏者提供了无限广阔的想象空间，它期待与召唤读者用想象去填充，对作品进行再创造。

　　教师要引导学生在文本解读中去捕捉这些空白，通过想象去进行二度创作。如教学《雨霖铃》，作者在与恋人惜别时，迸出了"执手相看泪眼，竟无语凝噎"，语言通俗而感情真挚，形象逼真，如在目前。词中柳永凝噎在喉的话到底是什么呢？这就是意义的未确定处，老师可以让学生联系全文，调动自己的生活经验去想象、去填补。作者在词的下阕写了别后对恋人的思念，结尾写"便纵有千种风情，更与何人说"，那钟情之殷、离别之深，真是溢于言表。用这两句了结全词，恰似奔马收缰，还真有住而不住之势；宛若众流归海，确有将尽而未尽之致。又用问句作结，更加耐人寻味。老师可以让学生去品一品，这万种风情到底会是什么滋味，到底会向谁人诉说，又会怎么来诉说呢？这些必然会引起学生思维的发散、解读的多元。答案不求唯一，只要言之成理。

四、引导学生对文本作批判性解读

个性化阅读是一种拥有批判意识的阅读。这种拥有批判意识的阅读有两种情况：一种是在文本解读的过程中，后面的认识不断地否定或超越了前面的认识，从而使解读渐趋合理、正确、全面、深刻；一种是质疑文本的疏漏之处或他人解读文本的悖谬之处，从而加以否定。

学生的阅读理解往往不能一步到位，有时还会产生认识的肤浅、偏差甚至谬误，需要老师在阅读过程中及时、不断地加以监控和调节，从而使得学生能够把握自己的理解程度，判断与目标的差距，反思自己及他人见解的合理性、完善性和正确性，并采取各种帮助思考和增进理解的策略，最终实现对文本全面、深入的理解和掌握。有老师执教郑愁予的《错误》，许多学生初读时，对"我打江南走过，那等在季节里的容颜如莲花的开落"一句，觉得文字的含义都很浅显、一目了然，于是便不屑一顾。教师就要求学生说出该句在句式上的特点，学生说这是一个倒装句，将"开落的莲花"倒装成了"莲花的开落"。教师又问，这儿为什么要倒装呢？许多学生不能作答，个别学生说"是为了音韵谐美"。老师追问：仅仅是为了音韵谐美吗？学生都不能作答。这时，老师要求学生再仔细阅读全文，凭借直觉从整体上把握全文的感情基调。读后学生发现，本文是以江南的小城为中心意象，描写思妇盼望归人的执着爱情。教师再要求学生从这个认识出发去体会倒装句的妙用，这就是引导学生把文本当作一个整体，去考虑文本整体对局部的制约关系，学生终于明白：这个倒装不仅使音韵和谐，更使得句意把重心落在了"开落"二字上，莲花由开到落，象征着思妇盼望归人，由年轻美貌到年长色衰，更加突出了盼的执着与痛苦。在这个案例中，学生对诗句的认识就不是一步到位的，它经历了由没有认识到有那么一点肤浅认识，再到全面深入的认识的过程。在这个文本解读过程中，老师不断地以问题作牵引，对学生的解读一步一步地加以监控和调节，帮助他们最终实现了对文本全面、深入的理解和掌握。

学生要想在阅读过程中有所收获、有所体验、有所创新，就不能只是接受老师的观点，而是要必须学会批判地接受文本以及老师对文本的诠释。一切创造都来源于怀疑，怀疑精神就是一种批判意识。学生只有敢于批判、会批判，才能显示出他的个性。世间没有尽善尽美的文章，绝对完美是不可能的，只要我们用怀疑和挑剔的眼光看问题，即使是名人的名文也可能发现瑕疵点。瑕疵点可能是观点的片面或错误，可能是材料的失真或不当，可能是布局的松散或语言的毛病，还可能是注释有误等。质疑就要针对这些疏漏之处作深入的思考，力争有所发现。如阅读郭沫若的《梅园新村之行》时，有学生对文中描写周总理的一段话提出质疑。文中写道："轩昂的眉宇，炯炯的眼光，清朗的谈吐，依然是那样的有神。"经教师鼓励，学生大胆地提出了这个句子不通顺的意见，认为其主语部分是并列关系的名词短语，和谓语部分的"有神"搭配不当。其中，"轩昂的眉宇，炯炯的眼光，依然是那样的有神"是可以的，而"清朗的谈吐"不能和"依然是那样的有神"搭配，这不符合搭配原则。教师立即肯定了学生的意见，表扬他敢于在名人的文章中挑毛病。这种运用自身能力的探索，使学生在运用已有知识的过程中获得了新发现。

深度的语文阅读学习

一、什么是深度的语文阅读学习

深度不是深奥、生涩、生僻，不是高深莫测，把学生弄得一头雾水；而是深刻、深透、深邃、深入浅出。深度的语文阅读学习是透过事物的现象抓住事物的本质和规律的语文学习，包括以下两层内涵：

（一）深挖文本的隐含信息

老师要凭借深究的精神、深湛的功力、深长的用意，引导学生透过语言文字来深究文本中隐含的信息。这就要对文本之字深读，读出新颖见解；对文本之理深思，思出深刻内涵；对文本之髓深悟，悟出独特感受；对文本之情深挖，挖出隐含情意。

《荷塘月色》中有"曲曲折折的荷塘上面，弥望的是田田的叶子。叶子出水很高，像亭亭的舞女的裙"一句。对此，我的教学环节大致如下：

> 问："这句话描写的对象是什么?"学生答："荷叶。"问："荷叶的特点是什么?"学生答："高。"问："作者怎么来描述出水很高的荷叶?"学生答："用'亭亭的舞女的裙'。"问："舞女的裙与荷叶有何相似之处?"这时学生都答不上，我就启发问："请同学们联系你们的生活经验来想象，荷叶张开成莲蓬，这莲蓬的形态像什么?"学生有说像喇叭，有说像漏斗的。我又问："能不能想得更美一点?"学生语塞。我略加启发："比如公园里有一种鸟，张开尾巴，十分好看……"学生立刻悟出："莲蓬还像孔雀开屏。"我又问："那么舞女在跳舞时，特别是在旋转时，那大摆裙一张开，临风飘举，又像什么?"

学生立刻回答："像喇叭，像漏斗，像孔雀开屏。"我说："这就对了。正因为舞女的裙与荷叶有这些相似之处，才用裙来比喻荷叶，可见这个比喻是多么贴切。"然后我又继续提问："其实以裙形容荷叶，不独是朱自清，王昌龄的《采莲曲》中有'荷叶罗裙一色裁，芙蓉向脸两边开。乱入池中看不见，闻歌始觉有人来'，这也是用裙来形容荷叶的。姑娘采莲，穿的是绿裙。绿裙与荷叶混在一起，就分不清哪个是荷叶，哪个是绿裙了。只有听到塘中传来歌声，方知有姑娘在塘中采莲，这样的描写多么具有画面感啊。"接着我又问："同样是用裙来形容荷叶，朱自清与王昌龄的描写有何区别？"学生通过思考议论作答："朱自清侧重于描写形态，王昌龄侧重于描写色彩。"

这个教学片段仿佛剥茧抽丝，既通过一连串形成逻辑序列的提问来调动学生已有的生活经验及知识，去深度感受朱自清笔下荷叶的形态美，同时也训练了学生的想象联想能力与比较分析能力。

（二）生出与众不同的见解

深度学习的最高境界是在文本解读中能发他人所未发，发作者自己所未发，甚至能发现文本的疏漏之处。

1. 发他人之所未发

教师要引导学生在文本的解读中发现"我"，表述"我"，追问"我"，显现"我"，在对"自我"与"他我"的领悟过程中去觉知存在。学生鉴赏作品归根到底是在自我理解。"我注六书，六书注我。"老师要引导学生从文本中读出"我"来，关键是要调动学生的期待视野。他们会从文本提供的语言信息中筛选和提取出与自身视野结构相同的或相关的情感意蕴加以同化，并将那些与自己经验不合的信息过滤掉。有学生学了《祝福》后说："读了《祝福》，我老是联想到外婆隔壁的一位老婆婆。她很善良，也很喜欢孩子。不幸的是她与祥林嫂遭遇相似，周围有些人对她很冷淡，甚至取笑她。而我也不例外，只要见到她，少不得要瞪她几眼，甚至说几句嘲笑她的话。在读了《祝福》之后，我就觉得自己与那个冷酷无情的鲁四老爷差不多了，羞愧和悔恨之情便油然而生，后来我再见到她时，就怀着负疚地心情叫了她一声'婆婆'，她听了激动得热泪盈眶。我还去劝说周围的邻居，希望大家不要再去鄙视她、嘲笑她，而要对她多一分理解、多一分同情、多一分尊重。"

这名学生把小说当镜子，从小说中的祥林嫂身上看到了生活中遭遇不幸的人，从小说中冷酷无情的鲁四老爷身上看到了生活中包括自己在内的缺乏同情心的人。这就解剖了自我、重新认识了自我，使自我得到了改善和提升。

2. 发作者自己所未发

"比作者自己更好地理解作者，超越作者"，这是解释学的目的。"作者用一致之思，读者各以其情而自得。"读者可能比作者对自己作品的认识更丰富，更深刻。因为作者创作时的主观思想，有时会被作品形象显示的客观意义所超越。

屠格涅夫创作的《前夜》，在客观上已经预示了俄国已处在革命的前夜，新型的革命家英沙罗夫必然会与专制农奴制压迫作斗争。对此，屠格涅夫创作时并未认识到这层意思，但作品的内容从客观上显示了这层意思，而俄国文艺批评家杜勃罗留波夫从对《前夜》的鉴赏中发现了这层意思，并立即写了《真正的白天何时到来》一文，文章把这个就连作者本人都未意识到的观点表达出来了。关汉卿的《窦娥冤》，其结尾写窦娥许下三愿，作者的本意是要充分揭露当时社会官吏昏聩、朝廷腐败，人们蒙受奇冤而又呼告无门的真实情况，着力表现主人公与社会恶势力斗争的至死不屈的斗争精神。但学生在阅读中却认为：窦娥不该发下"亢旱三年"的毒誓，为了个人沉冤昭雪，不惜让天下百姓承受大旱三年的灾难，这未免有损窦娥的善良形象。

显然，学生的看法已经超越了文本的思想。这位老师没有压制学生的思维，这是对的。但也不应该对学生的意见不置可否。正确的做法是应对学生敢于提出新的质疑及问题、发表新的观点与见解、作出新的答案和论断的求知精神给予充分肯定。老师进而可以在学生思维的水面上再投下一颗石子：如果大家觉得窦娥这个许愿不妥，你能不能帮她改一个愿望，比如"让这些迫害窦娥的恶人受到惩罚"或者别的什么？这样可以促进学生思维的发散，对作品进行二度创作，这不就是在训练学生的创新思维吗？

3. 发现文本的疏漏之处

有老师教《雷雨》，学生有这样的质疑：《雷雨》中说三十年前侍萍刚生下第二个孩子就被逐出了家门。这样说来，第二个孩子周萍就应该是三十岁，但剧本却说周萍二十八岁，这岂不是自相矛盾？

学生往往有一种敬畏权威的心态，对于书上写的、权威讲的，只想怎么理解它、记住它，而不敢怀疑它、否定它。这种敬畏权威的心态会妨碍学生思维的创新。因此，有学生能发现名家作品的疏漏之处，这是很不简单的事情，老师应该大力表扬，让学生明白"尽信书则不如无书"，要敢于在课文中发现问题，错了没关系，在纠错中就会成熟起来。

二、怎样引导学生进行深度的语文阅读学习

（一）排除妨碍深度的语文阅读学习的心理障碍

妨碍深度的语文阅读学习的主要心理障碍是浅尝辄止的心态。学生初读课文时很容易出现"全懂了"的内心体验，从而产生一览无余的满足感。有了满足感就会浅尝辄止。如果老师的教学长时间停留在作品文字表层意义的分析，长时间与学生处于同一思维平面上，这就会强化学生浅尝辄止的心态，甚至会造成凝固的课堂心理氛围。想要扭转这种心态、促进深度的语文阅读学习的办法就是用可望而又可即的思辨性强的问题使学生产生"并未全懂"的内心体验，把学生的思考不断引向深处。为此，老师设计问题要由浅入深、由易到难、层层设疑、步步爬坡，从而也引着学生的思维跟着爬坡畏服。除浅尝辄止的心态外，妨碍深度的语文阅读学习的心理障碍还有自卑心理、从众心理、畏服权威心理、逆反心理、厌学心理等，在教学中，教师需要帮助学生加以克服，扫清这些思想障碍，方能促进学生深度的语文阅读学习。

（二）引导学生对作品进行整体把握

整体是先于部分而存在的。部分相加不等于整体，一个事物的性质不取决于任何一个部分，而依赖于整体。如《蜀道难》这首诗，写了蜀道的来历、蜀山的高峻、蜀山的难行、蜀道最危险的地方，创作了许多景物形象：鸟道、开山的五丁、六龙回日、黄鹤、猿猱、悲鸟、子规、连峰、枯松、瀑布等，这些景物形象如果分散孤立地看，不过是蜀道的各个景物，但一旦把它们连缀成一个整体，就产生了雄壮的气势、激昂的感情，使人读后心情为之振奋，想去征服艰险的大自然。这就是从蜀道整体景物形象中产生的新意蕴，这个新意蕴在诗中的任何一个句子中都是找不到的，它依存于这首诗的整体情景。因此，我们要把一篇文章看成一个整体，无论解词释义还是分析内容，都要考虑整体对局部的制约关系。朱熹讲了一个读书的原则，他说："《孟子》成大段，首尾通贯，熟读文义自见，不可逐一字一句上理会也。"在阅读教学中，有的老师肢解了感知经验的整体性，往往造成理解上的片面性，甚至把意思完全弄偏了。有老师教《岳阳楼记》，把"阴风怒号，浊浪排空，日星隐耀，山岳潜行"说成是写出范仲淹所处的政治环境的险恶。其实，这句是承接前面"迁客骚人，多会于此，览物之情，得无异乎"而来，是说明坏景物会给人带来坏心情，是对后面所说的"不以物喜，

不以己悲"进行反衬的。

（三）深度的语文阅读学习需要借助语言环境

语言环境是语义形成的土壤，要释放文本包含的信息，一定要依靠语言环境。在语境的作用下，看似不完整的句段可能会产生一种全新的情感境界。

朱自清的《背影》里，父亲为儿子买橘子的背影是全文的聚焦点，它蕴含着全文的情感意蕴，读者一般都会认为这表现了父亲对儿子的关爱以及儿子承受关爱的无比感动。但为什么他买来的水果偏偏是橘子？原来，馈赠橘子是扬州人当时最时兴的送礼方式，因为"橘"与"局"谐音，扬州人把交好运都说成是"走局"，于是，送橘子恰恰表达了送礼人对受礼人交好运的良好祝愿。课文中说，社会的黑暗导致朱自清的家庭日趋窘迫，"光景很是惨淡"，"一日不如一日"，朱自清的父亲已经"赋闲"，正在"东奔西走"地找差事，老境十分"颓唐"。在这种状况下，父亲送儿子外出求学，他买橘子的背影显示的就不会是一般地心疼儿子，而是寄托着对儿子的厚望，望子"走局（橘）"，也就是期盼儿子学成归来重振家业，光耀门楣。这才是朱自清望着父亲的背影而下泪的深沉原因。

（四）深度的语文阅读学习要求学生与作者共创作品

接受美学认为，作品的完成必须有读者的参与，作品的审美召唤获得了广大读者的响应，它才有资格宣告成艺术。因此，作品应该是作者与读者共同创造的。文本中的空白就是留给读者的创造空间。在语文教学中，教师完全可以利用作品的艺术空白调动学生的知识经验去想象填补。如莫泊桑的《我的叔叔于勒》以于勒落魄归来兄嫂不相认作结，这就给人以意犹未尽之感，构成了情节发展的不确定性，它可以作为引发导学生想象的起点和脚本。有教师叫学生用"两封信"写出"我们回家后的情境和于勒破产的原因"，有的学生想象父母回家后气急败坏，叫若瑟夫不要走漏风声，而若瑟夫同情叔叔，要请于勒回来，于是被母亲关在小屋里，他就给叔叔写信。在于勒给侄儿的回信中，很多同学想象了于勒的几十种发财生涯，想象了竞争失败、遭人诈骗、强盗抢劫等几种破产原因。而有的学生却另辟蹊径，对小说结尾作了相反的解释：于勒并没有破产，他是乔装成穷水手回来找继承人的。因为人情冷暖、世态炎凉，他看透了这个金钱至上的社会，他是回来试探他兄嫂的。见他兄嫂还是那样势利冷酷，于是他叫唯一同情他的若瑟夫侄儿去继承他的万贯家财。学生的这种想象是对文本的深度解读，丰富了文本的主题。让情节不断向纵深发展的推测想象，促进了学生逆向思维的发展。

（五）深度的语文阅读学习要求学生的思维由发散走向聚合

在语文教学中，创造的过程虽然一般从思维发散开始，但发散所及并不都是正确的、最佳的，因而又应进一步加以分析、综合、比较、选择，这必然要用到聚合思维。在阅读教学中，学生对立意选材、布局谋篇、人物景物、语言风格都会有不同的看法，这些看法会有真与假、优与劣、正与误、高与低之分，只有经过分析比较、思考议论，让思维从发散走向聚合，方能得出正确结论。

（六）教师的主导作用是深度的语文阅读学习的保障

深度的语文阅读学习首先是一种自主性阅读，自主学习意识作为一种内在精神与品质，它能磨炼、发展和提高学生的主体意识。但这种阅读绝不是自由散漫的、盲目随意的、各行其是的，而应该是将教师的主导性与学生的主体性统一起来，将有意义的接受学习与带有体验性质的发现学习统一起来。实践证明，那些看似体现学生自主性的"唯自主化"课，却因教师主导作用的缺失而导致学生的阅读浅尝辄止、有惑难解、方向迷失。

教师的主导作用表现在哪里？表现在精心营造深度阅读的教学氛围，认真调控深度阅读的正确方向，严格确保深度阅读的课堂质量上。要在情境的创设、动机的激发、资源的提供、方向的把控、方法的指导、思维的激发、问题的点拨、结论的升华、评价的掌握、分寸的管理等方面使主导作用落在实处。教师的这些主导作用不仅不会束缚学生的手脚，反而能使学生的阅读行为更有成效。教师在学生深度的语文阅读学习的过程中要发挥主导作用，必须遵循《学记》所说的"道而弗牵，强而弗抑，开而弗达"，就是说要引导学生，不要牵着学生的鼻子走，不要总想把学生的思维纳入老师既定的"框框"，削学生的"足"去适老师的"履"；要多鼓励学生，不要压制他们的思维；要开导学生，不要把话说得过满过透，不要向学生硬塞结论，不要代替学生下结论。要给学生留下想象的空间、思考的余地。

论文本解读中的思维训练

解读文本的过程，便是思维活动进行的过程。思维是文本解读的灵犀，凭借它，文本解读才能一点就通；文本解读又是思维的助推器，凭借它，思维的火箭方能腾空而起。文本解读对于学生发展言语能力、提高认知水平、催生情感意趣、提升思想境界的功能自不必说了，同时，它对训练学生思维能力的作用亦不可小觑。我们可以借助文本解读来训练学生思维的广阔性、深刻性、独创性、敏捷性。

一、训练思维的广阔性

思维的广阔性也就是思维的发散性，又叫思维的扩散性或求异性。它指思维过程具有多方面、多方向和多层次的特征，不受人现有知识和传统观念的羁绊，是对定势思维的一种突破与超越。从对文学文本的解读的角度来看，思维的发散性受文学文本的接受规律所制约。接受美学告诉我们，读者对作品的接受分为垂直接受和水平接受。所谓垂直接受，是指这样一种情况：作品的美学潜藏含义很难被某一时代的人所穷尽，只有在不断延续的接受链条中，才能逐步为读者所发掘，在不同的时间和地点，不同的读者对文本产生了不同的理解，这就是垂直接受。所谓水平接受，是指某一历史时期内，由于读者的层次、思想水平、文化素养、生活经历、审美情趣、性格爱好等方面的不同，他们对同一作品的理解和评价也必然不同。垂直接受和水平接受决定了读者对文本的解读不会完全一致，会有差异性，这就导致了解读的多元性。正由于如此，在文本解读教学中，教师针对学生思维狭窄、片面、简单的缺点，要加强思维的广阔性训练。训练思维的广阔性，就是要从多方向、多角度、多侧面地去思考问题，从本质上讲就是要引导学生进行思维发散，可以就一个问题，从纵向、横向、侧向、正向、逆向等不同方向去思考。

想要训练思维的广阔性，可以借助问题来创设情境，从教学需要出发，制造或创设与教学内容相适应的具体场景或气氛，将学生带入这个场景或气氛之中，然后恰当地提出问题，让学生设身处地地思考问题，从而引发出独特的情感体验，从不同的角度来感受文本的内容，得出不同的理解。答案不求唯一，但都要言之成理。有教师教《司马光砸缸》，在学生阅读全文、熟悉故事情节基础上，教师提出问题："同学们，你们觉得司马光救小孩的办法怎么样？"许多学生说："司马光遇事沉着、冷静，善于想办法。"可是有的学生却认为："司马光救小孩的办法并不怎么好，因为一个好好的水缸就这样被砸破了，多可惜！碎片还有刺伤小孩的危险。"教师说："那么，假如你也在场，你会用什么办法救小孩呢？"这时学生的思维活跃起来，想出了各式各样的办法：用树枝、棍子捞；跳进缸内把小孩抱出来；用盆舀干水；将水缸推倒……这个例子就体现了创设问题情境引导学生发散思维，从而训练了学生思维的广阔性。

用想象去填补文本的艺术空白，也可以训练思维的广阔性。接受美学理论家伊瑟尔认为："文学文本只是一个不确定的'召唤结构'，它召唤读者在其可能范围内充分发挥再创造的才能……"阐释学理论家伽达默尔也这样认为："艺术存在于读者与文本的'对话'之中，作品的意义与作者个人的体验之间没有什么关联，而是在读者与文本对话中生成的。文本是一种吁请、呼唤，它渴求被理解，而读者则积极地应答，理解文本提出的问题，这就构成了'对话'。"在文学作品中，在人物性格、人物对话、生活场景、心理描写、细节描写等方面都存在许多空白和意义的未定点，等待读者来填补，因此，这些地方可以激发读者用想象来完成对作品的二度创作。《孔雀东南飞》当中，刘兰芝与焦仲卿殉情后，两家求合葬，并"东西植松柏，左右种梧桐"。为什么两家的长辈会有这样的决定，他们是出于什么样的想法，诗中并未写出。教师可要求学生就此展开想象，写出焦、刘两家在二人殉情后心态的变化。杜甫的《客至》中，"肯与邻翁相对饮，隔篱呼取尽余杯"两句诗，写的是杜甫邀邻翁一同饮酒，以尽宾主之欢的情景，但餐桌上畅饮的热烈情景怎么样呢？这也是一个空白。教师可要求学生用想象去扩展这两句诗，表达主人与客人共同饮酒的痛快和尽兴。

二、训练思维的深刻性

所谓思维的深刻性，是指看问题不是停留在事物的表面现象上，而是能够洞察各事物之间的内在关系，并从这种联系中把握事物的本质特征，掌握事物发展的基本规律，能从相关材料中揭示被掩盖的某些个别特殊性，能够辨识真伪、分清主次，这在一定程度上可以克服和减少思维的表面化和绝对化。学生解读文本常常只限于对字面意思的理解，而不能透过语言文字符号挖掘出其中隐含的情感，对文本的理解缺乏深度。虽然有时课堂讨论也很热闹，但热闹的背后常常是肤浅，原因就是缺乏思维的深刻性。训练思维的深刻性，要借助分析、比较、概括等思维加工方法来让学生认识中心句，归纳中心义，分析阐发语段的深刻含义，探讨提炼文章的精华和重点；理清文章的思路，概括归纳文章的主旨等。

三、训练思维的独创性

思维的独创性也叫思维的新颖性，指人凭借大脑储存的信息去发现和解决前人未曾发现或解决过的问题的能力，它反映了智力活动的独创程度。思维的独创性需要具备积极的求异能力、敏锐的洞察能力、创造性的联想能力和想象能力、活跃的灵感。

所谓积极的求异能力，就是指在认识事物的过程中，善于发现客观事物之间存在差异的地方，发现现象与本质之间不一致的地方，发现已有知识和经验的局限性，对于司空见惯、不足为奇的现象，对受众人崇拜的权威们的理论观点保持审视的眼光，抱有怀疑的态度，能够作出冷静的理性分析，以鉴别其真伪。

敏锐的洞察力是指在观察事物时，善于发现别人发现不了的东西的能力。观察是知觉和思维相互渗透的复杂认识活动，要独具慧眼，敏锐观察，洞察事物的潜在意义。有小学教师训练学生看图说话，出示了一幅画，画面中是一望无际的麦田，麦田密不透风，麦穗颗粒饱满，沉甸甸的，把麦秆压弯了腰。麦田边有一群蝴蝶，一名小女孩艰难地拨开麦子，吃力地去捉蝴蝶。学生对图画的描述的答案是开放的，这实际上有利于思维发散，但在不同的答案中，可以看出洞察力的差异来。许多学生的答案是"小女孩捉蝴蝶"，这就只观察到了现象，而有一名学生从这幅画中感受到的却是"庄稼丰收了"。这种透过现象看本质的与众不同的体验，就来自敏锐的洞察力。

在文本解读的思维训练中，联想与想象不仅可以训练思维的广阔性，而且也是培养思维独创性的好方法。爱因斯坦认为，想象力比知识更重要，因为知识是有限的，而想象力是无限的，并且是知识进化的源泉。想象力是一种观念形态上再造或创造出现实的表象和形象的心理能力。联想和想象一样，均以表象为基本材料。有人把联想说成是"联想地想象"，它是由当前所感知的审美对象联系到与此相关的对象，是由此及彼，连类而及。拿文学作品与其他科学著作比较，科学著作强调语言的精确、严密、清晰，而文学作品的语言具有描述性特征，它追求的是语言的模糊性、意义的不确定性。因此这些也就决定了读者对文学作品的解读要结合自己的生活经历、知识积淀、审美情趣，借助想象与联想来进行。叶绍翁《游园不值》中的诗句"满园春色关不住，一枝红杏出墙来"，看似形象可感，但要细细琢磨，就能想到系列问题：园中的春色究竟是什么样子？枝头到底开了多少杏花？花儿是什么样的姿态？红又红到什么程度？院墙用什么材料建成？墙高几米？诗人看到关不住的出墙红杏时，心情如何？这幅景色具有什么样的审美意义？所有这些，就只有凭读者的联想与想象去填空、去对话、去兴味了。

活跃的灵感也是培养思维独创性的要素。灵感是凭借直觉来进行的快速、顿悟性的思维活动。当人的潜意识和显意识相互撞击与沟通时，如果潜意识层同显意识层建立起了暂时的神经联系，就会心头一亮，产生出灵感来。灵感产生的心理机制与大脑的高度激发状态有关。对于灵感，有时你朝思暮想、千呼万唤，它就是不来，但当你没有想它盼它时，它又会悄然叩开你思维的门扉。哲学家费尔巴哈说："热情和灵感是不为意志所左右的，是没有钟点调节的，是不会依照预定的日子和钟点迸发出来的。"毕加索也说："一幅图画，不是事先设想的，也不是早就定型的，当人们作画时，它就随作者的思维而变化。"而且由于主体状态的不同，捕捉灵感的时机也不同。但灵感是以知识和生活经验为基础的，所谓"长期积累，偶然得之"。清代画家郑板桥对灵感作了这样的描述："十日不能下一笔，闭门静坐积萧瑟。忽然兴至风雨来，笔飞墨走精灵出。"哈格里夫斯在发明珍妮纺纱机的过程中就靠着灵感而大获成功。有一天，哈格里夫斯无意中踢倒了妻子的纺纱机，纱锭由原来的水平状态变为直立状态，但纺纱机还在不停地转动，而且旋转得更快更稳，这个现象触发了他的灵感，使他意识到：要提高生产效率，就要变卧式纺纱机为立式纺纱机。按照这样的设想，他将八只纺锤并排竖直转动，结果纺纱的效率大大提高。科技史上著名的珍妮纺纱机就被这灵感给催生出来了。

语文思维教学中学生获得灵感需要在观察中思考，在情境中联想，在激情中顿悟。因此教师要引导学生转变学习方式，在民主和谐的氛围中开展自主、合作、探究式的学习，让学生带着问题意识参与学习活动。以阅读教学为例，学生在教师的引导下，紧扣关键性问题进入文本视域，在讨论中，某个观点、某句话，甚至某个词语都可能触发人的灵感，点燃思想的火花。

四、训练思维的敏捷性

思维的敏捷性是指思维活动的速度快。语文思维教学就是要通过训练，使学生的思维反应更加迅速。信息时代对阅读的效率提出了更高的要求，这就迫使大家要靠提高思维的敏捷性，迅速地处理应接不暇的信息，驾驭层出不穷的知识。

思维的敏捷性与听说读写技巧的熟练程度，想象能力、联想能力、记忆能力的强弱有密切的关系，在语文思维教学中，一定要对各种类型的思维训练都提出速度方面的要求。比如在阅读教学中进行思维训练，就应要求学生掌握一定的阅读方法，学会快速把握课文的内容主旨以及表达方式，在阅读的同时进行思考，既要思考眼前所读的内容，又要联想到与所读的内容相关的形象、画面、事物，并据此作出迅速的判断与分析，形成既用视力又用思想快速地感知课文内容和表达方法的能力。阅读中，要有针对快速阅读、快速默写、快速听写、快速背诵、快速反应等的训练，这些训练都能够增大阅读的信息量，使大脑的反应变得更加灵敏。为了加快阅读的速度，有人专门研究了速读的方法，总结出无声阅读法、扫描阅读法、跳跃阅读法、整体阅读法、鉴别阅读法。这些方法都能帮助人们在阅读中快速高效地获取文章的信息。一般的阅读会经过以下几个中心：视觉中心——语言中心——听觉中心——大脑阅读中心。而快速阅读就省去了中间环节，做到了"眼脑直映"，也就是文本的信息会直接映入人的大脑进行译解。快速阅读的特点是"不回视、不复视、扩大视幅、善于捕捉主干，在充分理解主要内容的前提下，大幅度提高单位时间内所读文章的文字量"。比如无声阅读就不是以文字作为认读单位，而是根据语言环境，在没有用视觉对整个文字的间架结构进行端详的情况下，迅速地感知文本的细微特征。接受一个较大的语言单位，比如一个长长的句子，或者是一个句群，只需要刹那间的扫视。这种阅读法要求人根据阅读的需要去浏览或者去跳读。无声阅读是用压缩的，便于思维的"内部语言"把对文字的理解表达出来。

凭借期待视野与作者共同完成作品

期待视野是接受美学的一个中心概念，它是指在阅读活动中读者原有的各种经验、趣味、素养、理想等因素被综合起来，形成对文学作品的一种欣赏要求和欣赏水平，在具体阅读中表现为一种潜在的阅读期待。期待视野分为定向期待与创新期待。

一、定向期待

定向期待是指读者用自己原有的期待视野在一定程度上去同化作品提供的内容和信息。

当一名读者拿起一部作品开始阅读时，他全部的期待视野都一起进入阅读活动，读者根据作品提供的各种语言、意象、信息，搜索到与自身期待视野共同的或有连接的意象、意义，并将这些经过选择的意象、意义纳入自身期待视野中加以同化，而那些与自己经验不合的部分就被过滤掉了，这就是期待视野求同排异的定向作用。对期待视野这种求同排异的定向作用，鲁迅有段对《红楼梦》的生动描述："单是命意，就因读者的眼光而有种种：经学家看见《易》，道学家看见淫，才子看见缠绵，革命家看见排满，流言家看见宫闱秘事……"

《红楼梦》中写贾宝玉读《西厢记》，他笑着对黛玉说："我就是个'多愁多病身'，你就是那'倾国倾城貌'。"贾宝玉认为，张生对崔莺莺的一往情深与他对林黛玉的朝思暮想吻合。这说明贾宝玉在《西厢记》提供的意象和意义中找到了与自身期待视野的相同点和连接点，这就体现了期待视野的求同排异的定向作用。

我们进行语文阅读教学不仅仅要还原文本，还原作者，更重要的是还要唤起学生的期待视野，让其谈出自己的独特感受，从而在阅读中提高和升华自身。语文教学就要运用定向期待，引导学生认识自我、解读自我。

二、创新期待

创新期待是期待视野中包含的与定向期待相反的、对立的方面。这种期待要求阅读主体不断打破思维定势，调整自身的期待视野，接受客体中自身期待视野中没有的、不同的甚至相反的信息，从而丰富和发展作品的意义和开阔自己的视野，这实质上就是一种创新。人们把期待视野与新作品之间出现的不一致称为审美距离，审美距离的缩短可以通过对熟悉经验的否定或把新经验提高到意识层次，造成期待视野的变化来完成。例如屠格涅夫发表了长篇小说《前夜》，文艺批评家杜勃罗留波夫通过对这部作品的欣赏分析，发表了评论文章《真正的白天何时到来》。文章对《前夜》作了具体分析，指出这部小说预示着俄国已处在革命的前夜，同本国农奴制压迫作斗争的新型的革命家、"俄国的英沙罗夫"必然出现。屠格涅夫本人在杜勃罗留波夫的文章发表前就读到了这篇文章。他不同意文章对他的小说的分析解释。他不能相信自己的小说预示了俄国处在革命前夜，更不同意他的小说在号召革命这个观点。他又激动又愤怒，坚决要求《现代人》杂志不要发表杜勃罗留波夫这篇文章。在这篇文章发表后，屠格涅夫就和《现代人》杂志决裂了。实际上杜勃罗留波夫是对的，屠格涅夫晚年也承认了这一点。杜勃罗波夫作为这部小说的欣赏者和评论者，凭着自己的创新期待，从小说的形象中发现了作者自己都没有发现的意义，这就是创新期待的作用。还有曹禺在写《雷雨》时，并没有意识到他的创作要"暴露大家庭的罪恶"。他说："但是很奇怪，现在回忆起三十年前提笔的光景，我以为我不应该用欺骗来炫耀自己的见地。我并没有显明地意识着我是要匡正、讽刺或攻击什么。"他的这层意思是被观众从剧中发现的。

由此看来，创新期待有助于缩小读者的期待视野与新作品之间的审美距离，有助于帮助读者更好地接受新东西，满足读者的好奇感，同时还能帮助读者对作品有新的发现。这种新的发现可能是他人之所未见，甚至是作者也未必意识到的。

在语文教学中，我们一直强调要通过阅读打开学生的生活视野、文化视野，升华学生的思想感情，但是在以讲授为主的传统教学中，效果总是不甚理想。认真反思一番，不能不说忽略了学生的期待视野正是症结之一。将期待视野这一接受美学理论运用到阅读教学中来，对教师在阅读中丰富、开阔学生当前的期待视野，提高学生的语文核心素养，将是一次有意义的尝试。

心物同形与语文教学

一、心物同形的思想内涵

心物同形，又叫异质同构，是指客观外物的力的作用模式和人的内在情感相互吻合的一种状态。客观外物的力的作用模式称之为"物"，人的内在情感称之为"心"，二者相互吻合称之为"同形"，"心物同形"便指此意。又由于"心"与"物"毕竟本质不同，故称之为异质，但它们又相互吻合，这吻合除了叫"同形"，亦可叫"同构"，所以心物同形又叫异质同构。比如春光明媚、惠风和畅，百花争奇斗艳，这是客观外物的力的作用模式；心情开朗舒畅，这是人的内在情感。美好春光与开朗舒畅的心情具有不同性质，即异质，但它们相吻合，所以是同构。

格式塔心理学认为人本身就是一个场，知觉也是一个场。舞蹈动作是身体的活动式样，是物理力场，思想感情是脑的活动式样，是心理力场。当舞蹈动作恰好能够表达人的思想感情时，我们就说心理力场和物理力场相吻合了，或者说心物同形、心物同构了。格式塔心理学代表人物阿恩海姆曾经用实验证明了心物同形。他让一组舞蹈学院的学生用自选动作把"悲哀"的感情表现出来，也就是把悲哀的心理力场表现为人体动作的物理力场。几乎所有的学生动作都是缓慢的，幅度很小，身体造型大都呈曲线式，动作的方向时时变化，带有随机性。这些动作与人悲哀时的心理活动的力相契合，当人悲哀时，思想和追求都是软弱无力的，缺乏能量，一切活动好像都被外力控制着。由于心物同形，我们能在舞蹈动作中见到悲哀，在"杨柳丝丝弄轻柔，烟缕织成愁"中见到悲哀，在"花自飘零水自流"中见到悲哀，所以，不论什么事物，只要它的力的模式与人的情感的力的模式相吻合，就能以此表现人的情感。人们在外见到的一些富有表现性的事物，如一片悲哀的秋叶、一湾欢乐的河水，并非这些事物本身存在感情，而是卷缩的秋叶和腾跳的河水的力的模式与人的情绪异质同构。《西厢记·长亭送别》中有："碧云天，黄叶地，西风紧，北雁南飞。晓来谁染霜林醉？总是离人泪。"经霜的枫叶变红，被解读为被离人的眼泪所染，这是大自然的力的模式与情人话别时的忧愁心情相吻合的结果。这种心物同形的状况就是我国古代美学理论中所说的感物而动、触景生情、寓情于景、情景交融。所谓"春山淡冶而如笑，夏山苍翠而欲滴。秋山明净而如妆，冬山惨淡而如睡"，"春山烟云连绵人欣欣，夏山嘉木繁阴人坦坦，秋山明净摇落人肃肃，冬山昏霾翳塞人寂寂"，这些诗句都明确地描绘了山的四季变化与人的情绪变化之间的对应关系。

二、运用心物同形狠抓审美情感教育

情感是一种强大的推动力。语文教师在教学中应当用思想道德与情感之美去感染学生，去塑造学生美好的心灵。语文教材中每一篇佳作，必然有力的结构，必然有情感的力度。教师应下功夫引导学生把课文有形的物理力场转化为学生能感受到的心理力场，以达到对学生进行审美情感教育的目的。

心物同形产生于接触，同形的程度取决于感知或理解的程度。《红楼梦》写林黛玉听戏，她听到"原来是姹紫嫣红开遍，似这般都付与断井颓垣"时，十分感慨缠绵，细听了"良辰美景奈何天，赏心乐事谁家院"两句，不觉点头自叹自思，再听唱"只为你如花美眷，似水流年"，更不觉心动神摇，又听到"你在幽闺自怜"等句，越发如醉如痴，站立不住，蹲身细嚼"如花美眷，似水流年"八个字的滋味，还联想到古诗中的"水流花谢两无情""流水落花春去也，天上人间"等句，仔细忖度，不觉心痛神驰，眼中落泪。《牡丹亭》戏文中那些感慨缠绵的词语，触动了林黛玉的情思，使她不禁联想到自己的身世遭遇。另外，那些戏文词句又勾起了林黛玉脑海中早已贮存的李后主的词、《西厢记》的语句这些艺术积淀，形成了她自己对戏文的独特感受。林黛玉的这番表现正说明了她在听《牡丹亭》戏文过程中与作品产生了心物同形。

学习课文的过程与林黛玉听戏一样，也需要利用心物同形。语文教学改革应遵循"感受—领悟—积累—运用"的规律，教师的讲授绝不能取代学生的感受。刘勰在《文心雕龙·知音》中强调，"观文者披文以入情"，要"入情"，就要"披文"，要"披文"，就不能只靠教师的讲授，更重要的是靠学生用自己的心去感受。怎么披文入情？应从以下几个方面入手：

（一）营造煽情的氛围和环境

"以情悟文"是语文教学的一条规律，人可以被情感所打动。情感是最具有情境性的心理活动。教师要充分调动学生的积极性，让他们身临其境地去体验作者通过情境想要传递的情感，要善于创设一种与被感知对象相似的熟知的教学情境，以唤醒知觉表象，从而过渡到对认知对象的体验上。教师可以通过展示图画、播放音乐、表演剧本、语言描述、演示案例等方式来营造煽情的氛围与环境，激发学生积极向上的、有利于知识学习和个性健康发展的情感，把教师情、学生情、教材中的情融在一起，使学生在心理上产生共鸣，得到情感上的洗礼。如有教师执教《蔡磷坚还亡友财》时，他可以从学生已有的生活经验入手，联系课文内容设计两个问题进行教学导入。第一个问题是："假若你借给别人一千块钱，你让不让他立字据？"所有学生都具备思考这一问题的能力。而学生对这类问题也比较感兴趣，这就在情感上抓住了学生，使之能够带着强烈的兴趣和探究的欲望去学习课文。第二个问就是："如果你在路上散步时，意外地捡到一千元，你会怎么做？"这个问题让学生思考怎样处理意外之财，不仅可以培养学生的人生观、价值观，而且可以让学生在学完课文之后更深刻地认识到蔡磷人格的高尚。在情感上抓住了学生，就会促使学生形成良好的学习态度。

要创设情境，既需要激发学生的情感潜能，也需要教师的情感投入。如果说学生的头脑是一个需要被点燃的火把的话，那么教师的教学激情就是火种，要使学生燃烧起来，教师得首先燃烧自己。教师在教学过程中，要尽情地忘我投入，该哭时不惜洒泪，该笑时纵情放声，该悲时话不成语，该怒时拍案顿足……该唱你就唱，该舞你就舞，该画你就画，该演你就演……教师只有自己进入了角色，才能带领学生进入艺术天地。教师的情感一旦感染了学生，师生的情感就会为了一致的目标交融共振，从而收到最佳的教学效果。

（二）要善于抓作品的"传情点"

文章的语言或表现手法中蕴含着情感信息，那些在传情达意方面最富有表现力的语言或表现手法，便是"传情点"。教师要善于发现并抓住这些"传情点"，去架起学生与作者、作品进行情感交流的桥梁。仅以语言而论，对于课文中一些有一字千钧、牵一发而动全身之效的词句，就要引导学生重锤敲打、动情剖析，使其中饱含的思想感情迸射出耀眼的火花，照亮学生的心灵，引起他们的共鸣。鲁迅《药》中，华老栓买回人血馒头。华大妈问："得了么？"华老栓回答："得了。"别看这对话平常，它也是一个"传情点"，它把华老栓夫妇渴望得到人血馒头，但又害怕血淋淋的人血馒头，因而忌讳说出"人血馒头"几个字的复杂感情表现出来了。

那些情景交融的诗文，正是情与景心物同形的表现。不同的景物传递不同的情调心态。《礼记·乐记》提出了"人心之动，物使之然也"的物感说，《诗品序》提出了"气之动物，物之感人"的气动说，王夫之提出了情景交融说，王国维提出了"二原质"的情景论，这些理念体现了情与景的异质同构。对于情景交融的诗文，其"传情点"正在那景那物上。世上情感千般，物有万种，不同的心情就有不同的外在对应和感性呈现。不同的景物表达出不同的感情，教师要善于引导学生从壮景中发掘出豪情，从悲景中挖掘出柔情来。

（三）要提供必要的背景知识

背景知识包括作品反映的时代背景、作者写作的时代背景以及其他文化背景三方面的内容。现代认知心理学研究表明，学生的认知活动与其原有的认知结构之间关系密切，只有当学生的原有认知结构中有适合于学习新知的观念时，有效的认知活动才会产生。情感的产生也是如此。对于一些与学生情感经验相距较远的课文，教师若不先作有关背景知识的介绍，就很可能出现文章感人而学生却无动于衷的现象。

有一名教师执教夏衍的《包身工》，当涉及"包身工们在离开别人头部不到一尺远的马桶上很响地小便"以及"她们会半裸体地起来开门，拎着裤子争夺马桶"之类的内容时，学生竟哄堂大笑起来。教师把读了本应该哭的内容变得让人开怀大笑，难道不值得深思吗？原因在于教师未能引导学生置身于包身工的特殊环境中去体会包身工的特殊经历及思想感情。而有教师从介绍时代背景着手，用比较翔实的材料突出了面对帝国主义军事和经济的双重侵略时中华民族的创伤和痛苦。在教到包身工的悲惨遭遇时，教师满怀激情地对学生说："同学们，谁不是父母的心头肉？谁不希望有幸福美好的童年？而以'芦柴棒'、小福子为代表的包身工，当年还不到你们现在这么大的年龄，正需要爸爸妈妈的爱护，难道她们就不喜欢像你们一样打扮得花枝招展，而喜欢蓬头、赤脚、衣服破烂吗？难道她们就不喜欢今天的几室几厅、窗明几净，却偏爱挤在充满汗臭、粪臭和湿气的马桶边横七竖八地躺着吗？难道她们就不喜欢牛奶和冰激凌，却偏要争抢甚至向往豆腐渣加锅巴？这是为什么？"这样就能激起学生对帝国主义和买办洋奴们的愤怒，产生对包身工悲惨遭遇的同情，把他们带回那个充满民族苦难和屈辱的岁月，从而体会课文的思想内容。

总而言之，我们要运用心物同形理论在阅读课文中狠抓审美情感教育，发掘文中的情感因素以激起学生的感情波澜，产生和谐的共振。

三、写作中要诱发和培养学生对生活的敏锐的感知能力

符号论美学专家苏珊·朗格认为，在外界事物中，只有那种与欣赏者自身具有相同生命形式的自然物才包含着某种感情。对于具有与我们相同生命形式的事物，我们凭直觉就能把握。那么，什么是生命形式呢？苏珊·朗格认为，生命形式的基本特征是有机统一性、运动性、节奏性和生长性。比如澎湃的海潮组成雄壮的队列，呼啸着、起伏着扑向海滩，倏地又退回来，又扑向前去。海潮的动态形式就体现着生命的结构和律动。因此，我们就觉得海潮像人一样具备了感情。按照格式塔心理学的说法，就是当外界事物所体现的力的式样与某种人类情感中包含的力的式样同构时，我们便感受到它具有了人类情感。这一条要求我们语文教师的视野要冲破课堂的限制而扩展到宇宙万物中去，引导学生发现那些具有生命形式的事物。让我们带学生去观赏雄峰的峻峭，去倾听瀑布的咆哮，去沐浴妩媚的春光，去领略秋风的神韵……只要我们语文教师经常引导学生去体验和感受世界，就能调动学生潜在的感知能力，并能使他们对外物的感知越来越敏锐。当外物的完整、均衡、对称、和谐的运动形式完全内化为学生自身的活动模式和习惯之后，学生的审美感知、审美想象、审美联想、审美通感就会变得愈加敏锐灵活、细腻精巧，甚至连一声蝉鸣、一朵浪花、一根野草、一阵秋风也能触动他们深沉的思绪，也能掀起他们感情的波澜。"汝果欲学诗，功夫在诗外"，学生有了这诗外的功夫，吟诗赋文，何愁没有灵感，何愁言之无物呢？

利用"完形压强"理论对作品进行二度创作

一、"完形压强"的含义

人们在看到一个不完满的形状时，会产生一种内在紧张力，这种内在紧张力会促使人的大脑皮层紧张地活动，以填补缺陷，使之成为完满的形状，从而达到内心的平衡，这就叫"完形压强"。

我们看一个球形物体，尽管看不到它的背面，可是仍能肯定它是球体。这是因为我们曾经从各个角度观察球形物体，知道它的正面和背面是一样的，我们已经有一个球体概念的模式存在于头脑中。但当我们第一次看到球形物体，又只看到它的一面，而不能看到它的全部时，对未看到的部分即"缺陷"，就会有一种好奇心，这种好奇心就会促使我们去动脑筋思考探索，绞尽脑汁去填补缺陷，即去"完形"，这实际上就调动了人的思维。而这种思维过程，按格式塔心理学的说法，便是在"完形压强"下进行二度创作。

二、"完形压强"与"召唤结构"

格式塔心理学中所说的"完形压强"恰好对应了艺术作品中的"召唤结构"。伊瑟尔在创立接受理论之初，就提出了"召唤结构"这一概念。与之相关的就是文本具有结构上的空白。所谓"空白"就是指文本中未写出的或未明确写出的部分，它们是文本已写出的部分向读者暗示或提示的东西。伊瑟尔从现象学美学家英伽登关于文学的艺术作品的理论中借鉴了文本图式化框架中的未定性这一概念，提出了文本的"召唤结构"。艺术作品本身提供了再创造的可能性和空间，这是对读者的一种召唤和等待，召唤读者在其可能范围内充分发挥再创造的才能，这就是艺术作品的"召唤结构"，或者叫结构的召唤性。"召唤结构"里涉及的艺术空白，也就是"完形压强"理论中所说的"缺陷"。画了鱼儿不画水，此间自有波涛，这没有画出来的波涛，这意会中的波涛，就是艺术空白，就是缺陷。绘画的虚笔，建筑的借景，音乐旋律的空拍，电影电视的空镜头，书法的笔断意连，文学作品的模糊性，均是艺术空白。艺术家们往往通过"空白"和不完满的形状，给欣赏者以无限广阔的想象空间，造成更大的刺激效果。故中国古典绘画论中有"无画处皆成妙境"之说。中国书法也讲留白，一幅书法作品无论字数多少，都不可写得密密麻麻，要就黑布白，留有余地。清代书法家包世臣《艺舟双楫·述书上》中引用邓石如的话说："字面疏处可以走马，密处不使透风，常计白以当黑，奇趣乃出。"各种艺术都力求虚中见实，寓实于虚，使欣赏者得到更多的艺术享受，其中的美学观念都是相通的。

三、在语文教学中实践"完形压强"理论

在语文教学过程中为填补缺陷，为"完形"而激发积极的思维，必然使学生从较低级的思维水平提高到较高级的思维水平，这一点早就引起了教育家们的重视。1953年，泰勒在英语教学中根据格式塔心理学理论首先提出了"完形填空"的主张。他认为在一段文章中空出若干单词，就能够呈现出一种特殊的封闭问题，而当考生通过对整体文章的理解去填写文章的空白时，他们就会解除封闭，贯通全文。在我国，随着教学改革的深化和发展，中高考试题也在不断地改革。近年来中高考试题中采用完形填空就显然具有与中学教学相协调、与教改相适应的性质。怎样把"完形压强"理论引进中学语文教学呢？我们认为有以下思路：

（一）在阅读教学中要引导学生发现和填补"缺陷"

从"完形压强"理论可知，一个不完满的形状能引起人们在心理上追求完整的倾向，那么我们的课文中是否也能找到这种有"缺陷"的形呢？能！

1. "缺陷"表现在用省略的地方

在文学作品中，作者有时为了刻画人物的个性，常常用语经济、惜墨如金，有意将某个人物的语言略去不写，形成一个艺术间歇，用省略号或破折号进行代替。鲁迅先生的《祝福》中有两处"半截语"："可恶！然而……""然而……"就此，教师可引导学生根据人物本身的性格和具体的语境，通过自己的合理想象补出省略的部分。鲁

四老爷的第一处"半截语"的"可恶"之所以恼怒，是觉得自己的尊严受到冒犯而无法忍受，"然而"的转折则表明捆走祥林嫂的是她的婆婆，又是天经地义的事，他无从反对，这就勾勒出鲁四老爷捍卫礼教的卫道士形象。第二处的"半截语""然而……"出现在卫老婆子向鲁四老爷道歉，答应再找一个用人的语境中。学生有可能这样解释其省略部分："你卫老婆子不要再找当过寡妇的来了""你还能找一个如此当使的人吗""你卫老婆子不要把人推荐来又让人被捆走"，等等。学生结合课文的背景材料，通过这样的文字补白，激发了学习的主动性，更能够体会鲁迅先生用语简洁、含蓄精妙、匠心独运，明白鲁四老爷伪善狡诈的性格。

2. "缺陷"表现在用侧面描写的地方

文学作品中常常是虚虚实实，以虚代实，虚实相生。用虚笔的地方表现在人物描写上，就是侧面描写。关于这部分内容，可参见拙作《诗歌赏析教学的基本方法》一文。

3. "缺陷"表现在含蓄的结尾

文章的结尾是各式各样的，但归纳起来不外乎三种类型：自然性结尾、总结性结尾、含蓄性结尾，艺术作品有许多是含蓄性结尾，其特征是言已尽而意未已，这种结尾也是一种"召唤结构"、一种缺陷，让读者回味无穷。教师也应利用这种缺陷引导学生去填补。如《项链》的结尾，写马蒂尔德在公园巧遇福雷斯蒂埃夫人，两人的对话戛然而止，给读者留下悬念。这时可以给学生提问：马蒂尔德听到项链是假的消息时，她的内心活动、表情神色会是什么样的？是当场晕倒，还是痛哭一场，抑或是因刺激过度而傻笑不止？她的结局会怎样？

以上填补"缺陷"的读写训练，就是给学生提供一个不完满的形状，引起学生心理上追求完整的倾向。学生在填补"缺陷"的过程中，加深了对课文的理解，创造性的想象能力就有了翱翔的天地。

（二）在教学过程中，引导学生从不完满到完满

这实际上就是让学生从较低的思维水平提升到较高的思维水平。在语文课文中，词语具有概念和描写的双重性，形象是具体与抽象的统一体，是作家感性认识与理性认识相融会的结晶。我们讲清语词的概念含义时，不应脱离它在作品中的描写功能，我们要使学生把握形象，既要感受又需要理解，两者是无法截然分开的。但思维水平和审美水平是有等级差别的，比如读《爱莲说》，学生理解课文语词的含义，头脑中浮现出莲的形象，感到莲花的可爱，这一等级的思想水平不难达到。但《爱莲说》是托物言志之作，文章把爱莲置于爱菊、爱牡丹的比较之中，实际上也是置于古代广阔的社会背景中比较各类士大夫的品质，从而突出了那种既不求隐逸，更不慕富贵，有入世精神却能保持高尚正直情操的君子品格。作者爱慕的是这种人格美。如果学生的思维水平达到这一等级，那么，大致可以说读懂了这篇文章。在教学过程中，引导学生从不完满到完满，也就是让学生从较低的思维水平所达到的浅层次理解程度，提升到较高级的思维水平所达到的深层次的理解程度。

解读文本不可忽视解读标点

　　一些语文教师在引导学生解读文本时，往往只注意语言文字在文中的表意作用，而对于标点在文中的表意作用就不太重视，这就影响了对文本意义解读的完整性和深刻性，还导致了学生读文不读标点、写文不加标点的坏习惯。符号论美学告诉我们，凡是符号都具有传递信息的功能，标点符号既然被称为符号，它和语言文字符号一样，理所当然就具有传递信息的功能，可以说标点符号是第二种语言符号。今天我国通用的汉语标点符号是在古代汉语标点符号的基础上，借鉴外域标点符号逐步形成和发展起来的。一般来说，标点符号是辅助文字记录语言的符号，是书面语的有机组成部分，用来表示语句的停顿、语气以及标示某些成分（主要是词语）的特定性质和作用。但这些只是标点符号的一般功能。对于文本解读而言，标点符号有时还体现出表意的功能。不要忽视标点，解读文本有时还需要解读标点。

一、为文章标点的过程实际上是理解文意的过程

　　唐代大教育家韩愈在《师说》中说："彼童子之师，授之书而习其句读者。"古代读书人从发蒙开始就要"习句读"。什么是"句"？句是语言运用的基本单位，它由若干词或短语组合而成，能表达一个完整的意思。一句话结束了，就要用个圈作标记，这相当于今天的句号。古人把这叫作"句"，称之为"语绝为句"。什么又叫"读"？就是指在一句话中，需要停顿的地方用点来作标记，这就相当于今天的逗号。古人把这叫作"语顿为读"。"语绝为句，语顿为读"，合起来就称"句读"。"句读"就是将一篇文章的所有句子通过圈点来断开，因此又叫断句。只有很好地理解了文意，才能正确地进行"句读"。反过来说，假若"句读"不明，也就没法领会文义；往往是一处断句

弄错了，意思就走了样，甚至完全相反。可见，"句读"总是和文意的表达和理解紧密相连的。韩愈告诉我们，"句读"是需要"习"的。"习句读"的过程，其实就是理解文意的过程。断句的基础是什么？就是要对文章作全面领会，反复地读文章。根据对文意、句意的理解，通过圈点将能断开的先断开，剩下一些易生歧义、难于断开的句子，然后又通过反复阅读、仔细斟酌，对它们再作断句，务求文意通畅，解析合理，且符合古代语法和音韵。可见"习句读"成了古人读书把握文意的重要手段，成了为学的基础，"讲经之先务"。断句需要古汉语字、词、句方面的修养，甚至需要全方位的古代历史知识。因此唐人有言："学识如何观点书。"就是说，一个人的知识水准高不高，治学能力强不强，就看你识文断句的功夫好不好。鲁迅先生也有相同的说法，他在《点句的难》中说："标点古文真是一种试金石，只消几点几圈，就把真颜色显出来了。"

古代就有因不善"句读"而误解文意的笑话。《韩非子·外储说左下》中对此有所记载：哀公问于孔子曰："吾闻夔一足，信乎？"曰："夔，人也，何故一足？彼其无他异，而独通于声。尧曰：'夔一而足矣。'使为乐正。故君子曰：'夔有一，足。'非一足也。"这段话大意是说，鲁哀公听说"夔"只有一只脚而感到奇怪，于是就问孔子。孔子就告诉他：夔是一个乐官，并非是说有一只脚。夔在尧时期通晓音律，他为天下实行音乐教化作出过巨大贡献。舜继位后，曾想另找一个人做乐官，尧便对舜说，像夔这样能通晓音律善于教化的人，有一个就够了。鲁哀公读书不善断句，于是就把"夔"理解成了"有一只脚的怪物"。身为堂堂国君的鲁哀公因"句读"不当而误解文意的笑话也告诉我们："习句读"，练习运用标点断句对于把握文意是何等重要。

我国的传世古籍浩如烟海，从宋代开始才出现部分圈点过的书，直至今天，经过整理、点校的也不是全部。但是，今天学生们读的书，包括古书，不只是经过圈点的，甚至还是已经用标点断好句的。"习句读"似乎已然成了历史，这给训练学生的阅读能力留下一种遗憾。因为"习句读"，练习用标点给文章断句的过程本身就是理解文意、训练阅读能力的过程。近年来，由于语文高考在文言断句方面作出了良好的导向，因此，中学语文教学也开始有一点文言断句的训练，有一点"习句读"的意味了，这是好的现象。"习句读"训练学生在识文的基础上运用标点断句，这本身就是把握文意的有效途径，因此这种训练不仅有利于理解文意，培养学生的文言语感，而且对于培养学生对各种文体的阅读能力也有一定作用。

在文言文教学中，让学生"习句读"，训练学生运用标点断句，是需要老师指导的，老师除了给学生文言断句作示范外，还需教给学生一定的方法。比如给学生编一

段"文言文断句口诀":

断句之前读全文，读懂全文把句断。

断后能否读得通，以此为据正误判。

断后句意合情理，断句正确很显然。

断后不合上下文，此中错误不用谈。

有些内容含音韵，韵脚断句是必然。

不懂语法和虚词，句读一定有误判。

夫惟其字放句首，之前可把句子断。

三个虚词有变种，需要仔细作分辨。

夫为指代发议论，且故若今可配前。

且夫故夫较之夫，抒发议论更明显。

今夫字义已虚化，并非具体表时间。

略有现在说到意，表发议论另起端。

惟字也用在句首，可用维唯来替换。

乎与邪还表忖度，呼应副词放句前。

这些副词为其殆，吾乃得无也上算。

恐怕莫非副词义，副词前面把句断。

乎与邪作罢字讲，后面自然把句断。

哉夫均为感叹语，啊呀之义很显然。

也矣乎来表祈使，常有副词呼应前。

愿请惟其为副词，共表命令或奉劝。

三个语气词连用，最后一个把句断。

曰字后面应断句，提示强调意明显。

表顺序词作标志，前面可把句意断。

句式相同或相似，可作依据把句断。

正确断句亦非难，多读古书常实践。

二、改变标点导致文意改变

标点符号的变化会引起文意的变化。比如对《论语·泰伯篇》中的"民可使由之不可使知之"一句，有人在句中不同之处使用标点断句，便产生出不同的意义来，这也让人们对孔子的形象有了不同的理解。

断句一：民可使由之，不可使知之。

何晏的《论语集解》以及邢昺的《论语注疏》就是这样断句的。按照这样的断句标点，其意可理解为，对于老百姓，统治者只可以让他们听从驱使，不需要让他们知道被驱使的意图。

断句二：民可，使由之；不可，使知之。

在懋庸的《论语稽》中就是这样断句的。其中的"可"应理解为"认可"。如果联系这句话的上句"兴于《诗》，立于礼，成于乐"来思考，就应理解为：如果老百姓认可《诗》、礼、乐，那就让他们去自由发挥，如果他们不认可《诗》、礼、乐，那就要去教化他们，让他们知道《诗》、礼、乐的好处。按照这种理解，这句话就没有愚民思想，恰恰是儒家顺民应天、开启民智思想的体现，应该加以肯定。

断句三：民可使，由之；不可使，知之。

学者王蔚在《冤哉，孔子》一文中就这样断句，按照这种断法，他认为，这句话中的"使"是"出使"意思，那全句应理解为：如果有人有能力有条件做使者，就应放手让他去处理一切，不必过多干预；如果他出使的条件不完全具备，就应指出他的不足，适当帮他一把。按照这样的理解，孔子就是一个知人善任的智者形象。

断句四：民可使，由之不可；使知之。

这仍然是王蔚的断法，这种断法产生的理解就是：如果老百姓可以被指使，那放任自由是不可以的，要对他们加以引导。依靠民就要引导民，这样的理解说明孔子是一个达观的人。

断句五：民可使由之？不。可使知之。

这是王昌铭先生在《语言文字报》上撰文的断句。根据这样的断法，可以理解为：对老百姓难道可以放任不管吗？不。还是要进行教育的。这仍然是说明孔子有开启民智的思想。

下面我们再以中学语文课本中的例子来作进一步的说明。

《聊斋志异·狼》中有这样一段话："狼不敢前，眈眈相向。少时，一狼径去，其一犬坐于前。久之，目似瞑，意暇甚。"

这段话中的"其一犬坐于前"中，是没有断句加标点的，如果联系前后文来理解，那意思是"其中有一只狼就像狗那样坐在前面"。那个"犬"字是名词作表状态的状语使用，形容狼坐的样子，写得很形象、很传神。但假如脱离上下文来断句，把它断为"其一犬，坐于前"，那坐在前面的就不是狼，而是狗了，整个意思就全错了。同样一句话，断句的地方不同，意义也就不同。标点符号的表意功能就可见一斑了。

学生胡乱使用标点而导致文意混乱的现象时有发生，为了帮助学生认识标点符号有改变文意的作用，老师可给学生讲一些因改变标点而导致文意改变的生动故事。

有个财主，开了一家酒店，为了招揽顾客，他要征集一副对联。对撰写的要求是：要称赞他的酒好、醋酸、猪肥、人丁兴旺，还要称赞他的酒店生意兴隆、清洁卫生。写出的对联若能符合这些要求，就付三两三分银子，否则分文不给。有个秀才略加思索就想出一副对联，还没书写出来就随口念给财主听。财主听到的是：

横批：人多病少财富

上联：养猪大如山老鼠头头死

下联：酿酒缸缸好造醋坛坛酸

财主听了心里暗暗叫好，可是他却说："好不好要张贴出来，让大家来评价，如果都说好，才能算好。"秀才一听财主话外有音，就寻思财主是想赖掉这三两三分银子了。他心中不快，却什么都没有说，大笔一挥，在对联的几处加上标点，然后张贴到了墙上。周围的人抬眼一看，和财主听到的大不一样：

横批：人多病，少财富

上联：养猪大如山老鼠，头头死

下联：酿酒缸缸好造醋，坛坛酸

以上故事就是因改变标点而导致对联意思改变的典型事例。

三、标点在文本中的表意作用

一篇文章的情意不完全蕴含在构成文章的语言文字之中，有时标点符号也可起到传情达意的作用，而且，这种传情达意的方式较之于语言文字来更见其含蓄蕴藉，可谓含不尽之意于标点之中。在标点符号中，尤其是省略号、破折号、逗号等在表意上的功能更为突出。

先看省略号的表意功能。接受美学中有一种"召唤结构"理论，认为艺术作品本身给读者提供了一种再创造的可能性和空间，它召唤着读者调动自己的知识和生活经验在可能范围内通过想象或联想对作品进行二度创作，这就是艺术作品的"召唤结构"。与之相似的是格式塔心理学中的"完形压强"理论，是说当人们面对一个完满的形状时，即面对一个事物的缺陷部分时，思想上就会产生出一种内在紧张力，这种紧张力就会促使人的大脑皮层的活动加剧，借以填补缺陷，使其成为完满的形，从而达到内心的平衡，这就是格式塔心理学所说的"完形压强"理论。其实接受美学所说的"召唤结构"理论和格式塔心理学的"完形压强"理论中的缺陷，就是我们平常所说的艺术空白。正所谓画了鱼儿不画水，此间自有波涛。所谓艺术空白，也就是艺术品中已表现出来的部分对艺术欣赏者暗示或提示的东西，又叫意义未定点。凡艺术都会有空白，虚笔是绘画的空白，借景是建筑的空白，空拍是音乐旋律的空白，空镜头是电影电视的空白，笔断意连是书法的空白，模糊性是文学的空白，正是这些艺术空白、"召唤结构"、不完满的形、缺陷，给了欣赏者无限广阔的想象空间，造成了更大的刺激效果，从而激发了读者对作品的二度创作。而就文学作品而言，填补艺术空白的方式之一就是省略的运用。这时，标点中的省略号在传情达意上就派上用场了。语文课文中用省略的地方很多，教师要引导学生联系语言环境去咀嚼、去琢磨、去品尝这些省略号中隐含的情感意蕴，甚至通过想象去填补文中省略的内容。在这个过程中，学生既加深了对课文的理解，还能锻炼想象能力。请看下面的教学实例：

小学语文新教材《荔枝》中有这样一个省略句：

母亲一见荔枝，脸立刻沉了下来："你财主了怎么着？这么贵的东西，你……"

上句中，母亲刚说出一个"你"字，后面就没有下文了，用一个省略号代替，省略的内容是什么？值得引导学生细细咀嚼。原来，母亲节约一生，她平常买的沙果都是带有疤痕或破皮的便宜货，可是，她儿子买的荔枝是几元钱一斤的。在母亲看来，这真是太奢侈，太浪费了，于是母亲免不了要数落儿子几句；但儿子买昂贵的荔枝给母亲吃，这体现了儿子对母亲的心疼，母亲不能不为之感动，又怎么骂得出口呢？从这个省略号中就渗透出母亲一贯俭省的美德以及母亲为儿子的一片孝心所感动的情怀，这就是这个省略号表达的深意。

初中教材鲁迅的《故乡》中写到中年闰土来看望儿时的好友迅哥儿，闰土送干青豆时，当说到"请老爷"时就语塞了，说不下去了，用一个省略号结尾。这个省略号的意蕴是什么？老师就要引导学生联系全文从这个省略号中细品出闰土因社会地位发生变化的拘谨以及拿不出像样礼物的尴尬。

再看破折号在文本解读中的表意功能。破折号在语文阅读与作文中功用最为丰富。表示解释说明、表示意思转折或转换、表示意思的递进、标明语句间的因果关系、表示声音的延长或中断或停顿、表示分项列举、用于副标题前、表示强调突出、用于引文后标明作者……其中的多数功能在具体的语言环境中都会生出意义来。下面我们以意思的转折或转换为例予以说明。

高中教材曹禺《雷雨》第二幕中，当鲁侍萍听周朴园说她走错了屋子时，有这样一句台词："哦——老爷没事了。"鲁侍萍"哦"了一声，立刻有意将要想说的话停住，然后借一个破折号马上将话题转向"老爷没事了"上去。为什么"哦"过之后要立即转向"老爷没事了"呢？我们从"哦"中已经意识到鲁侍萍当时百感交集的内心世界，而一个转移语意的破折号又使我们看到她是在有意压制、掩饰心头的痛苦与无奈，她是在打掉门牙往肚里吞。这里本来就是她从前住过的屋子，她曾经就是这间屋子的主人，她是被周朴园从这间屋子无情地赶出去的，但现在的她却被周朴园认为是走错了房间的人，此时此刻的鲁侍萍能不备感痛心吗？面对这个道貌岸然的周朴园，她有恨，但发不出声；走进这间曾经住过的屋子，她有情，又说不出口来。鲁侍萍心中的辛酸怨愤被硬生生收住，全都浓缩在这一个破折号之中。

逗号的用法也很复杂。一个句子的主语部分很复杂，谓语部分也不简单，这时，主谓之间要用逗号来隔开。主谓倒装之后，倒装的谓语部分与主语部分也要用逗号隔开。逗号用于带语气词的主语之后，用于需要与动词分隔的长宾语之前。句子内部状语后边如需停顿也用逗号。复句内各分句之间的停顿，除了有时要用分号外，都要用逗号。有的逗号是用来分开句内各词语或表示语气的停顿。并列词语之间带"啊""呀""啦"等语气助词时，并列成分之间用逗号，不用顿号。当逗号一旦进入语境之中时，以上逗号的某些功能就会生出新的意义来。

综上所述，语文老师在指导学生解读文本时，不能只解读语言文字，还要结合语言文字解读标点，根据文意揣摩标点在句中就连语言文字也不能替代的表意作用。这不仅能帮助学生加深对文本意蕴的理解，还能培养学生读文必读标点、作文必加标点的好习惯。

提倡科学化的教学预设

教学要不要预设已成了新课程实施中的热门话题。否定者有之，肯定者亦有之，认识分歧，莫衷一是，于是教师们感到困惑，不知如何是好。我认为对教学预设不能一概否定，如果是科学化的教学预设，那是要大力提倡的。

一、否定教学预设就是否定教师的主导作用

（一）教学预设是教师发挥主导作用的先决条件

所谓教学预设，是指教师在开展教学活动之前，在一定的教学思想指导下，根据课程标准的要求、教材的内容特点、学生的学习状况、现有的教学条件、教师自身的教学风格来设计教学目标、确定教学内容、考虑重点难点、安排教学环节、选择教学方法、分配教学时间的设想和计划。其实，它就是一项将教学的诸种要素进行科学、合理、有序安排的教学设计工作。预设是教师在教学活动中有效发挥主导作用的先决条件。无预设的教学必然是盲目的、随意的、无的放矢的无效教学。古人说："凡事预则立，不预则废。"一名严肃、认真、一丝不苟地对待教学的教师，总是要呕心沥血地进行教学预设工作。教师发挥主导作用的关键是靠精心预设教学，通过预设充分思考怎么为学生学习创设良好情境、激发学习动机、提供学习资源、指示学习方向、教授学习方法；怎么去质疑激思，开启学生思维的门扉；怎么去点穴通窍，为他们排难解纷；怎么去升华结论，使他们的认知产生质的飞跃；怎么去作出评价，发挥其诊断与发展功能；怎么去督促管理，使学习活动不走偏方向……而这一切主导作用的发挥都需要作精心预设，如果什么都是临阵磨枪、临渴掘井、临场发挥，那教师的主导作用就会因缺乏周密思考和充分准备而被淡化。这种淡化教师作用的"唯自主化"课堂好

像能体现学生的主体精神，但很可能会因教师主导作用的缺失，使学生主体作用的发挥受到自身水平的限制，导致其认知水平在原有层次上徘徊不前。

（二）对教学预设一概否定源于对自主学习的曲解

实施新课程以来，许多人不问青红皂白地对教学预设一概加以否定，这种否定应该是源于对自主学习的曲解。一些权威将自主学习诠释为"自己做主的学习"，并将其推向极端，使之绝对化、唯一化。既然是自己做主，那预设就成了教师束缚学生的紧箍，成了牵着学生鼻子走的缰绳，于是，预设当然就该大加批判。

究竟该怎么来看待预设，取决于怎么来看待自主学习。我们认为在基础教育阶段，自主学习应该主要是指在教师引导下的自觉主动学习。这种自觉主动的学习是指在发现问题、研究问题、解决问题的过程中学习，学习过程的各个环节，包括学习目标的确定、学习进度的制订、学习策略的选定、学习活动的参与学生都要自觉主动地在老师的指导下，通过情感的投入、内在动力的支持和自我调控来完成。作为一种内在精神与品质的自主学习，能够调动学生学习的内驱力，能够磨炼、发展和提高学生的主体意识，能变带着知识走向学生为带着学生走向知识。但有效的自主学习一定是在教师的正确引导下进行的。教师要营造自主学习的氛围，需要提供自主学习的条件、教给自主学习的方法、调控自主学习的方向、确保自主学习的质量。离开老师有效指导的所谓自主学习活动，很可能就是一种自由散漫、盲目随意、各行其是的学习行动。

同时，还应明白，自主学习并不是要一概排斥教师的讲授，不能从一个极端跳向另一个极端。教育家奥苏贝尔认为："传统的讲授法和接受学习并非一定是机械的，发现学习的方法也不一定是有意义的，接受学习在适当条件下完全可以产生有意义的过程和结果。"他提出这样一条理论："学生的知识主要来自接受性学习，而不是自动和独立发现得来的。由于这些知识主要是用言语呈现的，儿童在没有非言语解决问题活动的经验的情况下，只要呈现的言语材料能够同学生原有知识结构或认知结构建立实质性的和非任意的联系，并且学生具有内部的学习动机或意义学习的心理倾向，致力于新旧知识间的联系和转化，言语接受性学习完全能够产生有意义的过程和结果。"

奥苏贝尔所言及的传统的讲授法和接受学习，并不等同于机械被动地接收教师的内容灌输，它能够以"言语呈现"为主要方式来激活学生内部的学习动机，保持意义学习的心理倾向，并能促成新旧知识的联系与转化。这种有意义的接受学习和自主学习一样，都看重学生的主体作用，也都重视教师的主导作用，只不过在"导"的方式上各具特色，但都有必要，而且能殊途同归。这就和注入式的讲授法划清了界限。因此，新课程提倡的合作、探究性质的自主学习不能排斥有意义的接受学习，二者应该密切配合，相辅相成。这样的结合才是完美的有效的学习。无论是自主学习，还是有意义的接受学习，教师的主导地位都是确定无疑的，为了发挥好这种主导作用，就必须认真搞好教学预设。

下面说一个例子。一名教师教《说不尽的桥》，这是有校外教师观摩的自主学习研究课。教师将全班同学分成若干小组，七八名学生围成一圈，然后开展讨论。教师认为这样充分尊重了学生所谓的自主权，自然就不必预设讨论题了，更不需要对讨论作调控、指导。讨论题完全由各组自定，想讨论什么就讨论什么。讨论结束后，由各组推举一人在全班交流，彼此可以互相质疑，甚至展开思想交锋。整节课学生情绪亢奋，课堂气氛十分热烈。听课教师交口称赞，充分肯定了学生学习的自主精神，这位上课老师也很有成就感。然而下课后，曲尽人散，有一个校外听课教师回放了用数码录音笔录下的一段小组发言。这个小组讨论的是电视连续剧《铁齿铜牙纪晓岚》中的两位女演员哪个更美，以"桥"为题材写电视连续剧，可以编多少集……这说明放弃教师的教学预设，就是放弃了教师的有效指导，放弃了教师的主导作用，自主学习课堂也就成了一盘散沙，成了无舵之舟，随流漂泊，任意东西。这样的课堂固然热闹，但热闹的背后是无效。

二、提倡科学化的教学预设

科学化的教学预设，是指教师要以课程标准为准绳，以教材特点为遵循，以学生实际为依据，充分利用教学的环境条件，发扬教师自身的教学风格，有的放矢地确定教学目标、选择教学内容、安排教学步骤、采用教学方法、使用教学手段。教学设计要充分考虑课堂教学的动态变化情况，在实际操作中不能墨守成规。在师生互动的教学过程中，不是用预设去禁锢学生的思维，而是凭预设去放飞学生的思想，让他们产生出新的思想观点。

（一）科学化的教学预设以贯彻民主教育思想为前提

教师要尊重学生的人格，关注学生的个体差异，满足不同的合理需要。表现在对问题的探讨上，教师要时时鼓励学生敢于说出与教师的不同想法，要支持学生在现成的答案之外探寻新解的尝试。教师要有正确的引导，帮助他们发现和改正错误，使认识由错误走向正确、由片面走向全面、由肤浅走向深刻、由幼稚走向成熟。教师要欢迎质疑、欢迎争辩、欢迎否定教师的观点。即使是正确的观点也要允许学生否定，这体现了对学生的包容，爱护了学生敢于发表不同意见的积极性，同时更有利于暴露学生的问题，老师才好有的放矢。

（二）科学化的教学预设必须充分考虑课堂上的动态变化

唯物辩证法告诉我们，世界上任何事物都在不断变化、发展和运动之中，根据这一原理，教育家班巴斯基强调："不仅要研究教学的主体和客体的活动，而且要研究在活动中流通着的信息内容本身，并且要把过程看作一定的物质元素的变化和发展，来揭示这一现象的动态实质。""以动态观点看待教学法，就要看到在教学过程中，教师与学生都在发生变化，教师在挑选教学方法和形式时，已经能够同时考虑更广泛的因素。"因此教学活动中的科学化预设，绝不是凝固的、僵化的、一成不变的，它必须根据课堂中出现的不同情况随机应变。灵活、流动、发展，便是科学化教学预设的特点。一名小学语文教师提出一个问题："花儿为什么会开？"第一个孩子回答："她睡醒了，她想晒太阳。"第二个孩子说："她一伸懒腰，就把花骨朵顶开了。"第三个孩子说："她想和小朋友们比比，看谁穿得漂亮。"第四个孩子说："她想看看，小朋友们会不会把她摘走。"第五个孩子说："她也长了耳朵，想听小朋友们唱歌。"突然，有个孩子问了老师一句："老师，您说呢？"老师想了想说："花儿特别懂事，她知道，小朋友都喜欢她，于是就仰起她的笑脸了……"老师原来准备的答案是"花开了，春天来了"。但在动态变化的课堂上，老师修正了教学预设中的答案，这体现了师生在互动中的变通。一位学者曾说："老师掌握一种神奇的力量，他们能唤醒自己，也能唤醒他们接触的人。"如果老师过分地拘泥于自己预设的标准答案，那就很难想象我们的教学还能有多少生机与活力，还能有多少艺术的空间。

（三）科学化的教学预设要有利于帮助学生产生新的思想

教育家第斯多惠把直观教学与"由近及远""由简到繁""由易到难""由已知到未知"等规则联系起来。他指出，"由已知到未知"这条教学规则是上述规则中最重要的一条，其余规则都可以归纳到这一条上。他还说，从未知开始达到已知，就好像先安排黑暗以便在黑暗中找到光明。他有一句关于教学法的名言："不好的教师是转述真理，好的教师是教学生发现真理。"这些都说明，不能用教学预设限制住学生的思想，而要用教学预设去引导学生产生新的思想。课堂上，教师可借助某个细节，抓住某个错误，聚焦某种分歧，引发某种联想，激活某种想象，从而引申教学的空间、内容和思想。教师还可以引导学生挖掘教材的思想、情感、主张、见解，与丰富多彩的现实生活对接，由课内辐射课外，由课外延伸课内，从而让学生生出新的体验、感悟。教师还可以创设某种问题情境，让学生在情境中感觉到要解决某种问题的暗示。正如教育家杜威所言，在教学设计中一定要考虑让"学生要有一个真实的经验的情境——要有一个对活动本身感兴趣的连续的活动，在这个情境内部产生一个真实的问题，作为思维的刺激物"。教师还可遵循课标要求、紧扣教材特点、聚焦重点难点，根据学生学情，精心设计能够形成逻辑序列、质疑激思、开启学生思维门扉的迂回问、分解问、点示问、语境问、类比问、对比问、暗中问、正反问、推溯问等各种形式的问题。

有教师教《鸿门宴》，在让学生熟悉故事情节、人物性格、主题思想的基础上，预设了问题情境：如果你就是鸿门宴上的项羽，面对这个和自己争天下的敌人，你会怎么办？这一下子就把学生带入了剑拔弩张的鸿门宴的矛盾旋涡之中，去设身处地思考对敌斗争策略。学生的思维很快就活跃起来了。有的说："要借项庄舞剑，除掉刘邦这个与自己争天下的隐患。"有学生说："刘邦阵营里厉害的是那个谋臣张良。干掉张良，刘邦也就束手无策了，这叫釜底抽薪。"有学生说："在鸿门宴上，项羽可以用好酒好菜款待他们，让他们喝得醉醺醺的，然后在回自己军营的途中除掉他们，这样既除掉了这个隐患，又不会被天下人指责。"

学生的答案是丰富多彩的，虽然观点各不相同，但都能言之成理，从不同的角度来发展《鸿门宴》的故事情节，对作品进行二度创作，确实体现出了创新。

反对非科学化的教学预设

一、非科学化的教学预设的内涵及表现

所谓非科学化的教学预设，就是偏离课程标准的要求、忽略教材内容的特点、无视学生学习的实际、不顾教学的环境条件，闭门造车地设计教学方案，并且在实际教学活动中，又不管教学的动态变化过程，一成不变地执行着既定的教学方案，逼着学生的思维向老师的预设靠拢，削学生的"足"去适老师的"履"的教学策略。

这种非科学化的教学预设在各层次、各学段的教学中均有表现。下面看一个例子：

> 有一道题目是这样的：树上飞来五只鸟，用弹弓打落两只，问树上还有多少只鸟？老师预设的标准答案是"零只"，有个小孩的答案是"三只"，老师给了零分。这个小孩不服气地说："用弹弓打落两只，但这两只没有落下去，被树枝给卡住了。其余三只，惊飞了两只，惊呆了一只，飞不动了，所以树上还有三只。"这就是一个了不起的"三"，它不仅说明学生计算精确，而且思维与众不同。

这种非科学化的教学预设在传统教学中是一种普遍现象。在实施新课程时，这种非科学化的教学预设理应受到否定。

二、非科学化教学预设产生的原因

传统教育观认为，教师在教学过程中是主宰一切、决定一切的。更严重的是在传

统的师生关系中，作为教育主体的学生，并没有得到充分的尊重，课堂上的不规矩行为、异想天开的想法都会遭到老师的拒绝、批评，甚至处罚。这里有个例子。一名老师让学生以《铺路石》为题尝试着写一首诗。一位同学问："我可以从天上写起吗？"老师不假思索地回答："铺路石在地上，怎么可以从天上写起呢？"过了一会儿，这位同学又站起来说："老师，我仍然按照我的思路写了这首诗。我给大家读一读可以吗？"老师觉得学生触犯了自己的尊严，心里很不高兴，不耐烦地说："别耽误大家的时间。"老师不给学生朗读的机会，这位学生只好在课后把自己的作品拿给同学们自由传看。

铺路石

我是女娲补天时落下的一块五彩石。

我的伙伴自由地飞在天上，

我孤独地躺在地上。

那么多人从我身上踩过，

那么多车从我身上碾过，

我开始抱怨自己怀才不遇。

……

有一天，

我突然意识到，

我的伙伴点缀着美丽的星空，

我扎根在广袤的大地，

这不都在实现自己的价值吗？

每当夜深人静的时候，

我和我的伙伴遥隔万里诉说着衷肠。

案例中的教师缺乏良好的心理素质、敏锐的观察能力、灵活的思维能力以及在课堂上的变通能力，因此对课堂上出现的突发事件束手无策，只能采取压制的办法固执地执行非科学化的教学预设方案。

第五编
考试改革——测试核心素养

目前，教考分离导致学生课业负担过重，不能充分运动、娱乐，很少参与社会实践。当前课程改革乃至整个教育改革的又一基本任务是归还学生过自己生活的权利，因此要把高考命题改革放在整个基础教育课程改革的大背景中来研究。在考试内容与方式的改革上要有前瞻性，要未雨绸缪，好好总结研究在实施新课程背景下的考试改革的成功经验和失败教训，更要特别研究如何变教考分离为用课改理念统摄教与考，这是本编论文研究的着力点。本编收录了我有关高考语文命题改革的研究文章。

一是对实施语文新课程有导向作用的题型分析，如《高考命题在渗透情感、态度和价值观方面的尝试》等。

二是对一些有争议的观点进行分析，如《对高考语文标准化命题的思考》等。

三是研究高考语文试题的解题技巧，如《现代文阅读试题的答题技巧》等。

高考命题在渗透情感、态度和价值观方面的尝试

虽然考试不同于教育过程，思想觉悟也很难通过高考这样的选拔性考试分出等级，但是命题应当坚持"考试也是学习"的思想，考试同样存在弘扬什么、批评什么的价值观导向，同样存在培养正确情感问题。一道充满教育意义的试题，在考查学生知识与能力的同时，也会使学生在答题中领悟和感受到积极的理想、信念、精神和道德的教育。试卷应该是智力因素与情感态度、价值观等非智力因素的统一。

国家对教育改革提出了立德树人的时代任务。现在的语文高考命题都注意通过精选材料、明确设问考查学生对社会现实和时事政策的了解、对社会主义核心价值观的理解。

2020 年全国一卷的阅读题《马兰花》讲述了小商贩过世后，其家人坚持为其还债的故事，不仅体现了人物群像的高贵品质，也表现了社会和谐友爱的主题。全国二卷的阅读题讲述了中国远征军第 200 师师长戴安澜与共产党的一位新闻记者成为莫逆之交的故事，学生可以在抗日的大背景下，思考戴将军超越党派利益、献身正义事业，为人谦和，敢于担当等优秀品格。2013 年福建卷的语用题要求考生用排比句描写县委书记的榜样焦裕禄，引导学生认识到崇高事业需要榜样引领。以上命题材料都涉及做人的品格。

此外，许多考题涉及法治观念。2018 年全国一卷的作文题选取了 5 月媒体报道的一个真实事件：湖北一位大四女学生在微博上举报父亲在高速路上开车打电话。考生阅读相关材料后要以一个旁观者的身份给女儿、父亲、交警或媒体写一封信。这件事的背后，其实有深层的价值冲突：中国古代伦理观念中"父为子隐，子为父隐"的传统与依法治国的要求在某些方面存在矛盾。如何评价大四女学生的行为？又如何在实践中解决法与情的矛盾？如果考生能够意识到这些问题，并联系到自身的经验和立场，

会对依法治国有更深入的理解和认识。

高考语文试题还测试考生运用语言去抨击社会不良现象的能力。如某年四川语文试题：

> 下面是口语交际的情景，请用简明得体的语言反驳其错误言论。
>
> 有人随地吐痰，别人批评他："随地吐痰不卫生。"他貌似有理地说："有痰不吐更不卫生。"
>
> 答案示例：有痰不吐是不卫生，但是痰不要吐在影响公共卫生的地方。
>
> 有人插队挤公交车，别人批评他："不要挤嘛，讲一点社会公德。"他嬉皮笑脸地说："我这是发扬雷锋的钉子精神，一要有挤劲，二要有钻劲。"
>
> 答案示例：雷锋挤的是时间，钻的是技术，为的是大家；你挤的是车子，钻的是空子，为的是你自己。

抨击社会不良现象与歌颂社会好人好事，就是揭露假丑恶，弘扬真善美，这都是在传播正能量。学生正是在这种过程中，提升了自己的精神境界，培养了正确的情感态度和价值观。

高考试题应注重测试考生的探究能力

一、探究能力是新课程考查的一大亮点

探究性试题的特点是：立意具有新颖性、内容具有丰富性、解法具有探索性、思维具有发散性、答案具有多元性，主要考查考生学以致用、自主探究、理论联系实际、分析问题、解决问题的社会实践能力、创新思维能力和综合探究能力。

解答探究性题目，要求考生从文内拓展到文外，对文本作一定的归纳概括并由此展开。展开时，学生要调动自己的知识储备、生活积累以及认知能力，并据此展开联想。这类题目的答案起点在文本之内，但终点在文本之外。下面是某年的一道高考题与示例答案：

"欣赏山水以及自然景物的心情，就是欣赏艺术与人生的心情。"请结合本文和下面的材料谈谈你对这句话的思考。要求观点明确，阐述合理，有说服力。

①扫街的在树影下一阵扫后，灰土上留下来的一条条扫帚的丝纹，看起来既觉得细腻，又觉得清闲，潜意识下并且还有点儿落寞，古人所说的梧桐一叶而天下知秋的遥想，大约也就在这些深沉的地方。（郁达夫《故都的秋》）

②陶渊明、谢灵运这般人的山水诗那样的好，是由于他们对自然有一股新鲜发现时身入化境浓酣忘我的趣味；他们随手写来，都成妙谛，境与神会，真气扑人。（宗白华《论〈世说新语〉和晋人的美》）

示例答案：这两段话点明了自然山水与艺术人生的紧密关系。山水以及自然景物会影响艺术与人生，而对待艺术与人生的态度，同样会使自然染上人的色彩。陶渊明、谢灵运等人能发现自然的美好，忘却尘世的烦恼，因而

写出了"悠然见南山""池塘生春草，园柳变鸣禽"等清新自然的诗句。郁达夫的《故都的秋》中写"扫帚的丝纹"，细腻、清闲却不免有些落寞。自然外物因为点染上作者独特的情绪色彩而具有了生命的气息。

此题是探究题，首先一定要理解文中"欣赏山水以及自然景物的心情，就是欣赏艺术与人生的心情"的意思，答题时要始终围绕这句话来回答。这其实是点明了山水自然和人生的关系。山水自然会影响艺术和人生，人生和艺术也会影响山水和自然。文段①里，自然外物因为点染上郁达夫的情绪色彩而具有了生命的气息。艺术与人生和山水与自然息息相关，山水自然景物，不仅会影响艺术与人生，人对于山水自然景物的欣赏态度也恰恰是人对于人生与艺术的态度。正如陶渊明、谢灵运、郁达夫的佳作，不正体现了他们对人生与艺术的态度吗？

二、考试说明对文学类文本阅读的探究要求分类

（一）从不同角度和层面发掘作品的意蕴、民族心理和人文精神类

1. 题型解析

（1）不同角度

包括：①正面的角度，反面的角度，侧面的角度；②作者的角度，读者的角度，文本中文物的角度，新闻传记当事人的角度，旁观者的角度；③社会的角度，政治的角度，教育的角度，经济的角度，风俗的角度，娱乐的角度，艺术的角度；④表象的角度，内涵的角度；⑤背景的角度，外部延伸的角度；⑥文本的贡献、失误、创新的角度，文本中陈旧的东西、反映时代的东西、超越时代的东西的角度。

（2）不同层面

包括：①深层，浅层。②实用层面，美学（情感）层面，哲学层面。

（3）发掘

意味着我们所理解的意蕴、民族心理和人文精神存在于文本中，而不是文本外。必须从文本本身的思想内容和艺术表现出发，从文本的人物形象、环境氛围、细节描写、语言表达和时代背景等方面切入。发掘还意味着意蕴、民族心理和人文精神不是浮在语言文字表面的，而是蕴藏在语言文字深处的，需要细心、耐心地在语言文字深处探求方能获得。

（4）意蕴

意蕴指文本所蕴含的思想、感情等多种内容，属于文本内容的纵深层次。文学作品表现出来的意蕴有社会的、政治的、道德的意义，有现实的、历史的意义，也有心理的、情感的、审美的意义。从作者主体方面来说，作品中的意蕴，是其思想、意识、情感的综合体。

（5）民族心理

民族心理主要指一个民族作为一个大群体所具有的典型心理特点和整体精神面貌，具体包括民族能力、民族气质以及民族心理倾向性。古今中外的优秀文学作品特别是文学经典，往往既是民族的，又是世界的，需要进行具有超越性的、深层次的解读，文学作品中所表现的作家的情感，不纯粹是个人化的情感，它往往是时代精神的折射，甚至通向一个民族的精神，通向全人类的普遍文化心理。

（6）人文精神

在中华民族的历史上，人文精神的重要内涵包括人的价值、人性的内涵与道德的修养、人格尊严与社会责任心、人的生死以及人的理想等方面，其核心是关于人的价值观念。

2. 方法指津

教师应教会学生根据自己对作品的理解，结合民族的特点，多角度、多层次努力发掘，探究其所体现的不同时期、不同地区、不同民族的民族心理。若是记叙类文本（含小说），要注意分析塑造人物的描写方法，注意通过分析人物的言谈举止、形貌神态，把握人物的思想性格特征，注意联系人物生活的特定时代背景和社会条件，认识人物的典型意义。

（1）问题模式

①文章说"×××"，请探究其丰富的含义。

②文章描写了×××的故事，请探究其中的深刻意蕴和作者的情感倾向。

③作者说"×××"，请结合全文，探究本文主题的丰富性。（或：这篇小说意蕴丰富，它表达了怎样的主题？请结合全文谈谈你的看法和理由。）

④文章中写到"×××"，从×××的角度看，是否有意义？请谈谈你的看法。

⑤有人建议把题目"×××"改为"×××"，你认为哪一个更合适？谈谈你的看法。

（2）答题步骤

我们以 2010 年江苏卷《溜索》第 14 题为例，来说明"意蕴类"题目的答题步骤。该题要求探究"驮队飞渡峡谷故事"的深刻意蕴。

①第一步：确定角度。

答这类题，选准了角度就成功了一半。一般不得少于三个角度，角度与角度之间呈现出并列、递进、补充等关系。

角度一：飞渡峡谷的情景，是从整体上来把握。

角度二：驮队的人际关系，是从具有相同性质的领队和汉子们之间的人际关系上来把握。

角度三：动物形象，是从雄鹰、骏马、牛等角度来把握。

角度四："我"和领队，是从具有对比性质的人与人之间的关系的角度把握。

②第二步：揭示意蕴。

角度一：驮队飞渡峡谷，代表战胜自然和艰险。

角度二：驮队的人际关系表现团结协作、相互信任、关心爱护以及无畏勇敢。

角度三：通过动物形象的正反对比，隐喻人应该有雄鹰、骏马那样的精神，而不能像牛那样软弱畏缩。

角度四：通过写"我"与领队的对照，表现艰苦环境能够磨炼人。

③第三步：编拟答案。

编拟答案，是将"意会"的东西准确、清晰、流畅、简洁地"言传"出来，是直接呈现在阅卷老师面前的思维成果。

（3）答案模式

首先，表明自己的观点或认识。然后，分点阐述。阐述时，要先拿出概括性的要点，然后具体列出事实依据陈述理由。陈述时要结合文本作具体、合理的分析。最后总结自己的观点。

（二）探讨作者的创作背景和写作意图类

"探讨"一词有探索、研究、讨论、探索讲求等多层含义。这里的探索、研究、讨论是要以文本作为支撑，通过对文本的阅读和文本本身的思想内容和艺术表现，来进行探索和研究。而高考试卷的现代文阅读的板块，往往也没有更多的关于作者和写作背景的介绍。考生想要探讨关于作者的创作背景和写作意图方面的有用信息和答案，除了依靠平时对作家、作品、写作背景等相关知识的积累，更重要的是能读懂文本、理解作品，从文本中提取有用信息。

1. 题型解析

（1）探讨创作背景

创作背景就是作者所处的时代和作者的人生经历。作者所处的时代决定了文章的大时代背景，也影响到了作品的思想倾向；作者的人生经历将会影响到作者的情感、态度和价值取向，从而影响文章的主题。

作者的创作背景有宏观和微观之分，宏观方面是指作者所处的时代背景，包括当时的政治格局、社会的审美情趣、价值取向等；微观方面指作者当时的心境（情绪）、影响心境的主客观因素和创作意图等。在试卷中，创作背景往往是作为解答试题的参照因素体现的，在解答时如果不顾及这一因素，答题思路就有可能失之偏颇。

（2）探讨创作意图

创作意图又称创作意向，是指作者为什么要创作这篇作品，或者说创作作品的用意是什么。这是策励作家进入创作过程的内在力量，也是引发创作冲动、创作灵感、艺术构思的主观因素。创作意图受作家生活经验、立场观点、艺术追求和审美理想等多种条件的支配和制约。创作意图是内隐的，但是有外在表征予以表现。它可以指向主题、人物、情节材料安排，还可以指向题目安排等。破解创作意图，是深层阅读和探究阅读的一个重要体现。

考生平时阅读文学类作品时，要养成探讨作者的创作背景和创作意图的习惯，借助注解和相关的资料了解作者所处的时代背景，因为这对理解作品大有帮助。

2．方法指津

（1）问题模式

①文中第×段写"×××"，联系全文，谈谈作者这样写的用意是什么。

②文章中说"×××"，作者这样写的目的是什么？谈谈你的看法。

③本文写了×××的故事，请探究作者的情感倾向。

④从全文看，作者把"×××"描绘成"×××"的意图是什么？

⑤请简要探讨这篇文章是在什么样的背景下写作的。

（2）答题步骤

我们以2010年全国卷Ⅱ《灯火》第十四题为例，来说明"意图类"题目的答题步骤。该题要求探讨"文中细致描写煤油灯的外形和使用方法"的目的是什么。

①第一步：审清题干，寻本溯源。

题干要求从煤油灯的外形和使用方法的细致描写中来探讨作者的写作意图，是从以小见大的细节描绘的角度来探讨作者的写作意图。明确了题干的要求，就要回归文本，寻本溯源找出文中细致描绘煤油灯外形和使用方法的地方。这主要集中在文章第三、四自然段。文章在第一、二自然段主要写了灯火触发了作者对儿时美好生活的回忆，但到了第三、四自然段，作者在此处宕开一笔，对煤油灯的名称来历及外形等进行了详细的介绍与描写，并且是饱含深情的介绍与描写，用三处细节写了煤油灯的外形或使用方法，让我们真实地感受到煤油灯的外形和用法，结合作者生活的时代背景及抒发的思想感情，这定然包含了作者的写作意图在其中。

第二步：触类旁通，揭示意图。

首先，联系到这篇现代文的题目叫"灯火"，且在文章的开头就点题：乌黑的煤油灯，一经火柴点燃，便有了亮晃晃的生命，这里的煤油灯不再是单纯的照明的东西，更是与生命相通，照亮了作者的生命的东西。其次，在联系到与煤油灯相关的地方，作者想到煤油灯就想到自己童年时，煤油灯下祖孙相依相守，温情无限，对童年的怀念和祖母的追忆跃然纸上，寄托了作者对童年时光、童年生活的深切留恋和怀念，也让读者生动、真实地感受到了作者童年生活的场景。最后，再联系文章整体结构的安排。读者读到这里必有一个疑问——作者为什么要在此处宕开一笔呢？为了解答这个疑问，读者也必然更想往下读。在这里，作者这样写也是为了激发读者的阅读兴趣。

③第三步：拟编答案，厘清条理。

（3）答案模式

首先，紧扣文本，读懂文章，找出能传达作者写作意图的词句。然后，多角度多层次地思考。有时候作者的写作意图可能不止一个方面，而是多方面的。要分点进行概括然后列出文中的具体事实依据进行阐述。最后分点概括，编写答案。

（4）答题技巧

①审清题干信息。明确命题意图，即从题干中辨明该题的具体指向。

②紧扣文本，触类旁通。在明确了该题的具体所指之后，就应该在文本中找到相关的描写处，抓住文章的关键词句、蕴含作者写作意图的词句，来挖掘作者的写作意图。还可在不脱离文本内容的前提下，尽可能地扩散思维。因此，在回答该类试题时一定要紧扣文本，即便答案是开放的、多元的，自己的观点也要积极向上，并且符合作者的写作意图。

③规范答题，条理清晰。解答该类考题时，一般要先引用文中的观点或材料，进而表达自己的观点或态度，形式可以是"文本＋观点"，也可以是"事例＋观点"。但无论怎样表述，观点一定要鲜明，不能似是而非。

对高考语文标准化命题的思考

笔者多年来主持了四川省的高考语文命题与阅卷工作，虽然在不折不扣地按考试大纲要求出题判卷，但就内心来说，笔者对这种标准化命题的方式是不赞成的，其原因有以下六点：

一、语文标准化命题的方法欠妥

从教育测量学的角度看，语文标准化试题是一种考试程式，是运用参考常模建立的统一标准来测试考生对语文知识理解与运用能力的特殊方式。除少数填空题外，大多采用四者择一的单项选择题、五者择二的多项选择题、不定项选择题等命题方式。为了适应机器阅卷取代人工阅卷的需要，现在的命题对单项和不定项选择题作了调整，统一为单项选择题，多项选择题也随之调整为单项组合选择题的形式。这种题型涉及的时间及空间的跨度广，考点的覆盖面大。选择题的结构是由主题干、次题干（可无）、题枝三部分组成。一般是从宏观角度设计题干，从微观角度设计题枝，也就是选项。题干和题枝结合，表达一个意思完整的问题。但是，有别于数理化的是：语文以及语文教学自身的特点使其严重地不适合于标准化命题。过去语文试题在命制上存在过设置干扰，加大难度，让考生花费大量的时间和精力去做文字游戏、猜哑谜的情况，很多情况下学生都不是在凭借知识与能力解题，而是靠碰运气。这样就逼得一些教师也只好无可奈何地去研究猜题技巧。比如指导学生如何在平行选项中用排除法寻找命题人确定的答案；指导学生投机取巧地把握所谓的解题奥秘。至于如何运用所学知识和技能去解题，则被抛到九霄云外。

二、语文标准化命题缺乏应用性特征

　　根据课程标准，语文学习与训练应突出应用性特征。可是标准化试题并非实际应用型试题，在考查考生语文的应用性方面有很大的局限性。标准化试题只管思维的结果，不管思维的过程。命题人把自己对考试内容的各种主观认识转化为选项，只让学生去判断正误，这种命题形式极易误导学生把生动活泼、丰富多彩的学语文、用语文的活动局限在判断正误上。它不利于考核学生组织材料的能力和文字表达的能力，更无法考查学生的思维能力及创新精神。举个例子，为了适应这种标准化考试的需要，全国语文教师在引导学生纠正语病的学习训练中，违背了"突出语文的应用性质特征"这一要求，把训练只局限在判定语病方面，放松了对经典语言的学习，放过了对语病病因的分析以及对语病改错的训练等最关键的环节。更何况标准化试题中的语病是"不接地气"的语病，就是说它不是来自真实生活的常见语病，而是命题人刻意改造或编造的伪语病。这种人为改造或编造语病的做法，严重脱离了学生语言交际的实际，脱离了语言的实际运用，考试与生活成了分离的"两张皮"。在这种标准化命题的误导下，课程标准中关于"能在生活和其他领域的学习中，正确、熟练、有效地运用语文"的要求根本得不到落实。于是学生语文的应用能力实际上是很差的，这在高考答题中暴露无遗。许多考生面对考卷仅有的那么一点点语言表达方面的应用性题型极不适应，捉襟见肘，无从下笔。比如 2005 年全国试题对春联"国兴旺，家兴旺，国家兴旺"，当年笔者在指导某省的高考语文阅卷时，对此题答题情况进行了抽样调查，结果无一人写正确。比如所写的"人衰亡，民衰亡，人民衰亡""你诚信，我诚信，你我诚信""妖乱舞，魔乱舞，妖魔乱舞""喜洋洋，气洋洋，喜气洋洋""生由命，死由命，生死由命""男厕所，女厕所，男女厕所"等，这些对法在思想取向、感情倾向上与春联特定的习俗相悖。

三、语文标准化命题导致学习训练的机械重复

　　高考语文标准化试题中，除一部分能体现高中毕业生语文水平的题目以外，有相当一部分题是考查字音、字形、字义，考查对词语（包括成语和熟语）的识记、理解和运用，考查病句的辨析、标点符号的运用等。而这些考查从语文课程标准的学段目标看，是从小学一年级就已经在学习的内容，好多内容都应当在小学顶多是初中阶段

就完成了。这样重复训练早已学过的知识与技能，弄得学生疲于奔命、穷于应付，不仅加重了学生的负担、影响了学生的身心健康，而且十分严重地拖了学生学习更多有用知识和技能的后腿。

四、语文标准化命题特别不适合阅读鉴赏

标准化试题看重的是精确，答案只求唯一。可是把这种标准化试题大量地运用于现代文阅读、古诗文阅读，甚至是文学作品的鉴赏之中，那问题就严重了。要知道，语言一旦进入运用层面，受到语言环境的制约，它就带上了模糊性、多义性、隐蔽性的特点。谢榛在《四溟诗话》中主张诗"以朦胧为美"。他说"诗妙在含糊"，又说鉴赏"不必执于一个意思，或此或彼，无适不可，待语意两工乃定"。象征派诗人马拉美说"诗永远应当是个谜"，"指出对象，无异于把诗的乐趣四去其三。"清人刘熙载说："大抵文善醒，诗善醉，醉中语亦有醒时道不到者，盖其天机之发，不可思议也。"他们说的"谜"也好，"醉中语"也罢，都是说的诗意的模糊性、不确定性。正由于如此，课程标准对学生的阅读提出了综合性的要求："对作品的思想情感倾向，能联系文化背景作出自己的评价；对作品中感人的情境和形象，能说出自己的体验；品味作品中富于表现力的语言。"课程标准在必修课程阅读与鉴赏部分强调"发展独立阅读的能力""注重个性化阅读"。根据这些，高考无论是古文还是现代文阅读命题，特别是文学鉴赏命题，都不宜用标准化命题。就是对主观题型，也应适当加大开放力度，即答案不求唯一，只求言之成理。可是我们的高考试题在阅读题，包括文学鉴赏试题中却用大量的判断正误的标准化试题去牵着考生的鼻子走，框定学生的思想，把学生的思维纳入命题人既定的轨道，削考生的"足"去适命题人的"履"。这就与课程标准对学生的阅读要求不合拍，这样的命题不利于引领学生放飞思想，张扬个性，培养创新思维能力。

五、语文标准化命题未必客观

语文标准化命题已经在我国的中高考中使用了三十多年。实施新课程以来，这种命题的势头不仅没有减弱，反而还在加强。据说标准化试题从命题到考试、阅卷、评分和计分等各个环节都能减少各种误差，尽量客观真实地测出考生实际成绩。可是，语文的标准化命题果真就那么客观吗？我认为未必，这种"客观"无非是命题人主观

认识的一种外化而已，对于模糊性、多义性、隐蔽性、意义未定性很强的语言内容而言，标准化试题未必能穷尽对一个问题的所有看法。2006 年高考四川卷第四大题提供了一首宋诗：

夜 归

夜深归客依筇行，冷磷依萤聚土膝。

村店月昏泥径滑，竹窗斜漏补衣灯。

试题要求考生答出"竹窗斜漏补衣灯"这一耐人寻味的画面中蕴含了哪些感情。这幅画面描绘的情境是：竹篱茅舍之中，一缕昏黄的灯光从窗里斜漏出来，青灯之下，诗人日思夜盼的妻子（或母亲或其他家人）正在一针一线地缝补着衣服。这可能是诗人在归途中想到的情景，也可能是诗人快到家门时目睹的情景。对这首诗蕴含的情感解读，命题人给出的参考答案是"急切""关切""思念"，但笔者在高考阅卷中发现，有很多考生答的是"惊喜""爱怜""内疚""想念""关怀""关心"等。这些答案难道就不可以吗？如"内疚"，它也能言之成理。诗人在归途中看到或想到妻子或母亲等半夜三更还在灯下缝补衣服，联想到自己长期漂泊在外，让家人操劳，怎能没有内疚之感？如果答了参考答案之外的"内疚"就不能得分了吗？

高考是选拔性考试，的确要体现出一定的信度、效度、区分度和难度。为确保阅卷质量，根本的办法是选择综合素质高的命题专家以及经验丰富、阅卷水平高的教师参与命题或阅卷工作。国家也不妨培养一批专业命题专家和专业阅卷骨干，让他们好好研究命题和阅卷的科学性、客观性，让他们去带动一批经过精挑细选、水平高、有丰富阅卷经验的骨干教师共同判卷，以确保阅卷的客观、公平、公正，而不是靠命制的弊远远大于利的所谓的标准化命题。

六、语文标准化命题生出标准化教学的怪胎

目前，语文标准化命题已经导致了语文标准化教学。为了应对高考，教师们都在用大量的标准化训练来淡化甚至取代学生对课文的阅读自悟。一名语文教师执教朱自清的散文《绿》时，他设计了一道选择题：朱自清描写梅雨潭的"绿"，观察点是什么？答案给出四个选项。许多学生选 A 项：观察点是梅雨潭。可是老师认为这个选项不够精确，认为应该选 B 项：观察点是梅雨潭边。难道多一个"边"字就精确了吗？

如果要进一步问：是梅雨潭的哪一边？是东南边，还是西北边？答案肯定是模糊的。假如朱先生在世，他给出的答案也未必能入这位老师的法眼。要知道，语言反映的客观事物是具体的、无穷无尽的，因此，人们必须允许语言单位有时不像客观事物那样个个分明，而是可以笼统一些，只要能完成交际任务即可。只讲精确而忽略模糊的语文标准化教学，恐怕"标准化"掉的不只是文章的思想灵魂，更是学生的悟性、个性、灵性，最终是"标准化"掉了学生的创造性。

综上所述，我要大声疾呼：高考语文标准化命题可以休矣！

现代文阅读试题的答题技巧

纵使现代文阅读试题复杂多变，但无论是什么文本类型、什么题型，我们都能找到一个共同而简单的答题思路，那就是读懂、审准、答对。

一、读懂

读懂文本，就是要厘清文本思路，把握文本主旨。要做好题，首先必须把文本吃透。这就必须厘清句与句、段与段之间的联系。

（一）基本原则：读懂作者的理解，比作者更好地理解文本

"作者的理解"是特指作者在特定时候、特定情景、特定场合通过文本表现出来的这一点、这一种、这一个方面的理解。也就是说，作者在其他时候、其他情景、其他场合，通过其他文本可能会有另外一种、另外一个方面的理解。高考考生应该将作者没有意识到的、处于潜意识状态而不自觉的东西挖掘出来。

（二）基本方法：关键词勾画连缀法

"不动笔墨不读书"，阅读时要对文本中心句、过渡句、关联词、指代词等作勾画圈点。平均每一句话画一个关键词、每一段话画一个关键句子。勾画时，要仔细琢磨文本的字、词、句，做到"字不离词，词不离句，句不离段，段不离篇"，要仔细体味其中的含义，揣摩作者的观点。切不可急功近利，边做题边去发掘信息，这样很容易顾此失彼，看似节省时间，实则事倍功半。正确的方法是进行整体阅读，整体感知完成后，再来各个击破。

第一，首抓标题。有的文段标题就是文眼，有画龙点睛的作用，或者提示内容、线索，点明主旨。有的高考题目选入文本时去掉了标题，自然就省去这一步。

第二，综观全篇。每个文本都是一个有机的整体，要提高阅读能力，首先就应该有高屋建瓴、俯视全局的本领，从而防止断章取义。这就要求考生平时经常性地做速读训练。并且做到通过速读，着重从两方面把握文本：一是树立文本的架构观念，包括事件的经过、作者的思路、叙述的对象、说明的事物、议论的话题等；二是树立文本的"色彩"观念，包括表达技巧、语言风格、意境内涵等。通过两个方面的结合，从宏观上感知全文，从总体上把握内涵，为详细分析打下基础。

第三，关注重要词语。"重要词语"是就这个词语在文中的作用而言的，如果考生不能正确理解这些词语，就无法准确把握文意。因为词语是构成文章的基本材料，理解词语在文中的含义是阅读的基础。在汉语中，一个词有时会具有多种相关的词义，这是语言发展的必然结果。但词在语言中不是孤立出现的，一般总是要跟其他词组合成句才能表达出某种意思。因此，对于词的多义现象，我们必须联系上下文去体会，并正确理解它的含义。

第四，关注重要句子和关键段落。所谓"重要句子"一般指开头具有总领性的句子，文末具有结论性的句子，文中具有概括性、总结性、过渡性及表明层次性的句子，交代要素的语句及叙述中穿插的精彩的议论、抒情的语句，中心句和揭示中心、主旨、观点、情感的句子。所谓"关键段落"一般是指开头段、过渡段、结尾段。

第五，掌握相关信息。要看文本的作者、写作时间和选文后附带的注释等信息，不漏掉各个细节。要深挖隐含信息，筛选关键信息。

第六，反复读。对阅读材料的理解往往不是一遍就可以奏效的，它是渐进的、渐悟的过程，需要反复进行。一般情况下，多数考生是很难在读完一遍后就能迅速概括出文本要点的，不可能马上由感性认识上升到理性认识。因此，要树立"读不懂原文不做题"的思想，争取在第二遍乃至第三遍的阅读中对文本实现更深的把握，然后再去做题。然而，读第二、三遍的时候，就不必全篇读了，只需根据问题所对照的文本区间进行细读、研读即可。注意，要一边阅读，一边用不同的符号做好标记。切记，"磨刀不误砍柴工"。

（三）基本目标：明白文本的内容和结构

判断自己是否读懂了，就看能否用简洁明了的一句话概括文本的内容和结构。议论性文本相对容易，记叙、抒情性文本的概括往往需要弄清以下要素，并尽可能完善。

要明确内容是什么，可以参照此模版：何人＋何时＋何地＋何景＋何事＋何情（何理）。

要明确结构是什么，可以参照此模版：先写什么，然后写什么，再写什么，最后写什么。

二、审准

审准，就是要审清题干。审题的总要求是：精准、透彻。我们要明白：命题人其实很善良，他们会有意无意地通过问题透露答案的"天机"，关键看你是否能够领悟。

（一）仔细阅读题干，明白命题人的意图

命题意图，就是命题人想考查什么。如果会错意，就不能取得理想的效果。要根据命题意图，挖掘隐含信息，弄清设问角度、考查点，明确答题的方向、答案可能存在的有效信息段、作答的方法等。一般情况下，命题人提出要求的同时也暗示了答题的方向、方式方法。揣摩命题者意图，对照原文，找出关键句。

（二）明确答题区间，准确筛选

这一环节至关重要，如果答案所在区间确定错了，那么可能满盘皆输。

确定答案所在区间可以主要从以下几方面入手：

（1）借助题目本身指定的区间。有时题目中明确指定了答题的阅读范围。如2011年高考上海卷的《家园城市》的第三题问："第⑦段论述的'城市居民深层次的审美需求'包括_____和_____两个方面。"很明显，答案就在第⑦段中。

（2）根据命题原则确定区间。命题人在拟定阅读题时一般会遵循这样一些原则：①尽量使考生能够利用文中语句作为答题的基本材料；②尽量照顾考生阅读和思考的先后顺序；③努力体现由语义理解到综合分析的过程；④努力组成内容由浅入深的系列。根据这些原则，答案应是随着题号的递增在文中呈从前到后、从局部到整体的分布样态的。

（3）找出题干中的相关语句在选文中的位置，在其上下文中搜索，并注意文中的过渡句、关联词、指代词的提示。如某题问："文中第三节师生问答的内容，与上下文的人、事叙述有何关联？"很明显，答案要在第三节的前后文中寻找。

（三）看分值，思考答题角度

试题的分值往往提示了答案所必须的要点个数。高考阅卷中是"踩点给分"的，且几乎每个答案要点的配分都是整数，所以答案所需要的要点数应是与总分直接相关的。如果分值是四分，那要点只能是一个、两个或四个，不可能是三个。但如果时间

充裕，或有其他的思路要点，也可多答，避免漏答。

（四）注意字数的要求

题目中如果有字数限制，在组织答案时就要注意不能超过限定的字数，当然也不能比限定的字数少得太多，以免遗漏要点。一般说来，要尽可能充分利用命题人要求的字数，可以少两三个字。题目中如果没有字数限制，那就要尽量多答，阅卷时多出的要点是不扣分的，但不要重复作答。

（五）自我检查，确保审题任务的高效完成

可以通过以下几个问题进行自我提问，看看自己是否真的审准了题目：有几个问题？每个问题的关键词是什么？每个问题的考查点是什么？得出答案所需扫描的区间是全文还是局部？答案的要点可能有几个？最重要的得分词语是哪些？

三、答对

答对，是在前面两个步骤之后，将自己的答案科学、合理、清晰、准确地呈现在试卷上的一个步骤。答题的过程就是从原文筛选信息、加以整合并进行表述的过程。

（一）答题方法

1. 问什么答什么，怎么问就怎么答

在答题之前，一定要把好审题这一关。把题意弄明白了，答题才可能有一个正确的思路。要做到分问作答、依序作答，且答题角度要准确。

2. 答案在文中

一定要紧扣原文，可以采用直接摘取、关键词组合、翻译后组合等方法。反对抛开文本，按自己的想法随意作答。

具体的方法有：

（1）直接摘取。有的试题难度并不高，答案可能就是原文中某个词语、某个句子。根据题干的指向，能在原文中找到答案的尽量在原文中找，不提倡自作聪明，勉强用自己的话概括。

（2）关键词组合。这就要求考生在原文中找到答题所需的关键词加以组合，融入答案中。关键词往往是得分的词语。

（3）翻译后组合。这就是要求把含蓄曲折的表达换为明确而直接的表达。如2011

年高考福建卷第十四题："文本第⑧段画线的句子'月光牵动人最深处最悠远的东西'，这'最深处最悠远的东西'有哪些？请联系上下文谈谈你的理解。"解答此题，首先要找准题目的关键点。画线句子"月光牵动人最深处最悠远的东西"，关键点无疑是"深处"与"悠远"。什么才是最"深处"与"悠远"的东西？可从原文中找到相关的句子。例如：①"曾在千里之外照亮过童年的月亮"（指我的童年记忆）；②"在李白的吟咏里传递千年的月亮，有着嫦娥与桂花树的月亮"（指民族的历史文化积淀）；③"早在生命出现之前，月光就已经牵动海潮"（指宇宙意识）；④"早在我们出现之前，月光就已经牵动母性的血液"（指生命感受）。可见，这最"深处"与"悠远"的东西就是指童年记忆、民族的历史文化积淀、宇宙意识、生命感受。

想要把含蓄而富有暗示性的文学语言转换成明白直接的一般性语言，需要把握文学语言的比喻性、象征性；同时，要紧密结合原文，揣摩原文的意思，确保转换语言的准确性。

3. 向中心意思靠拢

中心意思统率全篇，支配各个具体的句段。万变不离其宗，就是这个道理。读懂了文本，抓住了文本的主旨、中心后，答题时也切记不可偏离中心，要时时紧扣中心，答题才不会走错方向。即使遇到摸不着头脑的题，只要顺着中心意思走，用整体解释局部，也就差不远了。

4. 用术语，说行话

要锤炼语言，使其尽量纯净；答题要规范，比如有关修辞手法、表达方式、表达技巧等的术语要表述准确。

5. 善于提炼、概括

要知道，能直接摘取原文作答的题目往往只有一个。这就需要考生对文本中的相关信息进行归纳、整理。问题的答案往往不会老老实实地待在某个地方，而是分散在各个角落，等着我们去寻找、去发现、去筛选、去整合。这也要求答案要精简浓缩，要裁掉冗词赘句，做到要点明确、表达简洁，避免使用文学性的笼统语言。

（二）表述要诀

先总后分，分后升华。

分点分段，要点齐全。

概括叙述，精心提炼。

具体分析，理据并兼。

中心支撑，和谐连贯。

（三）参考模板

1. 句子含意

关键词语含义＋句子本身大意＋深层含义（结合主旨）

手法＋分析＋表达效果（情感）

2. 分析句子作用

内容作用＋结构作用＋表达作用

3. 语句鉴赏

点技巧＋作说明＋表意图＋明效果

4. 鉴赏人物形象

形象特点＋具体说明＋处境身份＋思想性格＋社会意义

5. 分析人物心理

人物地位身份＋语言动作描写＋作品大背景和具体情景

6. 观点评价

文本主旨＋写作倾向

四、试题陷阱与答题误区

（一）试题陷阱

1. 以偏概全

有时命题者故意增删、改动文中表示范围限制或是程度轻重的词语来干扰考生。例如以部分代替整体，以个别代替一般，以特殊代替普遍，从而使考生作出错误的判断。

2. 混淆时态

命题者故意把原文中尚未确定或还未实现的设想或推测说成既成事实。

3. 因果混乱

一是因果颠倒，二是强加因果。

4. 混淆可能与必然

命题者在设置根据原文内容进行合理的推断和想象题的选项时，从逻辑推理的角度设置陷阱，把可能出现的情况说成必然出现的情况。判断这类选项错误，只需找出一个反例即可。重点关注一定、必将、可能、估计、如果、未必等词。

5. 主次颠倒

命题人设计陷阱时，有时会将事物主要的一面和次要的一面倒置。做题时要注意认真仔细审读原文，清楚哪些是主要一面的，哪些是次要一面的。

6. 混淆是非

命题者设计选项时有时会在事物的性质上设置干扰，有意将阅读材料中肯定了的事物加以否定，或者将否定的事物加以肯定。做题时要注意从文中找所给选项的依据，或者认真思考结论是否能根据原文合理地推断出来。

7. 混淆充分与必要条件

考生要明白必要条件（只有……才）和充分条件（只要……就）的区别。

8. 混淆程度深浅

在遇到涉及程度深浅的选项时，一定要关注显示程度的副词，并与原文认真比照。

9. 偷换概念

命题人在解释概念或转述文意时，故意将两个概念的属性、作用、发展趋势等进行了调换、改变或混淆，乍看与原文的说法一样，但仔细推敲就会发现实际上并不是一回事。还会通过漏字、多字、改字、换序等方法扩大、缩小或改变概念。所以，考生解题时要多关注上下文。

（二）答题误区

1. 答案烦琐，掩盖观点

有的考生的答案过于烦琐，用过于口语化的文字举例说明，使阅卷老师很难迅速看懂其观点。答案要简明扼要，指向明确，一般无须举例解释、发挥引申。虽然评分标准规定"只要意思对即可"或"能自圆其说，可以酌情给分"，但是考生应力求使答案接近参考答案。

2. 答非所问，目中无题

由于对文本理解不深，不会或不重视审题，现代文阅读题学生历来得分低。有的学生对题目一扫而过，没有弄明白问的是什么就匆忙下笔；有的学生对题中概念、术语不理解，因而无从下手，乱写一气；有的学生抓不住重点、关键点和限制条件，回答不符合题目要求。考生在平时的训练中要高度重视审题训练，练就一双火眼金睛；要多总结归纳，将常见的命题类型、命题陷阱、答题角度、答题方法和答题技巧做一些整理，这样才能举一反三。要做到只需精练几道题就能学会一类题，跳出题目理解题目。

3. 隐约模糊，不够明确

有些考生在回答问题时会使用一些含有修辞方法的语句，有的表意含糊不清，有的可有多种理解，这都可能导致失分。其实现代文阅读虽以散文为主，散文贵在含蓄空灵，但答案却是不能隐晦的，相反要明确、直白。回答时一般要寻找最富有概括力的词句，或将有关的内容归纳提炼，或用自己的话转述概括，做到意思明确、简洁有力、通俗畅达。

4. 漏掉要点，以偏概全

考生在审题时未抓准答题的区间是一个重要的原因，有的阅读题是从全文角度出题的，要点较为分散，需要整体把握全文，从宏观、微观两个层面来思考，不能只答一点，不计其余。首先，根据题目的分值，可以推出答题的要点数目。其次，在阅读过程中，将有联系的地方都画出来，思考其间的关系。是并列关系的就要保留；是对比关系的，要找出对比点；是递进、转折、因果等偏正关系的，要着重考虑后半部分。最后，还要学会划分文本层次、分析写作角度、揣摩谋篇布局的技法。

5. 表述不当，句式错误

考题出现文学术语时，考生对术语缺乏理解，要么胡乱套用、张冠李戴，要么写错别字，罗列堆砌。同时对一些手法也缺乏认识，或无从下手，或不会结合文本进行简要的分析。现代文阅读题的答案应该用简洁的肯定陈述句，最好不要用否定句、反问句、感叹句。句子以短句为主，以议论、说明为主要表达方式，少用或不用记叙、抒情和描写等方式。

高考议论文写作夺优方略

一、打开高考议论文写作思路的六句口诀

这六句口诀是：

正面说、反面议、驳异议

找根据、为什么、怎么办

正面说，即说出按自己观点办的好处，以显示自己观点的重要性。

反面议，即议出不按自己观点办的坏处，以显示按自己观点办的必要性。一正一反，正反对照，加强论证的力量。

驳异议，即看一看有没有与自己观点相对立的错误观点，若有，则拿出来加以反驳，借以澄清错误认识。如果"正面说""反面议"是"立"，即确立自己观点的正确性，那么"驳异议"就是破，不破不立，破字当头，立也就在其中了。

找根据，指无论是"正面说"还是"反面议""驳异议"，要让别人接受你的观点，都需要找根据来加以论证，这根据就是讲道理、摆事实。目的就是让别人对你的观点心悦诚服，从而接受你的观点。所谓讲道理，就是进行理论论证。理论论证，既可以讲自己想出来的道理，也可以引用名人名言。所谓摆事实，就是作事例论证。事例论证要注意四项基本原则：第一，证明观点的事例要能给人以耳目一新的感觉，不要讲陈芝麻烂谷子的旧事。第二，观点要能统率事例，事例要能说明观点，观点和事例要一一对应，不能发生错位现象。第三，事例要典型、要有代表性。因为事例论证从逻辑上讲，是不完全归纳法的简单枚举法的运用，是从个别性的前提推出一般性结论，结论具有或然性。第四，对证明观点的事例要加以适当的议论，以显示观点与事例之

间的内在联系，并且也增加一点理性分析的成分，不能简单地用观点加事例来回答。

为什么，是说前面的"正面说""反面议""驳异议""找根据"合起来只解决了一个问题，那就是"为什么"的问题，也就是"为什么"要按照我的观点办，实际上就是议论文的论证部分，使自己观点的正确性得以成立，让读者能够心悦诚服地接受你的观点，自觉地按你的观点办事情。

怎么办，就是进一步思考怎么才能按照我的观点办的问题，也就是解决如果按照我的观点办，有哪些行之有效的方法和途径的问题。

以上便是议论文写作应遵循的基本思路，需要说明的是不要把这六句口诀模式化、僵化，而要从表达的实际需要出发灵活运用。一是可以调整顺序。比如既可以先正面说、反面议，再驳异议。这是先立后破。先确立自己观点的正确性，后去批判错误观点。也可以先驳异议，然后再正面说、反面议。这叫先破后立，破字当头，立也就在其中了。二是可以根据需要突出重点，不必面面俱到。比如你的观点虽然正确，但理解起来有一定的难度，读者难以接受你的观点，而且在这方面还存在一些错误认识，那你的写作重点就要摆在"为什么"上，即通过正面说、反面议、驳异议，找根据来解决为什么要按照这样的观点办的问题。至于"怎么办"的问题则可蜻蜓点水，一掠而过。如果你提出的观点的正确性显而易见，不难理解，而怎样才能按你的观点办，这当中的途径是什么、方法是什么，对此大家感到茫然、困惑，因此写作重点就是解决"怎么办"的问题，"为什么"的问题就可从略，点到为止。如果读者对"为什么"和"怎么办"这两个方面都缺乏认识，因此就要全面观照，那六句口诀都得全派上用场。这就叫根据需要、实事求是、灵活运用。

二、从高考的满分作文看议论文写作六句口诀的具体运用

下面是一道考题：

英国科学家道尔顿送给妈妈一双袜子，妈妈说："我这个年纪怎么能穿红袜子呢？"大家都说是红色而道尔顿看到的却是蓝色，他感到自己色觉有问题。他研究了两年，1794年发表论文《视觉之异常》，将这种疾病称为色盲症，填补了医学理论上的一项空白。

日本商人安藤百福看到拉面摊前常排着长队，已经破产的他感到这是一个创业的机会。他买了面粉和食用油，在小屋里每天干二十个时，实验了一

年，1958 年发明了世界上第一包方便面，这一新产品的开发带动了一个新产业。

法国年轻的家务杂工乔利不小心将灯油滴在正在熨烫的衣服上，他只好白干一年来赔偿。后来他发现灯油却把陈年污渍清除了。这个发现促使他研制出干洗剂，改革了传统的洗衣技术。

要求选准角度，明确立意，自选文体，自拟标题；不要脱离材料内容及含意的范围作文，不要套作，不得抄袭。

这道作文题提供了一组材料，虽然故事不单一，但意义却非常单一，因为三个材料都表达了同一意思，涉及圆与缺的关系。道尔顿把红色看成蓝色，说明他有色盲，这是"缺"，正因为这个"缺"，促使他去研究色盲症，填补了医学理论的一个空白，这是"圆"。日本商人安藤百福看见拉面摊前常排长队，这是"缺"（因为很耽误时间），但正是这个"缺"促使他去研究节省时间的方便面，其产品的开发带动了一个新的产业，这是"圆"。法国的家务杂工乔利不小心将灯油滴在正在熨烫的衣服上，他只好白干一年来赔偿，这是"缺"，但后来他发现灯油反而清除了陈年污渍，于是他受到启发研制出了干洗剂，这是"圆"。于是有名考生由此就概括出了一个写作题目《圆与缺的哲学》，现在我们来看这篇文章。

圆与缺的哲学

祸兮福之所倚，福兮祸之所伏。老子如是说。

我们生活的地方是一个蓝色的星球，而我们在生活中充满了处理圆与缺的哲学。缺之于圆而言是一个不断完善的过程，正如道尔顿，色觉的"缺"给了他医学理论上的"圆"；安藤百福破产的"缺"让他有了一个新产业的"圆"；家务杂工乔利的"缺"，让洗衣技术得到了一个"圆"。

而今的我们，对于祖先圆与缺的哲学，应当重新审视。老子的"福"与"祸"就是某种意义上的圆与缺，祸兮福之所倚，告诉我们那缺的一面仍可以带来全的完美。

苏轼说过，人有悲欢离合，月有阴晴圆缺。不同的经历让我们的生活更加丰富多彩，而缺和圆的对比才让我们既能发现缺的美也能发现圆的美。

圆与缺的哲学是什么？也许就是那些伟大的人能够用一种缺憾去不舍地追求完美的精神。黑格尔曾对此这样评价："人的灵魂一定到过至善至美之境，否则怎么会不停地追求完美。"的确是这样，人因为有缺憾，所以才追求完美。不得不说，道尔顿、安藤百福、乔利都是伟大的人，他们用自身的缺憾成就了人类社会一个完美的圆。

人生中的缺值得我们赞美，它带给我们的是人类精神的食粮。

也许林黛玉的缺是对爱情过分的执着以及悲观的人生态度，但这也成就了她爱情刻骨铭心的圆。三毛是一位伟大的作家，她人生的缺憾给了她困惑，但同样由于对完美的追求，她奋斗，她努力，而最终的完美在于她千回百转后那一瞬间的彻悟。

同样震撼着我们的是凡·高的人生，他的缺憾是抱病的身体，他的圆在于无数浓墨重彩的画卷。而我们所敬仰的贝多芬，则是用自身的缺陷在灵性至极的黑白键上敲击出了一首首壮丽的生命乐章。

这些伟大的人用缺憾成就了灵魂以及人生的完美。他们的缺憾以及对完美的追求是人类天空中绽放的银白礼花。

对于我们而言，这圆与缺的哲学依然要研究下去。我们的人生或许是一片荒漠，充满无数缺憾，但我们一生的工作就是要让这片荒漠开出完美的花朵来。

庄子贫困而依然追求梦蝶的境界，我们同样应当守望着心中的月亮树，用缺憾去成就圆的传奇。

不要哀叹缺憾的不美，要像叶子一样用一生的绿去成就一个金色的梦。

这就是圆与缺的哲学。

文中开篇引用老子的一句话"祸兮福之所倚，福兮祸之所伏"来点明文章的中心，认为"缺的一面仍可以带来全的完美"。这就是本文要表达的观点或者说是本文的中心论点。这篇文章所用到的口诀就只有一个——"正面说"，考生选用了林黛玉、三毛、凡·高、贝多芬、庄子等典型事例来从正面论证圆与缺的哲学，证明中心论点"缺的一面仍可以带来全的完美"。这些材料使得文章的论据充分，内容充实。观点的正确性得以充分论证，其正确性为大家心悦诚服。这篇文章的写作重点是通过正面说来解决"为什么"的问题。没有"反面议""驳异议"，也没有谈"怎么办"的问题。这是因为人们对于缺憾一般都只能看到它不好的那一面，忽略了在一定条件下矛盾可以转化，坏也可以向好转化。所以考生把写作重点摆在"正面说"，其他反面就不涉及了。在"正面说"方面，考生"找根据"主要是摆事实，就是作事例论证，但考生没有简单地举例子，而是在选用了林黛玉、三毛、凡·高、贝多芬、庄子等典型事例后写道："这些伟大的人用缺憾成就了灵魂以及人生的完美。他们的缺憾以及对完美的追求是人类天空中绽放的银白礼花。"这一句话，就是对以上事例意义的概括，它揭示了事例与论点之间的逻辑联系，增加了一点理性分析的成分。除此之外，本文还引经据典来加强论证，也就是文章的开头引用老子的一句话"祸兮福之所倚，福兮祸之所伏"和苏轼的"人有悲欢离合，月有阴晴圆缺"，以及黑格尔的"人的灵魂一定到过至善至美之境，否则怎么会不停地追求完美"。这些引用都聚焦在"缺也可以向圆转化"的道理上，仍然是在从正面印证中心论点的正确性。

下面是另一篇例文：

敢问路在何方

当你走在一条路上，前进是死，后退是亡时，你会作何选择？我想，有的人也许会在绝望中捶胸顿足、呼天号地、坐以待毙；有的人也许抱着"吉人自有天相"的侥幸心理静观其变，期盼着有菩萨保佑，最终能躲过这一劫；有的人也许会想起陈胜的"今亡亦死，举大计亦死，等死，死国可乎"，或者想起司马迁的"人固有一死，或重于泰山，或轻于鸿毛"，因此会选择更有价值的死亡，然后慷慨就义、含笑而死。

而我却认为，走投无路，就应该另闯新路。既然在一条道上已经进退两难了，为什么还要不撞南墙不回头，甚至撞了南墙也还不回头呢？东方不亮西方亮，甚至除了西方还有南方、北方。实际上，路的两侧不是还有广阔的空间吗？就算两旁是悬崖峭壁，也总还可以攀缘，也许还会有一线生机。无论如何，死里逃生总比死在这条绝路上好啊！

前人为了方便，开辟出了一条条道路。后人沿着这条道路行进，便可以省却不少麻烦和危险。但久而久之，人们便被束缚在这条路上，只敢小心翼翼地循着道路前行，当情况发生了变化，此路不通时，也不知道另辟蹊径，这就是思维定式对人思想的束缚。一个人如果不能突破和超越思维定式，就会出问题。记得《疯狂原始人》中的那个父亲，钻洞穴已经成了他躲避危险的习惯，可是遇到强烈的地震，洞穴就会有坍塌的危险，这时，他仍然叫嚷着"快点找个洞穴"，难道这洞穴能躲过天崩地裂吗？为什么不想一想别的办法？正是这依赖洞穴的思维定式险些给他带来了灭顶之灾。

由此我又想到在科学研究史上发生的事情。物理学家的伽利略和爱因斯坦分别在面对漏洞百出的亚里士多德理论和经典物理学体系时，选择了另辟蹊径，各自开创了一套完全新颖的理论，即伽利略的经典物理学体系和爱因斯坦的相对论理论。这才得以使物理学有了继续发展的理论支撑。

科学探索是这样，寻求革命道路也是这样。面对蒋介石背叛革命，大肆屠杀手无寸铁的共产党人的局面，毛泽东选择了走"枪杆子里面出政权"的道路；面对工人斗争力量薄弱的情况，他选择走工人运动与农民运动相结合的道路，借以壮大革命的力量；长征途中面对国民党军队的围追堵截，他明智地选择了走"四渡赤水"的"弓背路"，终于摆脱围追堵截，将几十万蒋介石军队甩在了后面；面对日寇的大举侵犯，他又选择了建立抗日民族统一战线，走国共联合抗日的路。其中每一步棋都是在另辟蹊径。

以上实例无不说明："天无绝人之路。"只要敢于创新，敢于尝试，在"山重水复疑无路"之际，又何尝不会出现"柳暗花明又一村"呢？

绝处要想逢生，就得探求新路。所以，与其说是绝处逢生，倒不如说是绝处求生，一个"求"字就是另辟蹊径的法宝，怎么求？这就需要借助集体的智慧和力量，需要敢闯新路的气魄和胆略。鲁迅说过："其实地上本没有路，走的人多了，也便成了路。"我们的祖先曾在剑门关的崇山峻岭间用十分落后的工具开出了令人惊异的栈道，今天，我们在常年冰封雪冻的世界屋脊——青藏高原修起了巨龙般的铁路，这些惊天地而泣鬼神的人间奇迹都是突破思维定式、凭借集体的智慧和勇气另辟蹊径的创举。敢问路在何方？路在脚下……

考生借用电视连续剧《西游记》主题歌的一句歌词为题，提出了一个发人深省的问题："敢问路在何方？"这就别开生面地直奔本文所要探讨的问题：面对绝路该怎么求生？文章首先摆出对待这个问题的几种态度，然后立刻亮出自己的观点："而我却认为，走投无路，就应该另闯新路。"这个观点十分鲜明而又新颖，也就是本文需要论证的观点。

提出这个观点后，考生没有先"正面说"，即没有首先去从正面论述"走投无路，就应该另闯新路"的正确性，而是去"反面议"，即去论述在走投无路时，不去勇闯新路的危害性，也就是去论述"不敢跨越越雷池一步"的思维定式带来的不良后果。针对不良后果，他举了一个新颖的例子，即《疯狂原始人》中的那个父亲。这个例子从反面说明了如果走投无路，不另闯新路的危害。接着就开始"正面说"。考生分别应用了科学探索与寻找革命道路两方面的事例。本文"反面议"在先，"正面说"在后，这就是一反一正，正反结合，先破后立，使"走投无路，就要另闯新路"这一观点的正确性得到了充分的论证。

本文无论是"正面说"，还是"反面议"，所找的根据既有摆事实，又有讲道理。所摆的事实即事例论证都很生动，都给人耳目一新的感觉，不落俗套，又有代表性，极具说服力，足见考生阅读面广。同时，本文也与上文一样，都对事例展开了适当的议论，如："以上实例无不说明：'天无绝人之路。'只要敢于创新，敢于尝试，在'山重水复疑无路'之际，又何尝不会出现'柳暗花明又一村'呢?"

本文除了通过"正面说""反面议""找根据"来解决"为什么"的问题，还增加了"怎么办"的写作内容，那就是文章的最后一段。

该段引用鲁迅的名言和修青藏铁路的事实说明应该怎样绝处逢生，回答了"走投无路，另闯新路"的有效途径就是需要借助集体的智慧和力量，需要敢闯新路的气魄和胆略。

此外，这篇文章语言生动、精练，气息流畅，特别善于引用诗词、俗语，丰富了文章的思想内容，亦为文章增添了情趣。

第六编
教育科研——探索教育规律

教育科研常常以一种彬彬有礼的样貌出现在学术的视窗之中，但同时也生生不息地潜行于中小学教育一线的字里行间。教育科研最重要的价值在于促进教师因事而思，在多元的教育现实中寻找理论思辨的视角，最终更好地解析教育的本质，提升自己作为教师的技能与素养。本编收录我关于语文教育科研的文章。

一是确立语文教育科研选题的正确方向。如从政策中寻找教育科研课题、从教学任务中寻找教育科研课题、从错误中寻找教育科研课题、从争议中寻找教育科研课题。

二是研究从事教育科研的几个关键问题。如创新思维是教育科学研究的关键、开展教育科研要理论联系实际。

三是关于语文教育科研团队的建设。研究了王光龙先生办会的显著特色，对全国语文学习科学专业委员会第六届学术年会科研成果评奖作了总结。

语文教育科研联结着语文教育的精彩和教师职业生命的幸福，这些精彩主要体现在研究中的沉思与行动上。"思则睿，睿则圣。"当语文教师在语文教育科研中成为"自己"的时候，语文教学的生命就会在思考和行动中熠熠生辉。

从政策中寻找教育科研课题

　　政府在各个历史时期，针对教育的有关问题制定和颁发了各种政策文件，这些文件精神就是政府行为和国家意志在教育方面的集中体现，这些文件就是指导教育改革的纲领性文件。在教育工作中如何贯彻文件精神，这本身就是教育科研应该选择的课题。比如《基础教育课程改革纲要（试行）》提出了要"建设开放而有活力的课程"。那么什么叫"开放而有活力"？这一要求的理论基础和实践意义是什么？怎样在教学实践中去体现"开放而有活力"？这些也就自然成了教育科研的选题。

　　根据这一要求，我确定了一个"实施融合式教学"的研究课题。课题着重探讨跨学科学习的问题，提出和研究了各门学科为什么要交叉整合以及如何交叉整合的问题。课题成果以论文的形式发表。目前，世界教育已经由注入式教育发展到园丁式教育，再由园丁式教育发展到融合式教育。融合式教育有一个显著特点就是打破各学科领域的自我封闭，加强各学科之间的横向联系。这种学科整合的根本依据就是社会和科技发展的根本需要。进行跨学科研究的人文学教授朱莉·汤普森·克莱因说："任何单个领域都不能解决我们今天面临的实际问题，如艾滋病、贫困和污染。"于是自然科学家和社会科学家都在自动联姻，搞文理渗透。物理学家李政道教授有一个超导理论，他请漫画家华君武创作一幅漫画来加以展示。画之前，李政道告诉他，当两个电子在低温状态下结合在一起组成库泊对时，就能实现超导，而单独的电子就会受束缚和困扰。华君武先打了一个草稿，结果还是不能形象表达这个意思。华君武从艺术表现的角度考虑，认为立体的结晶体不美观，建议改成片状，李政道教授表示赞同。华君武最后画出的碳六十是连着的一片，像云一样。然后，华君武又问，要使两个"小孩"（指电子）跑得快一些，能不能让它们插上翅膀？李政道教授说可以。最后，他的作品中成双成对的"小孩"都插上了翅膀，而且都笑眯眯的，显得很轻松。这幅画还配了两句诗："双结生翅成超导，单行苦奔遇阻力。"现在片状的碳六十晶体已被中科院研制出来，华君武的想象倒是比物理学家还超前了一点。画配诗是艺术，可是这艺术中却包含着科学。

钱伟长说："现代科学是从夹缝中长出来的。"为实现信息时代科技发展的需要，实施新课程以来，强调各学科要交叉整合。但对于如何实施学科间的交叉整合，许多教师至今放不开手脚，他们坚守着"各自打扫门前雪，莫管他人瓦上霜"的教育理念，打不破传统教学的学科壁垒，致使综合性学习在一个狭小封闭的圈子里兜来转去。

实施新课程以来，各学科在交叉整合方面都有一些成功的尝试。对此，我的研究也从两个方面作了总结提升。

一是着重研究如何运用语文知识来解决其他学科的知识学习问题，把学习、运用语文知识的活动渗透到其他学科的学习中去。

在实验中，我们认识到将语文学习渗透到各学科领域这件事大有可为。比如数学中有两个概念"方程的解""解方程"，相似的字，只是颠倒了一下顺序，学生区分起来就有困难了。其实，语文老师可以从语法分析入手帮助学生加以区分。"方程的解"是偏正式名词短语。"解"是中心词，"方程"是它的定语成分。"方程的解"是指方程运算的结果，又叫"方程"的"根"。"解方程"是动宾短语，"方程"是动词"解"的宾语。它是指方程的运算过程。这样一分析，学生就不会混淆这两个概念了。这些都是运用语文知识来学习其他学科的尝试。

二是尝试用其他学科的知识来解决语文学习的问题。

语文老师可以尝试用其他学科知识来解决语文教学中的疑难问题。我教碧野的《天山景物记》，当读到"雨洗后的草原更加碧绿，像一块巨大的蓝宝石"一句时，学生提出疑问："蓝和绿是两种不同的颜色，碧绿的草原怎么会像蓝宝石？该不会是碧野先生随便写的吧？"要回答这个问题，我请教了物理老师，他们用光谱知识帮助我解决了这个问题。原来，在一定条件下，把绿说成蓝是有科学根据的。根据色光混合三定律，绿和蓝是非补色关系，非补色关系的两种颜色相混，便产生新的混合色或中间色。比如绿蓝色光混合，便产生绿蓝色或蓝绿色。补色关系的两种颜色相混，便产生白色或灰色。光混合把绿蓝黄确定为三原色，它们构成非补色关系。上例说碧绿的草原像蓝宝石，显然指光的混合。蓝色的天空与碧绿的草原相辉映，使作者看到了又绿又蓝的神奇色彩和优美景观，作者的精细观察和描绘同科学的研究与发现不谋而合。这不能不说是精彩之笔。这就是语文与光学的融合。

出作文题时也可以借助数理化知识，比如"几何学上的点只有位置而没有长度、没有宽度、没有高度，正是那无数个点构成了无数条线、无数个面、无数个立体……

请根据以上材料展开联想，写一篇不少于八百字的文章"。

要完成这个作文，学生必须借助几何学上的点线面关系的知识才能领会到"小与大""局部与整体""量变到质变"等辩证关系，从而展开联想，比如可以想到点是人生的起点，生命的开始，万事万物的源头；可以想到千里之堤，溃于蚁穴，小错不改，就可能铸成大错；可以想到要成就大事，必须从一点一滴的小事做起……

对基础教育课程改革的政策法规该怎么理解、怎么贯彻执行，都需要深入研究，在这方面选题，能作一篇大文章。可惜，这方面并未引起大家足够的重视。希望本文能给教研工作者带去一些启示。

从教学任务中寻找教育科研课题

对于教师来说，所谓教学任务，就是在教育教学工作中需要立马解决的问题，这样的问题往往就是科研最好的选题。比如，我曾经管理过中学，恢复高考制度后，师生都很辛苦，双休日、寒暑假都用来补课，三下两下把一套教材过场似的跑完，然后就大量地、盲目地、无针对性地，特别是缺乏老师指导地去做一些质量并不高的所谓的诊断题、模拟题，弄到学生疲于奔命、穷于应付。到头来，课没上好，能力没养成，还弄坏了身体。当前课程改革乃至整个教育改革的一项基本任务是归还学生过自己生活的权利。因此，课堂教学再也不能搞无效劳动，一定要事半功倍。针对这一弊端，当时作为中学领导的我向全校各科教师提出了一个任务：各学科都要向课堂四十五分钟要质量，变事倍功半为事半功倍。根据这一现实任务，各学科老师都在研究解决问题的办法，并进行跨学科交流，后来全校各学科老师确定了一个共同的研究选题，那就是变教考分离为教考结合，用课改的理念来统摄教与考。选题确定后，各学科老师都在开动脑筋想办法，并把想出的种种办法搬到课堂上搞实验，最后终于摸索出"吃透两头，搞好对接"的有效办法。以语文为例，老师将高考的识记、理解、分析与综合、审美与评价、表达与运用、探究六大能力层级所含的四十三个考点分解到六本教材共两百一十三篇课文的教学中，将教学与考试训练有机地结合起来，收到了双赢的效果。下面是仿写考点的训练示例：

在朱自清《荷塘月色》的鉴赏教学中，我觉得教师可以设计这样一道训练题：

请仿照下面这句话，另选一种景物进行描写，要求用下面的基本句式，并运用排比、比拟和比喻的修辞手法。

层层的叶子中间，零星地点缀着些白花，有袅娜地开着的，有羞涩地打着朵儿的；正如一粒粒的明珠，又如碧天里的星星，又如刚出浴的美人。

学生阅读上句后，教师可让学生思考上句描写了哪些内容，是用什么句式来描写的，用了哪些修辞手法，从而让学生明白："层层的叶子中间，零星的点缀着些白花"点出了描写的对象是"荷花"。"有袅娜地开着的，有羞涩地打着朵儿的"，这里，运用的是拟人的修辞手法，拟的是少女的姿态和情态，富有神韵，惹人爱怜。"正如一粒粒的明珠，又如碧天里的星星，又如刚出浴的美人"，连用三个比喻构成排比句，描摹出在淡月之下的荷花的神态。"明珠"比喻在那淡月的辉映之下，荷花晶莹剔透的闪光，"碧天里的星星"比喻在绿叶衬托之下，荷花忽明忽暗的闪光，"刚出浴的美人"比喻荷花不染纤尘的美质。三个比喻是三个偏正短语构成的并列关系。

通过以上步骤，学生对所仿之句的修辞手法和基本句式就有了基本了解，这就为仿写训练提供了遵循依据，解决了仿写应仿什么的问题。接着教师可自仿一句，作为学生的仿写示例，并让学生思考示例的修辞手法和基本句式是否与原句相符。

示例：悠悠的白云中间，隐约地横亘着座座青山，有腼腆地藏起来的，有大方地露出真容的；正如一柄柄直指碧空的利剑，又如苍穹中腾飞的一条条巨龙，又如一道道蜿蜒的绿色屏障。

通过以上步骤，学生不仅对所仿之句的修辞手法和基本句式有了进一步的理解，而且从教师示例中得到了如何仿句的启发。最后，教师再从学生所仿句式中抽出一两个好的与不好的供大家讨论，让学生明白该怎么仿写，不该怎么仿写。

我们的这个研究选题就是从大处着眼，从小处着手。先根据任务确定选题，再通过思考拿出设想，最后付诸实践，验证效果，撰写论文，公布成果。很多老师对科研工作有一个很大的误会，就是觉得科研与我们的实际工作很遥远，讲起科研，首先想到的就是那些我们很陌生的事情，甚至是很做作、很虚假的事情。科研做的是一套，实际又是一套，这就大错而特错了。科研是什么？科研就得解决我们实践中的问题，实践中遇到什么问题就要研究它，看怎么解决这个问题。这个问题就是科研论题。

从错误中寻找教育科研课题

科研史上许多研究成果都是从发现并纠正别人的错误中产生的。苏格拉底说:"问题是接生婆,它能帮助新思想的诞生。"善于发现别人在理论或实践中的错误,思考怎样纠正错误,这本身就是在发现研究课题。

我曾经发表了一篇研究苏洵《六国论》的文章,就是这样写成的。

《六国论》中苏洵说"且燕赵处秦革灭殆尽之际",就是说燕赵是六国中最后灭亡的。但历史事实是这样的吗?为了探究这个问题,我查阅了秦灭六国相关的史料,包括司马迁《史记》中《秦始皇本纪》的几段记载,以及范文澜的《中国通史简编》(修订本)中的相关史料,然后写出了纠正苏洵文谬的书面意见。

赵非亡于"秦革灭殆尽之际"。苏洵《六国论》言:"且燕赵处秦革灭殆尽之际,可谓智力孤危,战败而亡,诚不得已。"可历史事实是,燕的确"处秦革灭殆尽之际",赵就并非如此了。司马迁的《史记》中,就六国灭亡的顺序是这样说的:"六国皆灭也。(秦始皇)十七年得韩王安,十九年得赵王迁,二十二年魏王假降,二十三年虏荆王负刍,二十五年得燕王喜,二十六年得齐王建。"(中华书局版《史记》第一册二百三十五页)。范文澜在《中国通史简编》(修订本)第一编二百五十七页中对六国灭亡的顺序也作了具体说明:"前二三零年(秦始皇十七年),秦灭韩。前二二八年,秦灭赵。前二二五年,秦灭燕。前二二一年,秦灭齐。"

可见,自古及今的史书上均认定六国灭亡的顺序是:一韩、二赵、三魏、四楚、五燕、六齐。赵非"处秦革灭殆尽之际"。

苏洵言赵"处秦革灭殆尽之际",可能是指赵王嘉偏安于代(地名)的那几年。《秦始皇本纪》中记载:秦灭赵后,"赵公子嘉率其宗教数百人之代,自立为代王"。后,秦始皇"二十五年,大兴兵,使王贲将,攻燕辽东,得燕王喜。还攻代,虏代王嘉"。（中华书局版《史记》第一册二百三十五页）可见，代王嘉被虏和灭燕是同一年，这大概是苏洵言"燕赵处秦革灭殆尽之际"的依据吧。然而，赵公子嘉偏安于代，不过是流亡政府，名存实亡，史书上亦无任何抗秦之行的记载，是坐以待毙，不是战败而亡。因而，无论是古代司马迁的《史记》，还是现代范文澜的《中国通史简编》（修订本），均没有把灭赵的时间算在赵王嘉被虏之际，而算在"破邯郸，得赵王迁"的秦始皇十九年（即公元前二二八年）。苏洵把没能对秦作战的赵说成后亡，意在表达主战反略的思想，以讽喻北宋贿赂契丹、西夏的屈辱政策，这无疑是正确的。但所持之据不完全真实，这削弱了论证的力量。在语文教学中，给学生指明这点，不仅还原了历史的本来面目，而且可以帮助学生形成论据的真实可靠是论证的生命力这一观点。

解释学的目的就是比作者自己更好地理解作者，超越作者。这已成为共识。不同的读者关注到的内容不同，这是作者无法预计的。文章与文学一样，其阅读也存在超越的可能。应该看到，世间没有尽善尽美的文章，绝对完美是不可能的，只要我们用挑剔的眼光看问题，即使是名人的名篇也会发现瑕点。这瑕点可能是观点的片面或错误，可能是材料的失真或不当，可能是布局的松散或语言的毛病，可能是注释有误，等等，发现并针对这些疏漏之处思考纠偏，就是在选做课题。

再如，在实施新课程中，有人反对教学预设。实际上这反映出，在"自主学习就是自己做主的学习"这一片面思想的影响下，教师的手脚被捆绑了起来。教师确定教学目标、考虑教学内容、安排教学环节、设计课堂提问等一律被视为"牵着学生鼻子走"的预设，凡是预设均在被反对之列。于是有人就提出什么"无教案教学法"的奇谈怪论来，并在报纸杂志上加以渲染。受其影响的教师有的从备课到上课乃至作业批改全由学生轮流进行，希望以此来体现学生在学习中的主体地位。这种淡化教师作用的"唯自主化"的教学看似充分体现了学生的主体性，实际上是放弃了教师的教学主导作用。教学还需不需要预设？针对这个问题，我确定了一个研究课题"教学预设的科学化与非科学化"。

我们提倡科学化的教学预设。所谓科学化的教学预设，是指教师依据课标的要求、教材的特点、学生的实际、教学的环境条件、教师自身的教学风格，实事求是地设计教学目标、内容、步骤、方法、手段，设计应充分考虑课堂教学的动态性、变化性、变通性、师生的互动性，并能容纳非预设性因素，而且，在教学预设中应该有所生成。这就要求教师凭着自己的教育智慧，有效地引导学生提出新问题、发表新见解、作出新答案，让思维进入创新状态。

一位教师教《皇帝的新装》，他把教学参考书上概括的课文主题先告诉学生："本文通过一个昏庸无能而又穷奢极欲的皇帝受骗出丑的故事，揭露和讽刺了以皇帝为代表的反动统治阶级的虚伪和愚昧。"接着问学生："这个概括是否失之偏颇、失之片面？是否有更恰当的概括？"老师用这些问题让学生从不同方面展开思考、反复讨论、提出新见解。课文中有这样一段描述：

> 就这样，皇帝在美丽的华盖下开始游行了，所有在街道两旁和从窗口看见他的人都说："一点不错，皇帝的新衣真正无与伦比！他那件长袍有多么长的拖裾啊！衣服多么合身啊！"没有一个人希望别人知道他什么也没有看到，因为这样一来，他不是不称职就是太愚蠢了。皇帝的衣服从来没有得到过更大的称赞。

一名学生以上段描写为据论述道，这段描写明显地讽刺了在场的所有的人，包括老百姓在内，因此课文中除说出真情的小孩值得赞扬外，所有的人都成了讽刺对象。怎么能说是只讽刺了以皇帝为首的反动统治阶级呢？可见教参概括失之偏颇。但有的学生经过思考后又指出，如果把皇帝和老百姓相提并论，不分主次地把他们作为半斤八两的讽刺对象，也不符合作品的实际。课文把讽刺的矛头指向皇帝和大臣，而且讽刺十分辛辣，而对百姓的讽刺则显然有所不同。两名学生争执不下，这时老师适时进行了点拨：皇帝、老百姓受骗而不敢或不能正视事情真相，可是一个小孩为什么又能一语道破天机呢？这一问就是在进一步拓展学生的发散性思维空间，并让学生联系自己的生活经历、联系社会现实展开讨论。终于，学生从一个新的角度对课文的主题得出了一个新的认识：任何人不管处在什么时代、什么地位，如果背上思想包袱，陷入盲从，失去自觉性，他将不会有勇气如实地认识和反映现实，结果就会做出蠢事。只有像小孩所象征的那种无私无畏的人才能面对现实。

以上教学案例就是一个通过教学预设引导学生生成创新思维的典型案例。老师先把教参概括的主题告诉学生，这显然是教师上课前就设计好了的一个教学环节，属于教学预设。对于教参的概括，老师不急于发表自己的看法，不用自己的理解去限制学生的思想，不向学生硬塞结论，不代替学生下结论，而是质疑激思，开启学生思维的门扉，让学生去思考讨论"这个概括是否失之偏颇、失之片面"。当有的学生从课文中找依据来否定教参，有的学生又从课文中找出另外的依据来质疑这个否定，双方争执不下时，教师也没有搞一锤定音，而是通过引而不发的点拨让学生的思维掀起更大的波澜，终于从一个新的角度对课文的主题得出一个新的答案。这就是"预设中的生成"。这才是真正意义上的自主学习。

从争议中寻找教育科研课题

教育科研首先要考虑研究什么，即确定研究课题，确定研究对象。总的来说，要研究的问题，一定是有价值的课题。所谓有价值，就是看它是否符合社会和教育事业发展的需要，是否有利于提高教育质量，促进青少年全面发展。对中小学教育科研来说，选题的价值更多的是应用价值，要从当前教育发展的实际需要出发，针对性要强。

有争议的问题，往往就是最有价值的热点问题，是意见有分歧、认识尚待统一的问题。这种有争议的问题就应该成为教育科研的首选课题。这种课题往往有比较大的讨论空间。而且争论双方的交锋可以将问题的关键和核心直接揭示出来，使研究者可以对问题的最重要的环节有直接的把握。而且，从大家正在争论的问题入手开展研究工作，可以直接让自己与研究界对话，从而确保研究工作的前沿性和针对性。正如著名科学家波普尔在把爱因斯坦提出相对论的科学实验活动作为典型案例进行研究之后，提出了极具教学意义的观点。他指出："对于一个需要作出发现的年轻科学家来说，如果他的老师告诉他，到各处去参观，那就是一个糟糕的建议，而如果他的老师对他说：'去了解了解科学界在讨论什么，找出困难所在，把兴趣放在引起争论的地方，这些就是你应该从事研究的问题。'那么就是一个很好的建议。"换句话说，你应该研究当下的问题，这意味着你要寻找并设法延续一条探究之路。这也从另一个侧面告诉我们，确定科研选题要瞄准正在争论的问题。

比如，学习方式是当代教育理论研究中一个十分重要的概念。当前，全国范围内正在深入开展基础教育课程改革，变革学习方式是实施新课程的一大任务。新课程学习方式的变革，最终目的是使学生的学习从单一走向综合，从统一走向个性，从被动走向主动。实施新课程以来，教育界针对传统教学中"被动、机械的学习"提出了"自主学习"的概念。但什么才是自主学习，这就存在争论。有人认为自主学习就是学生在老师的指导下的自觉主动学习，有人认为自主学习就是完全由学生自己做主的学习。由于对自主学习的认识存在分歧，教师们就无所适从，自主学习这种方式被有的人异化成了一种徒有其表而无实际内容的装潢。在实施新课程的过程中，为了把自主学习引上正确的轨道，有必要分清其中的是与非。于是我就把"自主学习的是与非"作为一个研究课题，其研究的结果以研究论文的形式发表在 2011 年 9 期《中国教育学刊》上。文章对自主学习在理论上作了科学的界定。其中针对"自主学习就是自觉主动学习"，我作了相应的肯定性的阐释。

我们认为，在基础教育阶段，真正意义上的自主学习应该是在老师正确引导下的自觉主动学习。自主，主要是自觉主动。这种自主学习应该是在民主和谐的教学氛围中的师生互动。学生在教师的引导下，在教学目标的调控下，根据自身兴趣、爱好等特点，自觉主动地决定学习目标、学习内容、学习方法，并通过自我监控、自我反省，完成具体学习任务。自主学习的主要特征是：学生参与确定对自己有意义的学习目标，自己把控学习进度，学生有自己的思考策略和学习策略，在解决问题中学习。学生在学习过程中有情感的投入、内在动力的支持，学生在学习过程中能进行自我调控。同时，自主学习作为一种内在精神与品质，它是对学生主体意识的磨炼、发展和提高。

我的文章对"自主学习就是完全由学生自己做主的学习"这一观点并没有盲目地一概肯定或一概否定。我既肯定了它的合理性，又否定了将其推向极端的消极因素。我在文中指出：在课程改革中，自主学习被一些权威诠释因而也就被多数人普遍认为是"自己做主的学习"。其实，这只是一种理想的学习境界，是教育最终要达成的目标。学生通过接受教育，最终要具备能够自己做主学习的能力，也就是叶圣陶说的"教是为了不教"。为了培养学生自己做主学习的能力，在基础教育阶段，为学生适当搭建自己做主学习的平台、提供一些自己做主学习的机会、创造一定的自己做主学习的条件、营造一种自己做主学习的氛围、教授给学生自己做主学习的方法、奠定自己做主学习的知识基础和其他基础，这些都是必要的。但是，千万不要把这种"自己做主"绝对化、极端化、唯一化。正是为了将来的"不教"，所以现在还需要"教"。在基础教育阶段，把"自主学习"理解为纯粹"自己做主的学习"，把它唯一化、绝对化，恐怕超越了学生的可接受性，有违认知规律，成了教学上的乌托邦，这在事实上是行不通的。而这种理解就是在理论上也是不能自圆其说的，如果把"自主"纯粹地理解为"自己做主的学习"，且不说教师不能当传授者，恐怕就连当一个引导者、组织者、激励者、合作者（而这些正是课改中推崇的教师角色）也不配，因为要自己做主，谁要你来引导、组织、激励、合作？这样，自主学习岂不是与"自学"画等号了吗？

课程改革提出教师是学生学习的组织者、促进者和指导者，表明学生的主体地位恰恰是在教师主导作用下确立的。教学中师生之间是平等的，彼此应该合作和学习，也就是教学相长，"弟子不必不如师，师不必贤于弟子"。但是，师生在人格上的平等并不意味着教师与学生在学识水平方面也处在一个层次上，从总体上讲，教师在本学科专业领域内较之于学生，他应该处于优势地位。他虽然必须看重学生的学，但对其学必行其导。教师的主导作用应体现在为学生学习创设情境、激发动机、提供资源、指示方向、教授方法、质疑激思、点穴通窍、升华结论、作出评价、督促管理等方面。教师的这些主导作用不仅不会束缚学生的手脚，反而使学生的自主学习会更有成效。

在理论上讲清楚自主学习的是与非后，文章紧接着对自主学习中出现的"凡'讲授'就该取缔""凡'要求'都得满足""凡'预设'就该反对"的三种误区也进行了透彻的分析。最后，我得出的结论就是自主学习虽然是在教师的引导下自觉主动地学习，而且要以这种方式为主，但又要适当地放手给出让学生自己做主学习的时机和空间。将两者结合使用，以前者为主，后者为辅。

我选择自主学习这个有争议的问题来研究，我首先摆正了自己的位置，保持客观公正的立场，我对争论的双方没有思想偏向，没有选边站队，所以，我的研究才会发现争论双方都有正确的成分，不能非此即彼。同时，我的研究也发现，双方都有盲点，即双方的共同错误都是把自己的主张绝对化，绝对地排斥对方。一旦抓住了双方的共同点和盲点，我就抓住了问题的关键和本质，就会为推动讨论向前发展提供一个契机，这样参与讨论的研究才会有意义，才会一下子脱颖而出，新人耳目。

创新思维是教育科学研究的关键

开展教育科研涉及的问题很广泛，诸如教育研究的一般原理、教育研究的构思与设计、教育研究的基本方法、教育研究结果的分析与评价。其中的每一部分又包括许多更为具体的内容。如研究方法就包括文献检索法、观察法、实验法、测验法、问卷法、调查研究法、经验总结法、个案法、行动研究法等。其实，这些东西都不难掌握，翻一翻这方面的专著就一目了然。我想谈谈教育科学研究的关键是创新思维。

一、创新

（一）创新的定义

我们从号称"摩托大王"的日本企业家的故事说起。日本有位号称"摩托车大王"的企业家，他周游列国，将各国所有型号的摩托车都买下一辆，并将相关的资料弄到手。回到日本后，他组织了一个科研班子，让班子成员阅读摩托车的资料，并将每辆摩托车拆解开来，研究其构造、性能、优缺点。然后他向班子成员提出一个要求，要在研究各国摩托车基础上，造出集百家之长、弃百家之短的摩托车。班子成员制订了方案，然后进行了无数次的实验，方案也在实验中不断修正完善，最后终于造出了成本低廉、构造简单、耗油量小、速度快、行驶安全的新型摩托车。在能源危机的情况下，这种摩托车在国际市场上畅销，所向无敌。

这种摩托车的制造可说是一种创新。在这个研究过程中，读各种摩托车的资料，并拆解摩托车进行观察研究，这就是作为主体的人（科研人员）综合各种知识信息的过程。老板下达任务，要造出集百家之长、弃百家之短的摩托车，这是确立创新目标。科研人员制订方案，反复实验，在实验中不断调整方案，这就是一种有目的的控制和调节活动，因此，造出的摩托车是前所未有的，既有社会效益，又为资本家创造了利润。

我们从上面的分析中可以对创新的特征进行概括提炼：创新就是作为主体的人综合各方面的信息，形成一定的目标，进而控制或调节作为研究对象的客体，从而产生出前所未有的、有价值的产品的活动过程。

（二）创新是对思维定式的突破与超越

所谓思维定式，就是人根据已有的知识、经验，在头脑中形成的一种固定的思维模式，也就是思维习惯。遇到问题，人会自然地沿着固有的思维模式进行思考。思维受到一个"框框"的限制，缺乏求异性与发散性，难以打开思路，难以产生出创造性的思维结果。所以，当我们面对一个问题的时候，要警觉思维定式的影响和束缚，要用发展的眼光怀疑思维定式，看到它的局限性；要用思维的求异性、发散性压倒思维定式，这样就有可能产生出新的、创造性的思维结果。

有一个叫中谷的日本人就对哥伦布立鸡蛋的事情产生了怀疑：难道鸡蛋就真的不能完整地立起来吗？这就是思维求异。他用放大镜反复观察蛋壳表面，终于找到了把鸡蛋完整立起来的方法，十分简单。许多表示怀疑的人在他的指导下，用很短的时间就把鸡蛋立起来了。今天，我们在电视上看到把鸡蛋立在玻璃杯边沿上的表演，就是突破思维定式的结果，也是思维求异的表现。

心理学上有个著名的九点图，实际上讲的也是思维定式对人思想的束缚。所谓九点图，就是要求被试者画四条直线把图上九个点全都连起来，而且画的过程不能倒退，也不能中断，很多被试者不能当场解决问题。究其原因，主要是受了九点形成的整体感——方形的影响。从而导致被试者总想到方形来考虑问题的解决，这就叫强刺激的影响，问题中的强刺激会使我们多加注意和关注它，往往容易使思路黏附在强刺激上而难以自拔。这强刺激就是一种思维定势。

清代大才子纪晓岚随乾隆皇帝夜宿白马寺。夜间寺内钟声响起，乾隆帝顿生诗兴，便吟出一句"白马寺里响金钟"。不料侍立一旁的纪晓岚"扑哧"一声笑出声来。乾隆立即明白，纪晓岚是在笑他这句诗俗不可耐，便心中不悦，问道："你是在笑此句不雅？""不！"纪晓岚定了定神，然后辩解道："我在笑古人之句'黄鹤楼中吹玉笛'终于有妙对了。"乾隆也笑道："'黄鹤楼中吹玉笛，白马寺里响金钟'，一俗一雅，雅俗共赏。"这里我们且不说纪大才子超凡的文才，单就一俗句竟然与一雅句对上了，生出如此新颖之意来，就已令人称绝。"黄鹤楼中吹玉笛"，古人为什么就对不上？这里有个破格的问题，纪晓岚的笑声中，对此联无创新确有一点嘲笑之意。但不管怎样，我们不难获得启示："文章可以通过变化求异生出新意来。"破格就是创新。创新就不要受传统观念、固有经验的束缚，创新是对思维定式的超越与突破。

但创新不是无原则的标新立异，创新虽然超常，但不反常；虽然奇特，但不荒唐；是求异，而不是求谬。

二、创新思维

思维就是人的大脑对客观世界的间接的概括的反映。所谓间接，就是不凭直觉，而是根据已知探讨未知。所谓概括，就是透过现象看到本质。而创新思维就是提出新问题，解决新问题，开拓人类认识新领域的思维。

众所周知，电可以产生磁，电场可以产生磁场。法拉第就在想，磁能不能产生电？磁场能不能产生电场？这就提出了新问题。当他通过实验证明磁能产生电，磁场能产生电场后，就促成了发电机的诞生，这就在解决新问题的基础上开拓了人类认识的新领域。众所周知，声音可以产生振动，爱迪生就在想，振动能不能产生声音？这就提出了新问题，当他通过实验证明了振动能产生声音后，就促成了留声机的诞生。这也是在解决新问题的基础上开拓了人类认识的新领域。

三、运用创新思维开展教育科研

毛泽东主席说："课改的问题，主要是教员问题。"而教员问题又主要是教学与科研的问题。以教学带科研，以科研促教学，这已经成了教师的两大基本任务。因此教学与科研这两手都要抓，两手都要硬。然而在当下，重教学、轻科研却是一个普遍现象，这势必会拖教学的后腿。应该看到：教育科学研究是科学研究的形式之一，是以教育现象为研究对象，以科学的态度，运用科学的方法，有目的、有计划地探索教育现象及规律，阐述、控制、预测教育现象直至发现教育规律并指导教育的创造性认识活动。

教育科研是创造性活动，创造性活动绝对需要的就是创新思维能力。只有不断发现、不断发明，才能有所创造、有所前进。没有创新思维来支撑创造性研究，不可能是高水平的研究。

当前的教育科研应该着重围绕第八轮基础教育课程改革来开展。这次课改可以说是一场风暴、一次洗礼、一场启蒙，其旨归就是要更好地在我国开展以立德树人为目标、以培养学生创新精神和实践能力为重点的素质教育。这场改革不是一个短期行为，改革大约需要三十年的时间才能完成。第一个十年完成理论构架，师生家长都要改变思考问题的方式，形成思考新课改的话语体系。第二个十年要找到从理论到实践的落脚点，找到推广新课改的有效途径，使新课改成为教育常态。第三个十年才是新课改见成效的阶段。现在我们已进入第二阶段，是攻坚克难的阶段。课改的经验需要提升，存在的问题需要解决，出现的误区需要纠正，这些都要靠运用创新思维进行教育科研来解决。

开展教育科研要理论联系实际

　　课题研究既要顶天，又要立地。所谓顶天，就是要在理论方面上着手，所谓立地，就是说研究必须从实际出发，要接地气。一句话，就是要理论联系实际。可是，我们一些中小学教师搞研究，理论往往上不去，写出来的文章多是观点加教学案例，缺乏必要的理性分析。论文重在一个"论"字，观点加案例，这样的文章只能叫心得体会，不能叫科研论文。按照我们一般的认识，理论与实践是相互依存、相互转化的。人们通过实践获得对事物本质及运动规律的认识，然后再依据我们已有的认识去指导实践，使实践合乎科学规律，这一切都是顺理成章的。但事实上，理论与实践的关系并不像我们所理解的那样简单。一方面，从实践上升为理论的过程是一个由具体到抽象的过程。在这一过程中，人们对事物认识得越深刻，其理论抽象的程度就越高，所获得的结果也就越远离事物的具体形态。而这种抽象必然损伤对认识对象的原有把握，导致它只能以简单的概念和结论呈现在人们面前。正像列宁在《哲学笔记》中所指出的那样："如果不把不间断的东西割断，不使活生生的东西简单化、粗糙化，不加以割碎，不使之僵化，那么我们就不能想象、表达、测量、描述运动。思维对运动的描述，总是粗糙化、僵化。"但另一方面，尚未具备足够的感性认识时的抽象化结论无法成为老师们行动的指南。老师们所需要的是对其具体教学行为方式的指导，他们的认识至少要从经验理性这一低层次理论认识开始，而不是直接进入理性思考。从这个认识出发，课题研究就要联系大量的教学现象，这是学习理论知识的需要。但是要特别注意教学案例的层次，既要有高层次的教学案例，如一些著名教师的教学案例，又要有低层次的正反两方面的教学案例。两者之间，还必须有一个中间层次，即符合指导之法的教学案例，这种教学案例是一种规格、模式或称范式。这种范式无论是从学，还是从教的角度去观察，都能符合学习之法和指导之法，是理论体系的体现物，是理解、接受理论的桥梁，又是实践理论、获得能力的范本。高层次的教例，由于是名师得心应手的变式，普通教师一时难以企及，却是他们进步的方向；中间层次的教学案例是联系两极，由低向高发展的枢纽，是普通教师眼下可以努力达到的。三者的结合，就能够不降低理论难度，又从实际出发，打下今后长足发展的扎实基础。

开放性 协调性 实效性

——王光龙先生办会的显著特色

　　魁梧的身材、和善的面庞、慈祥的目光、温和的笑容、儒雅的谈吐，这温柔敦厚的模样不由得使人想起唐代诗人白居易"平易近人，人心归之"的诗句来。这就是全国语文学习科学专业委员会理事长王光龙先生。也记不清是哪一年，素未谋面的王光龙先生突然给我打电话，邀请我加入全国语文学习科学专业委员会（下简称学会）。做学问的人谁不想加入与自己专业相关的学会呢？这样便有了与同仁切磋交流的机会了。所以这既是"要我入会"，也是"我要入会"，我便欣然表示愿意。入会后他让我担任了常务理事，接着又聘我担任学会的学术委员会主任。就这样，我有幸与王光龙先生在学会共事多年，渐渐觉得先生不仅面和心善，更是一位饱学之士，是做学问的高人。他有广阔的胸襟、开阔的视野、广博的知识、过人的亲和力以及很强的办会能力与不畏艰难、勇往直前的办会魄力。他是我国多个教育学术团队的负责人。他主持了多项国家级科研课题，著述等身，获奖不少，学术成果令人瞩目。他曾被推荐为全国中文核心期刊《语文教学通讯》2007 年第 1 期"封面人物"。2008 年被语文报社评选为"影响中国改革开放 30 年语文教育的 50 位学者"之一。他还是我国语文学习理论的创立者，数十年如一日地潜心研究语文学习科学理论，着力培养学生学习素质这一语文核心素养的"元素养"。王光龙先生值得我们研究的方面很多，囿于篇幅，我重点就他的办会特色发表一点看法，从这个角度也可以窥见王光龙先生做人与治学的道德风范，同时也为学会今后的建设与发展提供一点历史性的借鉴。我认为王光龙先生办会的特色就是：开放性、协调性、实效性。

一、开放性

　　作为全国语文学习科学专业委员会理事长，王光龙先生办会很有眼光，颇具有开放性、包容性。时下，国内研究语文教学的全国性学术团队也有好几个，这些学术团队或者只研究小学语文教学，会员也以小学语文教师为主；或者只研究中学语文教学，会员也以中学语文教师为主；或者只研究高师语文学科教学论，团队会员自然差不多也都是高校教师。这样的语文教学研究，考虑了不同层面的研究对象的特点，针对性比较强，追求的是对每个层面的语文教学作深入的研究。这些学会当然有继续存在的合理性和必要性。但这样的学会研究机制也有它的局限性，就是它把语文教学整体性研究分割开来、肢解开来。研究内容过于专一、研究成员过于单一、研究视野过于狭窄、研究范围过于封闭，他们只注意到各个层面的语文教学研究的特殊性，而忽略了各个层面的语文教学之间有着紧密的内在联系，彼此有着相关性、相连性、系统性、一致性。三个层面自我封闭、各自为政，这样的结果是排斥了语文教学研究的整体性和一般共性，也直接妨碍了对语文教学各个层面的特殊性研究。语文教学改革的发展趋势迫切需要有一个能把小学、中学、大学这三个层面的语文教学研究统一起来的学术团体，这个学术团体能够整合各个方面的力量，将普遍性与特殊性结合起来研究。

由王光龙先生组织策划成立的全国语文学习科学专业委员会在这种背景下应运而生。这个学会虽然也是由高校发起，以高校学科教学论的教师为主体，但学会广泛吸纳了中小学校长、中小学语文教师、中小学语文教研员以及一些教育学术期刊的编辑人员入会。这就打破了小学语文、中学语文、高校语文学科教学论研究的界限，把各个层面的语文教学研究整合起来，把高校和中小学以及学术期刊研究语文教学的力量凝聚起来，将语文教学研究的特殊性与一般共性有机地结合起来。学会会员既有高校从事语文教学理论研究的专家学者，语文学术期刊的编辑，又有中小学校长、语文教师、语文教研员，这就实现了中小学语文教学与高校及其他语文研究机构的无缝接轨。这几者的融合还真是优势互补。第一线的中小学校长、语文教师、语文教研员的教学实践为高校专家们的研究提供了丰富的素材，使其研究更加接地气，更加有的放矢。这种学会人员的组合机制也更有利于把高校以及研究部门专家们的研究成果向中小学语文教学一线推广，进而提升中小学语文教学的效果。我从学会的开放性、包容性中看到的是王光龙先生开阔的胸襟、豁达的气度。"海纳百川，有容乃大"，"泰山不让土壤，故能成其大；河海不择细流，故能就其深"，先生办会就有这样的气度，这才引得八方学人投奔先生而来，"星多天空亮，人多智慧广"，人才济济的学会怎么不会越办越兴旺，越办越有生机与活力呢？

二、协调性

与开放性相关的第二个办会特色那就是协调性。所谓协调，就是指正确处理学会内外的各种关系，为学会正常运转创造良好的条件和环境，促进学会目标的实现。协调的关键是善于沟通。而沟通过程就是学会内外人与人之间的联系过程，是人与人之间传递信息、沟通思想、交流情感的过程。王光龙先生办会就很善于沟通。每次开会之前，他总要先发预备通知，接着再发正式通知。临开会之前，他总要召开由常务理事及相关人员参加的预备会，就会议的准备情况、宗旨、议程、人员分工等交换意见，统一思想，以便各司其职、各负其责。与会的一些关键性人员，比如要在会上开办专题讲座的、要参与会议主持工作的、要为教学大赛点评的、要参与科研成果评审与总结的，要为大会负责承办工作或其他服务工作的人员，他都会在开会之前就早早与之通气，反复征求意见，反复协商有关事宜。记得 2009 年的学会学术年会，按计划应该在云南省昆明市召开，承办方的老师们准备工作也十分投入，安排井然有序，但由于某些突如其来的意想不到的外部原因，承办方遇到了很难克服的困难，而这时会议通知早已发出，离开会时间也只有短短的一个来月，开弓没有回头箭，这对王光龙先生来说是一个严峻的挑战。按原计划在云南开会已经不可能，勉强开，也许效果极差，甚至可能会出现别的问题。但是，如果延期召开，或者取消这次会议，也会带来许多负面效应。这时，王光龙先生当机立断，决定开会时间不变，临时改变开会地点。他主动与四川省的相关同志反复商量，希望能在成都市按原日期召开。尽管四川那时是汶川地震后的第二年，抗震救灾工作仍在继续，承办会议也会有诸多具体困难，比如会务费不能增加，准备工作可能会非常仓促，难免顾此失彼等，但四川的同志却毫不犹豫地承担起了这次救急的学术年会承办工作。其原因多半是出于王光龙先生平时对四川同志的了解、信任和对四川工作的重视、关心和支持，四川同志对他常怀感激之心，总想能够有为学会作贡献的机会。于是四川同志在王光龙先生的指导下，调动各方力量，群策群力，力排万难，终于将这次救急的学术年会承办得有声有色，使参会人员普遍感到满意，得到了一致好评。可以说，这次学术年会的成功应归功于王光龙先生的人格魅力、归功于他的亲和力、感召力、凝聚力，正由于如此，学会的会员们也才会如此热心、如此尽力地为学会工作排难解纷。

王光龙先生对学会的协调工作表现在各个方面：如本学会与上级学会的协调，学会内部大、中、小学会员的协调，学会中老中青会员之间的协调，学会理事会、学术委员会成员内部的协调。他将学会列为全国教育学习科学专业委员会的下属组织，主动争取上级学会的领导和指导，并积极争取让更多的同志进入上级学会任职，以扩大本学会的学术影响力。他对学会中来自大、中、小学的会员一视同仁。大学有专家讲座、中小学有教学大赛、校长有论坛，无论大、中、小学，所有会员的研究成果都可以参与评奖，这就使所有的学会会员在学术年会上都有自己的活动空间，都有施展自己才华的平台。开会期间，学会的常务理事、学术委员均有明确的分工，或者主持各种会议、各种活动，或者作学术讲座，或者评审参赛科研成果，或者点评参赛教师的教学。真是各得其所、各尽其能、各显神通。

　　在学会内，王光龙先生特别注意老中青会员之间的协调。他充分发挥中青年教师的作用，通过开办论坛、进行赛课、科研成果评奖、举办学术讲座等方式来开阔他们的学术视野，提高他们的教学科研素质。并经常将一些优秀的中青年教师吸收进学会的理事会，给他们压担子，给他们搭建施展才华的平台。王光龙先生特别重视学会前辈对中青年会员的带动作用。对学会中学术成就显著、德隆望尊、在全国影响很大的老专家，王光龙先生总是注意发挥他们对学会成员的引领作用，通过让他们作学术报告，为他们颁发终身荣誉奖、突出贡献奖，为已去世的著名前辈开纪念会，为在世的著名前辈举办教育思想研讨会等方式，表彰他们的学术贡献、发掘他们的教育思想，以此来对学会的中青年教师施加积极影响，使学会的优良传统薪火相传。比如举办已逝的朱绍禹先生、陶本一先生的纪念活动，举办黄磷森先生等专家的教育思想研讨会。在这些活动中王光龙先生或是参与策划，或是广泛宣传，或是亲自赴会发表演讲。所有这些，无不说明作为学会负责人，王光龙先生以高度的使命感、责任感，凭借高超的领导艺术、协调能力、组织能力把学会所有会员团结在一起，拧成一股绳，为完成学会的各项任务而努力奋斗。

三、实效性

　　王光龙先生办会十分注重的就是实效性，而开放性与协调性正为取得办会的实效性提供了有力的保障。他举办各种学术活动不搞花架子，不做表面文章，不哗众取宠，而是实事求是，追求实际效果。每次学术年会都能紧扣我国各阶段教育改革的新形势、新要求来确定鲜明的主题。学术讲座、校长论坛、教学大赛、成果评审均会紧紧围绕会议主题展开，不蔓不枝、重点突出、火力集中、有的放矢，且矢能中的。王光龙先生对学术年会的每一个议程都是高标准、严要求，注重的是抓铁有痕、踏石留印。比如对于教学大赛、科研成果评奖，一些学会总是把评选结果宣布完毕、证书颁发完毕就了事。而王光龙先生则要求对教学大赛进行有针对性的点评，对科研成果的评选要归纳提升，让大家都知道学会科研的亮点，以便学习借鉴，明白科研中存在的问题，以引起大家继续研究的注意。同时还要指出下一步努力的方向、方法和路径。他总是把课题研究与学术年会的举办紧紧地捆绑在一起，用课题研究来充实学术年会的内容，用学术年会来对研究课题进行集体攻关，带动课题研究活动的深入开展。这些年来，王光龙先生先后主持了全国教育科学"九五""十五""十一五"规划课题以及一些省市级课题，如"语文学习素质培养与人的发展研究""新课程改革中转变学习方式的研究""语文学习指导模式与学习素质培养""中小学生语文课题学习指导研究""校网博客促进小学教师专业发展的实践研究""语文教学理论研究""语文阅读学习方式指导研究"等。他把这些课题研究渗透进学术年会活动之中，在他的引领下，学会会员都参与到对这些课题的研究中来了。比如由他主持的"语文学习素质培养与人的发展研究""新课程改革中转变学习方式的研究"这些国家课题，他都将其作为学术年会的主题。比如他在学术年会上，先后作了"语文学习素质培养与人的发展""转变学习方式"等专题报告。至于校长论坛、中小学教师赛课、科研成果评奖等，都能围绕"语文学习素质培养与人的发展""转变学习方式"等课题研究来展开。课题研究与学术年会的活动紧密结合，这就发挥了集中力量搞科研的优势，"众人拾柴火焰高"，"万人操弓，共射一招，招无不中"，"能用众力，则无敌于天下矣；能用众智，则无畏于圣人矣"，有了群体的智慧和力量作支撑，科研也就充满生机与活力。取得成果，那就是水到渠成的事。仅以王光龙先生为例，他在个人独立思考和实践的基础上，吸收学会集体的智慧，取得的研究成果就十分惹人注目。他撰写的学术论文《学习素质与学习型社会》在我国权威核心期刊 A 刊《教育研究》上发表，其他许多学术论文都在我国一些中文核心期刊刊载，被人大复印资料转载，他的研究成果先后获得山西省社会科学优秀成果一等奖一次、三等奖一次，山西省优秀教学成果二等奖一次，杭州市社会科学优秀成果一等奖一次。

王光龙先生领导的全国语文学习科学专业委员会具有权威性、高知识性、高互动性，他主办的学术年会，能够让参会人员快速了解语文教育领域及相近领域的学术前沿，了解我国语文教学的研究动态，使大家明白各个时期的语文界在做什么，已经做到了什么程度，有什么意义和价值，让大家能够分享研究成果，启发科研思路，激发研究灵感。会员们听别人作报告，看别人的科研成果的过程，也是重新认识自己、评估自己的过程。看到好的科研成果，让自己羡慕，也感到自己的不足。同时，也会让自己更加自信，给自己力量。

清人郑板桥说："学者当自树其帜。"道出了为学应该创新的基本精神。王光龙先生就是用创新精神在办会。他为学会的建设和发展殚精竭虑、呕心沥血，在我们的心灵上留下了不可磨灭的印象。

全国语文学习科学专业委员会
第六届学术年会科研成果评奖总结

各位专家、各位老师：

大家好！作为全国语文学习科学专业委员会学术委员会主任，我代表学会就本次年会科研成果评奖作总结。

本次年会安排了科研成果评奖交流活动，这是对我国近年来语文教育科研成果的一次盘点与检验。语文教育科学研究，就是"以解决语文教育理论与实践问题为目标的诊断性研究以及实践者对自身实践情境和经验所做的多视角、多层次的分析和反省"。从论文专著的评审中，我们不难发现，这些成果说明：参赛获奖的老师们在充分张扬教学实践的开放精神和逻辑力量的同时，已经迅速抢占了当今时代语文教育研究阵地的制高点。研究之于教育，无论是从初衷还是归宿来说，都是教师主体和教育本体一次积极的自我敞开、自我审视的行为，借以达到发展自我、提升自我的最优化效果。

本次年会从来自全国高校和中小学教师提供的四百余项科研成果中评出获奖成果一百八十二项。其中一等奖三十八项，含专著两部、研究报告一份、科研论文三十五篇；二等奖论文五十八项；三等奖八十六项均为论文。

下面我就这次成果反映出来的亮点、问题以及今后语文教育科研应该努力的方向作简略总结。

一、亮点

本届参赛成果在语文教育科研，尤其是在选择研究课题方面有许多亮点，为我们全国语文教师提供了宝贵的经验。

（一）选题及研究有一定的理论价值或应用价值

在本届比赛中，一些成果发现和提出了有科学意义的问题，这本身就是认识的成果。学科教育研究的实际课题有的强调学术价值，但更多的却是强调应用价值，或是这二者兼而有之。本届获奖成果中，选题有些具有理论价值，有些具有应用价值，有些则是二者兼而有之。比如陈剑泉撰写的论文《阅读教学的边界在哪里？——兼评关于〈背影〉教学的李韩之争》一文，就既有理论价值，又有应用价值。李华平撰写了《迷失在学科丛林中的语文课》一文，第一次就韩军施教《背影》发表了不同的意见，吸引了语文教学界的许多目光，掀起了人们的关注热情，各大语文学术期刊、网络媒体纷纷加入了研讨的行列。陈剑泉参赛的论文对李韩之争的各种观点进行梳理、总结，并分析其原因。论文最可贵的是提出了一个令人信服的鉴别文本解读正确与否的标准和考察问题的系统分析框架，并以此来划定阅读教学的"边界"，这就体现了论文的理论价值。其应用价值表现在作者用这个标准和分析框架对李韩之争进行了点评，从中看出了这场争论的曲与直，是与非，真理与谬误，从而坚守了文本解读的正道，排斥和否定了文本解读的"歪门邪道"。蒲静雯撰写的《文本教学解读的定位、层级与分寸》、覃发业撰写的《前见视阈下文本解读的双刃剑》、康海荣撰写的《散文教学的文本还原与文本转换》等论文都不仅有应用价值，而且有一定的理论价值。

（二）选题及研究具有一定的科学性

既然是教育科学研究，那选题当然要有科学性。所谓科学性，其内涵有两个方面：一是指选题要有科学理论依据，科学理论对选题起到一个定向、规范、选择和解释的作用。离开科学理论为依据，选题的起点就低、研究的盲目性就大。二是选题要以一定的事实为依据。这就是选题的实践基础。研究课题是从实践中产生的，具有很强的针对性，实践经验同时为选题的形成提供一定的、确定的依据。有了理论依据和事实依据，选题也就具备了科学性。应该看到，选题的理论基础和实践基础制约着选题及其研究的全过程，影响着研究的方向和水平。如康海荣撰写的《散文教学的文本还原与文本转换》一文，作者建议散文教学要着眼于类属化学习能力的培养，通过对散文进行还原分析，挖掘出文本的构成要素，培养学生借助于散文文本要素来阅读散文的能力。这一基本观点的提出，就是既以"散文是作家最具个性化表达特色的另有所属的文本类型"的文艺学理论为支撑，又以"教师缺乏识别和选择散文文本中什么内容来教的专业素养"问题为事实依据提出来的。周静婷撰写的《讲者有思路，遵路识斯真——以黄厚江老师〈葡萄月下〉的教学为例》等论文，其选题都是以典型的教学案例为事实依据，其分析也鞭辟入里。

（三）许多选题及研究比较新颖，有一定的独创性

选定的课题可以是前人未曾解决或者是尚未完全解决的问题，通过研究有所创新；也可以是针对研究领域内的空白；也可以是针对虽有所涉及，但还不够深入、不够全面、不够系统，甚至还可能有错误的问题进行研究。比如针对中国现当代诗歌教学研究长期受到忽视，其教学理念及方法一直模糊不清的问题，谢李丽的《对中国现当代诗歌教学的再思考》一文，从当今社会已经逐渐进入大数据时代，中国当代诗歌又自成一个大数据体系的实际出发，引导学生从掌握这个大数据体系的共同性基础的内容和形式，运用大数据时代的比较归纳方法，采用现代教育技术，借助音乐的节奏旋律，开展仿写训练等方式进行诗歌教学，就很有创意。黄燕撰写的《关于初中语文学困生的研究与对策》一文，对学困生的概念界定，语文学习中的学困生的特征及外在表现，产生语文学困生的原因及对策分析等，都有作者的真知灼见，而非简单地抄袭别人的观点敷衍成文。

（四）多数选题及研究具体而又明确

选定的问题一定要具体化，界限要清晰，范围宜小，不能太笼统。问题是否具体适度往往影响全局的成败。那种大而空、笼统模糊、针对性不强的课题，往往科学性很差。只有对问题有清晰透彻的了解，才能为建构指导研究方向的参照系提供最重要的依据。因此不宜把课题选得太宽、太大、太复杂。韩非子在《韩非子·喻老》中指出："天下之难事必作于易，天下之大事必作于细。"这就是说，要从小处着手。切入点可以小一些，而发掘就应该深一些。在本届获奖论文中，《初中语文状物散文阅读中信息筛选与整合的指导》《初中语文任务型写作和多形式评价的实践研究》等论文就具备具体而又明确的特点。

二、问题

自从推行素质教育，开展新课程改革以来，中小学教育科研被推上了前所未有的重要高度，中小学教师也表现出了前所未有的科研积极性，这是一种令人欣喜的现象。然而，避开热热闹闹，我们冷静地仔细思考一下，中小学教育科研的实际效果究竟怎

么样？总的来说，不容乐观。这届参赛成果中也暴露了不少的问题。

（一）选题不当

中小学教师受理论水平和科研时间的限制，教学科研工作最好以应用研究和开发研究为主，而不是以理论研究为主。但是，也有的中小学教师为了刻意求新与刻意求深，选择了不合适的理论性课题。由于选题不恰当，论文观点的阐释常常与实际的教学工作脱节，研究的问题并不是学校和教师自身所需要的。成果提炼不够，成果缺少创新成分，原创性差。一些论述简单地抄袭别人的观点敷衍成文。我们这个学术年会的主题是"新课标、新教材与学习方式的变革"，因此提交的论文应该紧扣这个主题，至少也该是研究语文教学的。可是有一部分论文偏离了这个主题，甚至偏离了语文教学的理论与实践研究，将其他领域的研究文章拿来参评，比如《现代教师知识的概念溯源与辨析》，这就超出了研究的范围。如果就语文教师来谈知识概念溯源与辨析，就对了。还有《关于青少年网络成瘾问题的调查及策略研究》等论文，与本届参赛的主题就不对路。有的题目过大、相对陈旧，偏向于经验总结，缺乏理性思考。

（二）思路不清

评审专家组从论文评审中发现：有的论文研究问题不清楚、研究概念不明确、研究范围不准确、研究目标不实际、研究资料不翔实、研究方法不恰当、研究形式不规范。比如研究概念不明确，有的论文把"应试"和"应试教育"画等号，把三维课程目标与具体的教学目标画等号，这就不对。"应试"不等于"应试教育"。应试教育要考试，素质教育也要考试。有考试就会有应试。我们衡量一种教育形态是素质教育还是应试教育，不是看考试不考试、应试不应试，而是要从教育的出发点、教育的培养对象、教育的培养目标这三个方面来界定。从教育的出发点看，素质教育是一切为了学生；应试教育是为"学生要分数，老师要成绩，学校要名气"的"三要"而施教，教育明显带上了功利色彩。从教育的培养对象看，素质教育是为了一切学生，它要面向全体，一个也不能少；应试教育只为升学有望的学生施教，教学的内容、训练的深难度都只考虑升学有望的学生，至于学困生、后进生，跟得上就跟，跟不上就放弃。从培养目标看，素质教育是德智体美劳全面发展；应试教育只重智育，其他都被边缘化。就是智育也不全面，考试要涉及的就教，不涉及的就不教。至于三维目标，那是课程目标，是所有学科的任何一个教学单元都必须遵循的目标，而教学目标则是各门学科每一个教学单元，甚至每一节课要遵循的目标。教学目标要受三维目标的制约。

（三）论述不深

一些论文还属于教学心得体会式的文章，停留在经验层面，其表现就是观点加案例，缺乏必要的理性分析。论文重在一个"论"字，要在探索教学规律上下功夫。我们的教育理论研究应该与教育教学实际紧密结合，应联系大量的语文教学现象，应该有充分的教学案例分析，这些教学案例是理论体系的体现物，是理解、接受理论的桥梁，又是实践的理论、获得能力的范本。针对教学案例作必要的理性分析就能够既不降低理论高度，又能从实际出发，收到提升教师理论素养，进而提高教学与科研质量的效果。

（四）忽略研究新问题

在这次参赛的论文中，有的观点陈旧，不能与时俱进，不能紧跟课程改革前进的步伐。一部分研究与课程教学改革的新形式、新要求不合拍，为课堂教学改革服务的意识不强，放弃了自己的主阵地，荒废了自己的主业，这是十分不应该的。当前，我国教育战线正在开展第八轮基础教育课程改革。所谓审时度势就是要看到实施新课程的背景，既要埋头拉车，更要抬头看路，否则我们的努力就有可能是无效劳动，甚至走偏方向。审时度势、认清形势以后又怎么办？就是要趁势而上。所谓趁势而上，就是要把握机遇、迎接挑战。我们不能当课改的局外人、旁观者，要勇于投身课改的洪流，当一个弄潮儿，当一个课改的先锋，借实施新课程的机会逼自己转变教育观念，逼自己接受新思想、研究新问题，逼自己在专业发展方面练内功，与新课程一同成长。这就要求我们在开展课堂教学研究时，要以新课程理念为导向，以新课程实施过程中所面临的各种各样的具体问题为对象，在教学的同时，以研究者的身份，用研究者的眼光去审视课堂教学中一切现象、一切问题，把教室当成实验室，把学生和教师自己作为实验对象，通过研究，使我们的课堂教学改革能够与时俱进、能够行之有效；通过改革，实现教师与学生同步成长。

以上这些问题，对绝大多数中小学校、中小学教师来说，具有一定的代表性。当然，列举以上这些问题的目的，并不是想仅指出中小学教育科研工作存在的不足，而是想引出一个值得我们思考的问题——重要的教育科研，做起来怎么那么难？原因到底在哪里？

出现以上问题的原因，应该来自三大方面：一是对教育科研工作的认识不足；二是对教育科研的知识缺乏系统的学习和了解；三是教育科研工作的本身也存在问题。对以上这些问题，如果不及时加以疏导，任由其发展下去，教育科研不但不能发挥应有的功能与作用，还会直接影响教育科研的可持续发展。

三、应该努力的方向

（一）寻找问题是研究的起点

从社会需求出发提出问题；从学生发展需要确定问题；从课程改革实践发现问题；从学科交叉之处寻找问题；从中外教育信息探究问题；从教学反思之中总结问题。

（二）鉴别真伪是研究的关键

研究的问题一定要是真问题，而不是假问题，真问题的特点是：真问题是有意义的问题；真问题是有根据的问题；真问题是有针对性的问题；真问题是有实效性的问题；真问题是有创新性的问题；真问题是有可行性的问题。

（三）四个面向是研究的原则

面向过去——取熟避生；面向现在——避免雷同；面向未来——注重实效；面向自己——选最具可行性的课题。

（四）选择方法是研究的关键

教育科研通常所用的方法主要有：①文献研究法；②比较研究法；③实验研究法；④经验研究法；⑤行动研究法；⑥个案研究法；⑦叙事研究法；⑧教育预测法；⑨追踪研究法；⑩追因研究法；⑪内容分析法；⑫理性思维法；⑬问卷访谈法；⑭观察法；⑮统计法；⑯测量法；⑰抽样法；⑱图示法；⑲归纳法；⑳演绎法。

目前，许多语文教师还存在一些对教育科研的认识误区，学校的教育科研管理过程中也还显现出一些管理盲点。这已成为提高中小学教育科研水平的制约因素，应该引起学校领导和全体教师的关注。为了搞好语文教育科研工作，我们希望语文教师要树立五种意识：一是树立先导意识；二是树立主动意识；三是树立服务意识；四是树立过程意识；五是树立创新意识。

第七编
课例评析——推广先进经验

本编收录了我对于优秀语文教师教学课例的评析文章。

一是对著名中学语文教育家于漪、钱梦龙、李镇西先生以及四川师范大学教授李华平先生的教学实录评析。二是对全国首届语文教坛新星获奖课例的点评。

本编所评析的名师优秀课例既来自 20 世纪 90 年代以来资历较老的名师，又来自继他们之后在基础教育课程改革大潮中涌现出来的教学新秀。他们都具有自己深刻的教育思想，形成了个性鲜明的教学风格，在锐意进取的探索中，显现了语文教学的生命活力。

细品着优秀教师们的课例，我想起一个"像莎士比亚写诗那样去教书"的榜样，这个榜样就叫雷夫·艾斯奎斯。这位老师能"把教室内外遇到的一切和他所创造的一切都演绎为平凡而又动人的教育故事，在平凡简单里，使人看到孩子们复杂而又丰富的精神世界；在单调重复中，使人领略到像磁铁石吸铁一样的教育艺术"。本编这些奉献课例的教师，就是中国式的雷夫·艾斯奎斯。细品这些课例吧，让我们都成为优秀的教师。

钱梦龙经典课例评析

钱梦龙先生执教《愚公移山》的教学设计充分体现了他"以学生为主体、以教师为主导、以训练为主线"的"三主"教学理论和自读式、教读式、复读式"三式"教学模式的有机结合，体现了教师导读的优势、提高了教师导读的实效。

一、自读式的体现

《愚公移山》教学设计计划用三个课时完成学习任务，第一课时是自读。教师在第一课时就布置了自读课文的任务，并对自读提出了具体要求：借助工具书和课文注解逐字逐句读懂课文，同时记录疑问，在教师教读时提出。教师一改文言文由教师逐字逐句串讲的教学方法，代之以自学开路、设问探究的自主学习方法。在课堂上进行自读，便于学生当堂提问，教师当堂指导，有利于提高学生自主学习的实效。

二、教读式的体现

在学生认真自读的基础上，第二课时与第三课时的前半段时间用于教读阶段。第二课时中教师在检查自读情况时，针对学生在自读中提出的各种问题，要引导他们共同讨论以求解决。教师只解答通过努力仍然无法解决的问题。在第二课时中，在初步厘清"人"和"事"的基础上，教师要引导学生重点分析智叟和愚公妻，以及愚公子孙、遗男这些人对移山的态度。第三课时，教师要引导学生结合课文阅读、思考、讨论，重点解决"愚公愚不愚，智叟智不智"的问题，从而深入理解语言的深刻教育意义。

在教读阶段，教师应当从抓字词句入手，逐步引导学生深入理解文章中心，从而完成《愚公移山》二十个文言实词、四个文言虚词、一个省略主句和一个倒装句的学习任务，并使学生对文章的思想内容和人物形象获得完整、鲜明的印象，从而学习《愚公移山》中蕴含的精神，树立为祖国现代化建设努力奋斗的意识。

教读阶段最能体现"三主"教育理论的环节就是结合阅读提出问题、分析问题、解决问题的环节。

一是让学生在自读中发现问题，二是教师紧扣教学目标、教材内容、学生学情精心设计一连串的问题，然后引导学生带着这些问题去阅读课文，通过阅读、思考、讨论和教师小结来解决这些问题。

钱先生"重视问题讨论，摒弃单向传导"，不硬塞结论，不代替学生下结论，而是引导学生在阅读中思考，在思考中议论，在议论中争辩，在争辩中发现，然后自己去得出结论，这就是培养学生的问题意识。

钱先生的问题设计注重发展智能，对准重点难点，关注学生差异，具体而又实在，形成了逻辑序列等原则。实践这些原则的具体方法通常有迂回问、分解问、语境问、类比问、对比问、暗中问、正反问、推溯问等。本节课钱先生最成功的提问方法就是迂回问。迂回问又叫回环问，也叫曲问。就是在提问中指导学生联想已经熟知的与之相同、相近、相容、相关的其他问题包含的知识要点，从中悟出新问题的答案。这种迂回问是问在此而意在彼，运用了迂回战术，变换提问角度，让思维拐一个弯，从问题侧翼寻找思维的切入点。

钱先生的迂回问语言充满童趣，提问不露痕迹，像是神来之笔悄悄把你捕获。比如《愚公移山》中有愚公"年且九十"一句，如果教师直接问其中的"且"字是什么意思？学生可依据注解答出"将近"二字来。但这样的问法过于直接，引不起学生的兴趣，激不起思维的波澜。钱先生则是采取迂回问的方法，问："愚公的年纪有多大？"学生立即回答："九十岁了。"钱先生又问："不多不少，刚好九十岁吗？"有学生说："是将近九十岁。"教师又问："你怎么知道是将近九十？"学生说："那个'且'字就是'将近'的意思，这在课文注解中作了诠释。"像这样的问题就是转了一个弯，其作用就是引导学生精细读书，特别要留心关键词。还比如针对"邻人京城氏之孀妻有遗男"一句，钱先生问："京城氏家里哪个小孩子也跟着愚公去参加移山了？他的爸爸肯让他去吗？"这里问"爸爸"的意图是要转个弯让学生理解"遗男"的意思。钱先生在本课教学中多处用到迂回问，这些迂回问问得巧妙、新颖，问题意识浓、问题难度大，这样的问法把文言文的字词句教学和对学生的思维训练结合起来，做到在落实基础知识的前提下发展学生的智能。钱先生的《愚公移山》案例之所以成为经典，就因为钱先生问得经典。这与钱先生强烈的问题意识和高超的提问艺术相关，更与他的导读法所体现的教育思想一脉相承。

这节课在教读阶段还有一个突出的特点就是抓住了意见分歧点进行质疑。学生对同一问题，因理解不一致而产生了争议，这种争议实际上反映了他们在感知课文的过程中知识和思维的差异。通过争议弄清是非，学生会对问题产生兴趣。因此教师如果能够抓住容易引起学生意见分歧的地方进行质疑，定能激发学生的探究思考。如钱先生在教《愚公移山》的教读阶段提出了"愚公笨不笨"的问题。学生分为了"笨派"与"不笨派"，大家各执一词，展开思想交锋。钱先生要求双方在课文中找依据，以理服人。结果学生以愚公"痛感迁塞之苦""确知移山之利""深明不移之弊"等依据论证了愚公不是愚，而是大智若愚，并指出说愚公笨，是因为没有愚公那样的深谋远虑，不像他那样看得远、想得深。可见，抓住学生有意见分歧的点进行质疑的确能激发学生的思维活动。

三、复读式的体现

在第三学时中，在完成教读任务后，教师又把课堂引向复读。钱先生的复读式分单篇复读式和单元复读式。本课自然是单篇复读式。复读设计分课堂练习与课外作业两部分。其目的是要引导学生对新学的课文回味咀嚼，加深理解，强化记忆。

比如钱先生用文言自编了一段关于甲乙二生对愚公"是愚还是智"的争论，然后要求学生加标点、述大意，寻找两个倒装句和体现文段主旨的关键句。这是以消化知识为主的训练，是帮助学生消化课文文言知识和加深对寓言教育意义理解的训练，很具有思辨性。课外作业中要求背诵全文，这是以记诵和积累知识为主的作业。要求结合作文教学写《老愚公的故事》，是以应用知识为主的练习。由读到写的过程是知识迁移的过程，也是模仿中的创新。

钱先生的经典课例很多，以上论述只是管中窥豹。凡是听过钱先生课的人，无不为他的"导得巧、问得妙、挖得深、讲得透"而倾倒。让我们都来回味、揣摩钱先生的经典教例，从中领悟出"三主"与"三式"的精髓，并用来指导我们的教学实践吧！

于漪经典课例评析

于漪先生认为：语文课堂教学设计应根据语文课的特点，从综合性考虑出发，备课时要进行多方面的研究，上课时力求融知识、能力、智力、思想教育于一体，以点拨为重点，使学生学会举一反三，努力使课堂教学多功能的作用得到充分的发挥。《春》的教学实录较好地体现了于漪先生的语文教育指导思想。

一、目的单一，一课一得，大胆取舍，得得相连

于漪先生能根据课文特点、学生学情来设计教学，做到目的单一，大胆取舍，一课一得，得得相连。

语文教学存在着综合性与系统性的矛盾。以阅读教学为例，所谓综合性，就是教材的任何一篇选文都包含字、词、句、篇，语法、修辞、逻辑的内容，都包含思想内容、表现方法。所谓系统性，就是以上任何一个方面都自成系统。字有字的系统，词有词的系统，句有句的系统，篇有篇的系统，语法有语法的系统，修辞有修辞的系统，逻辑有逻辑的系统。传统的语文教学在处理综合性与系统性这对矛盾时，采用的方法就是面面俱到。课文有多少元素就要讲多少元素，生怕有所遗漏，这就造成语文教学的内容重复，少慢差费。其实有所失才有所得，教师应该根据教学目标、课文特点、学生学情对教学内容大胆取舍。不要怕有所失，要有意舍掉一些东西，使保留的东西得以突出和强化，一学就学进学生的脑子里，融化在学生的血液中，落实到学生的应用中去。其实，朱自清的《春》这篇散文值得探究的问题也不少，比如作者充满激情活力的写作心境，轻松愉快的感情格调，情境交融、诗情与画意的结合，语言的简朴、活泼、口语化，节奏的明快等。但于漪先生教《春》并没有涉及这些内容，她针对初

一年级学生的接受能力，针对学生作文描写景物不细致、词不达意、不会抓特征的短板，把教学目标定在"领会文中描写景物的细腻手法，体会文章用词准确、生动，比喻形象鲜明，抓住了描写景的物特征的特点"上。然后，教学的全过程都围绕达成这一教学目标来展开。教学环环相扣，内容紧凑，不蔓不枝，很顺利地达成了本课的教学目标。

二、摒弃烦冗讲练，强化读中行导

于漪先生执教《春》十分重视熟读、背诵。教师积极营造亲密和谐的气氛，激发学生阅读的兴趣，引导他们掌握阅读的方法，把点拨、启发、引导、激励留给自己，把阅读、理解、领会、体味、品味、感悟还给学生。

于漪先生十分重视阅读。课堂上，于漪先生仔细倾听学生在朗读中发音的错误，再引导学生互相帮助纠正发音的错误，纠正不了的，再由老师正音。特别值得一提的是：于漪先生提出的一系列问题，都是用来引导学生通过阅读、思考、议论以及教师点拨来"明其言、晓其意、感其情、悟其旨、得其辞、体其境"的。比如文中"盼望着，盼望着"，为什么要叠用？"一切都像刚睡醒的样子，欣欣然张开了眼"，"欣欣然"是什么意思？"桃树、杏树、梨树，你不让我，我不让你，都开满了花赶趟儿"，什么叫"赶趟儿"？于漪先生针对学生作文写景不细致、写作角度单一的毛病引导学生反复阅读课文中写景的片段。比如针对课文写"春草"一节，她让学生在反复阅读、思考、议论中领会出："钻"是写草的生命力；"嫩嫩的"是写草的质地；"绿绿的"是写草的颜色；"满"是写草的生长范围；"软绵绵的"是写草的姿态。于漪先生特别用课文写景的细致与学生作文写景的单调对照，以收到"以优显劣，以优促劣"的奇效。

于漪先生还引导学生进行比较性阅读。比如抓住结尾颂春的三个比喻让学生比其同、究其意、寻其合、追其分。学生通过阅读、思考、议论弄清了三个比喻的区别："春天像刚落地的娃娃"，是写春意盎然；"春天像小姑娘"，是写千姿百态；"春天像健壮的青年"是写青春活力。三个用比喻之间的联系是：成长。就是说，春天本身也在成长。从"刚落地的娃娃"，成长为"小姑娘"，再成长为"健壮的青年"。

由上可知，于漪先生强化在教师引导下的阅读，实际上把以教师"教"为主的课堂变成了以学生"学"为主的课堂，即"教"为"学"服务。一切从学出发，又以"学"为归宿。把直线型的课堂结构变成了网络式结构，即把教师与学生的单向联系转变为教师与学生，学生与学生，教师、学生与课文的多向联系，使课堂真正成为学生锻炼听说读写能力与发展智力的场所，把课堂教学的功能由平面的单一的语文知识的传授转变为熔思想教育、知识传授、能力培养、情操陶冶为一炉的立体化、多功能培养。

三、课内拓展课外，课外延伸课内

于漪先生主张要树立大语文教学观，要拓宽语文学习的渠道，要立足课内、瞩目课外。

于漪先生是在春天教朱自清的散文《春》这篇课文的，教学一开始她就让学生体会生活中春景的韵味，这就为引入课文《春》的学习渲染了气氛，进行了热身。《春》的课文中有"山朗润起来了"一句，为了加深对"朗润"的理解，于漪先生展示了一些山景的彩色照片，这些照片反映的就是真实生活中的风景，通过对生活中真实风景的欣赏，学生体会到"朗润"既有润泽的意思，还有阳光照在上面显得十分明亮的意思。在完成对《春》这篇课文的学习任务后，于漪先生没有布置别的课外作业，而是要求学生去观察、体验当下的春天，并学习朱自清散文《春》的描写方法来描绘出自己生活中的春天来。这就是以生活为载体，把对《春》的课文由学引向用的层面。这就是以读促写、知行合一。

朱自清的《春》写得春意盎然，于漪先生执教朱自清的《春》也教得春意盎然，让我们都来学习于漪先生执教《春》的方法艺术吧，这样，我们的语文教学的春天也会到来。

评李镇西《山中访友》教学实录

　　我相信，一向严肃认真、一丝不苟对待教学的李镇西先生，不到万不得已，是不会在教学上打无准备之仗的。不过这次他也像平生不肯犯险的诸葛亮那样，被逼到上演"空城计"的地步了，万幸的是，他还是成功了。

　　成功就成功在他的"平等交流"。教学民主的真谛就是师生的平等交流，李镇西先生在这方面做了成功示范。他"真正把自己当作学生走进课文"，借《山中访友》之题，把异地借班上课幽默地说成"访友"，这样一来，老师与学生竟成了学友关系，这一下子就拉近了师生的感情距离，在思想上、人格上与学生达到了平等。

　　他在平等交流中做到了《学记》中所说的"道而弗牵，强而弗抑，开而弗达"。"道而弗牵"，就是引导学生，而不是牵着学生的鼻子走。李镇西先生没有用自己的讲授去代替学生的感受，没有把学生的思维纳入老师既定的"框框"，削学生的"足"去适老师的"履"。他让学生"读出自己"，就是让学生在阅读中发现"我"、表述"我"、追问"我"、显现"我"，在对"自我"和"他我"的领悟过程中去认识自我、分解自我、改善自我、提升自我。"强而弗抑"，就是鼓励学生，而不是压制他们的思维。李镇西先生千方百计鼓励学生说出与别人包括与老师的不同想法，支持学生在标准答案之外探寻"新解"。他说"我喜欢同学们之间有一些思想碰撞"，而且希望学生能对他的教学勇敢地说'不'，这就是欢迎学生否定老师的观点。"开而弗达"，就是不把话说得过透，不向学生硬塞结论。李镇西先生说，我不喜欢把课堂填得太满，而喜欢留一些空间给学生，留一些空白给自己，这就是"开而弗达"。

　　当然，平等交流不等于放任自流，老师的主导作用是不可或缺的。在这节课中，我们看到：学生通过思考能达到目标的，老师避之；学生力所难及的，老师助之；学生力所不及的，老师示之（比如针对学生在"读出问题"方面的不足，老师就做了发现问题的示范）。这就要凭借教育智慧，也就是良好的心理素质、灵活的思维能力、敏捷的判断能力和应对突发事件的变通能力，这种教育智慧来源于教师平时在各方面的自我修养。李镇西先生借用陆游的"功夫在诗外"所表达的就是这个意思。我们都要像李镇西先生学习，成为一台能充电的明灯，把自己的光照到学生需要的地方。

评李华平《背影》教学实录

　　李华平先生既是一位高等师范院校颇有建树的语文教育理论家，又是长期扎根基础教育，能给中小学语文教师作成功示范教学的实践家。他在我国首倡"坚守正道语文"，并创建了"正道语文"QQ群，已经汇聚了全国语文教学与研究界的一万五千多名精英，共同探索语文教学如何走正道的问题。

　　他亲自"下水"，给中学生执教《背影》，就是在如何"坚守语文正道"方面给全国语文教师作出的示范。他执教《背影》，别开生面地设计了两种教法，前者指向一般阅读方法的阅读学习，后者指向散文阅读，这两种方法有异曲同工之妙、殊途同归之效。它给我们的启迪是：教学方法的多元性、相容性、殊途同归性为同课异构提供了可行性。应该明确，在实际教学中，课堂不可能像机械一样，按照一个固定的程序运转，教师要依据条件和需要不拘一格地使用多种教学方法。李华平先生一课两教的成功尝试，恰好应了"教学有法，但无定法，重在得法"的教学原理。

　　李华平先生的一课两教在运用教学规律时能从客观实际出发，灵活多变，体现了教学的科学性与艺术性的结合。他使用的两种有区别的教法，你中有我，我中有你，具有一定的相容性。这两种教法均体现了：心中有文，目中有生；目的单一、大胆取舍；指示方向、教给方法；注重阅读、整体感知；质疑激思、开启心扉；开而弗达，引导发现；解剖麻雀、举一反三的教学规则。

　　可以说，李华平先生执教的这两节课，正是他身体力行地"坚守正道语文"的标本。只有将知识与情感相结合，才能凝成教育的甘露。李华平先生这两节精品课就是这样的甘露，它不仅浇灌着学生的心灵，也滋润着教师的心智。

全国首届语文教坛新星获奖课例点评

这次赛课活动密切地关注了高中语文课程改革，彰显了语文课程改革的新理念，展现了一线教师的探索足迹，熔教学案例、教学设计、教学研究、教学反思于一炉。

一、赛课中的亮点

（一）注重人格教育

教育部相关文件中把让学生"初步形成正确的世界观、人生观、价值观"单独列为一条，确定其作为高中教育乃至整个基础教育培养目标的"纲"。

高中语文课程标准要求高中教育"充分发挥自身的优势，使学生受到优秀文化的熏陶，形成健康良好的情感和奋发向上的人生态度"。赛课的老师都能把这个精神贯穿到赛课中。如申艳在执教《面向大海，春暖花开》时，这样说道：读完这首诗，你最想对海子说什么？请大家联系你对幸福、对人生、对生命的理解，把你最想对海子说的话写下来，然后相互交流。"

这样的教学设计就是在解读文本的基础上，通过适当的拓展延伸，引导学生观照现实，认识自我，规划人生，这体现了语文课程在促进人的全面发展方面的价值追求，以及语文的工具性与人文性的统一。

（二）重视愉快教学

愉快教学是一种理念，它要求教育者重视关注学生个体的学习状态——如何在轻松愉快的气氛中学习。这不只是课堂形式的改变，其本质是调动学生求知的兴趣与欲望，促进学生形成良好的心理体验，保持快乐与充实感。因此，教师要使教学活动适当地体现形象性、活动性、表演性、对话性，其总的旨归是将所传授的知识转换为种种活动，把死板的课堂教学变得生动活泼，使学生由"苦学"变为"乐学"，由"要我学"变为"我要学"。王磊教白居易的《琵琶行》时，播放了琵琶名曲《十面埋伏》，把文字的视觉形象转化为音乐的听觉形象，帮助学生体会"间关莺语""幽咽泉流"的艺术效果，以此触动学生的情感，启发学生的想象和联想。

（三）鉴赏运用迁移

鉴赏运用迁移就是在诗文鉴赏中，引导学生通过想象、联想，调动学生的阅读积累，丰富、拓展诗歌的内容。在教学中，应注意通过某一意象引出一些相关的古典诗词来丰富意象、拓展画面、挖掘意境、增添情韵。比如丁艳萍执教《声声慢》时，针对"三杯两盏淡酒"，让学生寻找与之相关的诗句，体会酒和愁的关系，诸如"抽刀断水水更流，举杯消愁愁更愁""艰难苦恨繁霜鬓，潦倒新停浊酒杯"等；针对"怎敌他晚来风急"，让学生回忆有关秋风的诗句，诸如"今宵酒醒何处，杨柳岸晓风残月""昨夜西风凋碧树，独上高楼"等。这样的迁移，有助于学生解读文本，有利于学生增加诗文的积累，丰富想象，提高文学素养。

（四）授之以渔

古人说："授之以鱼，不如授之以渔。"我们不仅要让学生学会，更要让学生会学。李杰明教《病梅馆记》时，针对"江浙之梅皆病"的社会现象，要学生思考作者会如何做，请学生找出三个动词来概括。为了解决这一问题，教师引导学生运用辨析筛选的办法选出了"泣""疗""贮"三个字，并理解此三字体现了作者同情梅、拯救梅、保护梅的情感和行动。本节课的教学，教师以四步阅读教学法为指导，由浅入深，层层深入，从读准字音、读对句读入手，把握了本文托物喻人、借梅议政的写作手法，帮助学生深入体会文中作者表达的愤慨之情和强烈愿望。学生既学了课文，又掌握了学习课文的方法。这就是授之以渔。

（五）问题适度开放

语文是精确与模糊的结合。议论文、说明文、应用文中对信息的捕捉，语文知识的理解与运用，诗文的背诵等，这些要讲精确，而对于具有召唤结构、艺术空白的文学作品，由于读者期待视野的差异性，因此要提倡的是多元解读。不能用教师的讲授代替学生的感受。如前述申艳在《面朝大海，春暖花开》的教学中，提出的那些问题就是开放的，答案不求唯一，只要言之成理。这样的问题就能引导学生发散思维、放飞思想，从诗中读出"我"来。

（六）实施探究学习

探究学习作为一种学习方式或学习过程，其旨归在于提高学生的创新精神和实践能力，其途径为在自主、合作的探索活动中去发现、提出、分析、解决问题，从而获得知识、培养技能。它以富有挑战性和吸引力的问题为中心，注意引导学生发散思维，从不同角度、不同侧面来探索新知。问题性、实践性、体验性、参与性、开放性是这种学习方式的显著特点。如丁艳萍执教《声声慢》时，布置各小组通过各种途径查找、阅读、整合李清照大事记的历史资料，探究诗人到底在寻觅什么，寻觅到了没有，内心感受怎样，然后请小组代表把探究结果和大家分享。在探究中，教师善于运用比较。如"探究开篇叠词之音韵美"，就用叠与不叠进行比较，并与著名学者林语堂的翻译进行比较。《声声慢》这首词，被诗人克洛岱改写成了一首《绝望》，于是教师又拿《声声慢》与《绝望》进行比较，借此来彰显古典诗词的意象美，这样的探究不仅加深了对文本的理解，而且活跃了学生的辩证思维能力。

二、赛课中可改进之处

（一）课文的选择不能单一

参赛的老师执教的均是散文或诗歌。议论文、说明文、应用文等常用文体成了被遗忘的角落。这些文体的教学恰恰是薄弱环节，需要语文老师下苦功夫去探讨。如何教好这些实用文体，应该成为参赛的主攻方向，不能避难就易。

（二）对文本的解读一定要深入

阅读中适当地拓展是为了加深对文本的理解，而不是要淡化对文本的理解。一些老师补充资料过多过繁，淹没了课文。最重要的是这些资料与解读文本关系不大，甚至没有关系。教学成了资料的堆积，老师在引导学生打"外围战"，在皮面上"跑野马"，表面上热闹，热闹的背后是肤浅。

（三）知识的讲解一定要到位

课改的本质是知识的除旧布新，知识是创新的前提。课改就是要让学生学到终身必备的语文基础知识和基本技能。知识就要讲准确、科学。在这方面要引起足够的重视。

比如徐志摩写《再别康桥》的时间是 11 月 8 日，即秋末冬初之景，但诗中出现了"夏虫也为我沉默"，而整个诗的意象又是春天，这似乎是矛盾的，该怎么解释，应引导学生去思考。

以上不过是个别极端的例子，瑕不掩瑜，但不能忽略。教学永远是遗憾的艺术，只有更好，没有最好。在新课程改革中，我们要不断地挑战自我，超越自我，把新课教熟，把熟课教新，常教常新，永远创新。

第八编
专著评论——总结课改成果

基础教育课程改革中出现了许多研究课改经验和问题的学术专著。本编收录了我发表的关于研究基础教育课程改革的学术专著的评论文章。这些专著都体现了作者严谨的写作态度，科学的研究方法，刻苦耐劳、锐意开拓的精神。还真算得上是"功到阔深处，天教勤苦成""看似寻常最奇崛，成如容易却艰辛"。

这些成果以强烈的改革精神，大胆地突破了传统语文教学研究的旧框架和旧模式，运用新的观点，展开新的思路，采用新的方法，进行新的探索，提出了不少新的见解，开辟了语文教学研究的新天地。我愿和大家一道，学习这些专著的作者们那种探赜索隐的精神，坚持不懈、精益求精，不断地向具有深度和广度的语文教育理论研究进军，用更新的成果去开创语文教学的美好未来！

名师教学 熠熠生辉

——评《语文名师精彩教学片段品析》

由李华平、刘敏主编的《语文名师精彩教学片段品析》，凝聚了主创专家们无尽的热情、无数的心血、无穷的智慧、无量的功德，它集中地体现了第八轮基础教育课程改革以来语文教育战线理论工作者和一线教师们乐于奉献、勤于学习、苦于钻研、勇于进取、善于创新所取得的丰硕成果。

《语文名师精彩教学片段品析》是我国第一个国家级精品课程"语文课程与教学论"的配套用书，是"国培计划"的生成性课程资源，包含多个科研项目的研究成果，是在第八轮基础教育课程改革的背景中产生的。书中那些精彩的教学片段除少数属于课改以前的传统教学范畴外，大多数都是课改后的产物。这些精彩片断都是基础教育语文课程的瑰宝，都渗透了新课改的基本理念。

基础教育课程集中体现了国家的教育思想和教育观念，基础教育课程改革在教育改革中处于突出位置，是一项复杂细致的系统工程，需要不断完善、不断建设、不断创新。课改中的语文教学和其他学科一样，在转变课程功能、改革课程结构、调整课程内容、改变学习方式、组织课程实施、进行课程评价、开展课程管理等方面都取得了新的突破，如新理念得到学生、家长和学校的普遍认同，初步形成了良好的政策环境，营造了积极的社会舆论氛围，探索了有效的工作机制，创造了适用的实施策略，教学活动出现了许多新气象，实验工作正在有序地向纵深发展。这些都是课程改革取得的成绩。但是，随着课程改革实验的推进，实施新课程过程中一些深层次问题也不断显露，并且出现了一些违背课程改革理念、偏离语文教学正道的现象，其具体表现是：

在课程目标上，弱化品德教育、淡化知识目标，片面追求分数，将课程目标与教学目标混为一谈，偏离"整合统一性"，肢解"知识与技能、过程与方法、情感态度与价值观"的课程目标三维要素。

在教学关系上，片面强调学生在学习中的主体地位，削弱了教师的主导作用和责任，把尊重学生搞成无原则地吹捧学生。将愉快教学庸俗化，过度地张扬愉悦，不适当地利用学生好玩、好奇的天性，使学生的认知过程缺乏内心冲突，学生失去了接受知识与探究知识互为同构的可能性。回避难度、追求愉悦，遁入形式上的"乐学"。当"乐学"一旦变为"教学过程唱唱跳跳、师生对话说说笑笑、争论问题吵吵闹闹、学习练习难度不高、教学评价你好他好"的局面时，学生就会处于持续亢奋的情绪状态中难以平静下来，对应学的知识无法进行较深层次的心理体验。

在教学方法上，一概否定接受学习，片面夸大自主、合作、探究性学习的作用。导致学生在自主学习时信马由缰，凡"讲授"一律取缔，凡"要求"一律满足，凡"预设"一律反对。合作学习时搞形式主义，没有将个人竞争意识有效地转化为小组合作意识，没有从学生发展的实际需要出发，使合作学习只剩下"分组"这样一件外衣："一上课就合作，一合作就分小组，一分小组就讨论"，一些值得考虑的问题就在这热热闹闹的假象中被淹没了。探究学习时层次肤浅，探究过程缺乏质量，探究内容不是由教师精心策划而成的，实践性、开放性、问题性与参与性都不强。教师未能以易于激发学生探究的愿望和行为为契机，未能带领学生进入探究情境，未能引导学生寻找足够的资料作为思考讨论探究的依据，学生表面上争论得很热闹，但得不出真知灼见。

在教学手段上，过分强调与依赖多媒体信息技术。在新课程大旗下以"玩弄"现代教育技术来假冒新理念者屡见不鲜。而今的观摩课、评优课、公开课都用上了设计花哨的多媒体信息技术。不知不觉间，使用多媒体信息技术成了公开课的标志，成了赛课活动的标配。无论是执教者、听课者，还是评委，都认为不用多媒体信息技术的课就上不了档次，跟不上形势，出不了彩。这种滥用多媒体信息技术的现象确实削弱了学生思考与想象的能力，消解甚至剥夺了他们的创造性。

在教学评价上，存在严重的形式主义倾向。一些尚未吃透课程改革精神的教研员、专家、权威制订出一些违背课改精神的评课标准，将新课程导向了错误方向，引入了歧途。一些老师按照这些错误标准精心打造的公开课也就成了符合错误标准的"无瑕美玉"，成了形式主义的课改"标准课""样板课""示范课"，而实际上则是假冒伪劣课。

以上这些问题需要从理论和实践层面进行理性、冷静、辩证的分析和研究，并作出及时、有效和科学的回应。更需要高水平的名师用他们真正能够体现新课程理念的示范课、标准课、样板课来引领语文教学坚守正道，让那些偏离了正确方向的语文教学回到正确的轨道上来，以使课程改革顺利推进。

呈现给读者的《语文名师精彩教学片段品析》一书，其实就为解决以上问题作出了卓有成效的探索。书中那些经过精挑细选，并经由专家品析的名师精彩教学片段，尽管教学内容不同、教学对象不同、教学策略与方法不同、教师的教学风格不同，但都聚焦了对语文教学规律的探索，都是在坚守语文正道，为上述那些偏离正道的语文教学引路导航。这些教学片段根据教学目标、教学对象、教材特点、教学资源确定合适的教学起点与终点，将教学诸要素有序、优化地进行了安排，教师都不是单纯的知识传授者、灌输者，而是帮助学生主动建构知识的支持者、促进者。这些名师精彩教学片段共同体现了以下先进的教学理念：

在教学思想上：解决学思矛盾，培养思维能力；

在教学方法上：诱导不断探索，不搞越俎代庖；

在教学形式上：重视问题讨论，摒弃单向传导；

在指导原则上：提倡质疑存疑，反对轻信盲从；

在教学程序上：激发求知欲望，追求欲罢不能；

在思维方式上：既要获得知识，更要发现真理。

总而言之，名师精彩教学片段都是在变带着知识走向学生为带着学生走向知识。在名师的教学中，总是给学生一些权利，让他们自己去选择；给学生一些机会，让他们自己去体验；给学生一些困难，让他们自己去解决；给学生一些问题，让他们自己去找答案；给学生一些条件，让他们自己去锻炼；给学生一片空间，让他们自己向前走。这样的教学，真正体现了《礼记·学记》所说的"道而弗牵，强而弗抑，开而弗达"，这才是语文教学的正道。这些精彩的教学片段总结了名师们教学实践领域的鲜活经验，散发着课堂的"田野"气息，给课堂教学实践带来了许多新观念、新经验、新手段、新方法，与相对传统的教育方式拉开了较大的距离。这些宝贵经验在为"教学设计"这一术语注入"人"的生命气息的同时，也为教师的实践反思提供了对照的镜子，更为教学实践研究提供了可资借鉴的范式，让我们看到了名师们在教学实践中是如何理解、应用、验证、完善教学设计理论的。因此，这些精彩的教学片段才是坚守语文正道的示范、标准、样板，是指引语文教师走出课改误区、回归语文正道的指路明灯。这些精彩教学片断才称得上是教学经典，它们悦人耳目、引人入胜、发人深省、启人心智、催人奋进。

本书的每个名师精彩教学片段都附上了专家的精心品析，这些品析言简意赅、凝练厚重，是对名师精彩教学片段的理性思考和理论提升，是把朴素的教学经验之"术"上升至理性之"学"与技艺之"能"的整合。在对课程改革前大师的传统经典教学片段进行品析时，以新课程实施中教师课堂教学设计为主题，针对课堂教学的各个环节提出了一些具有可行性和可操作性教学设计的策略和方法，体现了教学技能的变化与发展，有利于教师把握新课程的精神，了解教育发展的动态，更新教育观念，促进教师的专业化发展，从而把新课程的理念贯穿于课堂教学的过程中。这些品析指点迷津、拨云见日，能够帮助广大语文教师吮吸大师课堂教学艺术的精津美汁，学习他们的教学研究成果，纠正教学中各种背离语文教学正确轨道的错误，让他们油然而生出感佩之心、借鉴之意、追赶之愿、超越之志，从而引导新课程实验健康深入地推进。

本书的主编之一李华平先生是倾心于语文教学理论与实践研究的"情痴、情种"。如今已是著作等身、硕果累累，成了在全国颇有影响的大师级人物，是我国少有的既可以从事高层次语文教育理论研究，又可以运用自己的研究理论去中小学上示范课的理论与实践完美结合的大家。他四十多岁，正是日中之阳，风华正茂，正可以大展宏图。他从幼儿园一直教到小学，从小学一直教到中学，从中学一直教到大学，一路走来，留下的总是辉煌。他的教学生涯是全方位的，其教学业绩始终和"优秀"二字结下了不解之缘。特别值得一提的是，近年来他在全国首创了"正道语文"QQ群，吸引了全国语文教学研究界的一万五千多名专家、学者和第一线优秀语文教师，他们对正道语文一道探赜索隐。他们为实施新课程的语文教学理论与实践研究开辟了新天地，受到全国语文教育界及其他学科领域教师们的交口称赞、高度评价。这是中国当代语文百花园中的一朵奇葩，是中国基础教育界的一道靓丽的风景，是中国教育研究史上前无古人、后启来者的壮举。"正道语文"QQ群开展的生动活泼、丰富多彩的研究活动已经并将继续为我国的中小学语文教学乃至整个基础教育启智增慧。

李华平先生虚怀若谷、海纳百川，特别注重研究古今中外大师们的教学经验与教学理论，在教育艺术的大海中寻珍采宝、广采博取，将其内化为自己的学养，并向我国语文界的教师们大力宣传与推广。他主编出版的《语文：金针度人的存在——刘永康语文教育思想研究》《走向深处——语文新课程教学100问》以及这部《语文名师精彩教学片段品析》，都是总结推广我国语文教学理论与实践研究成果的针对性、实用性极强的力作。目前，他又在全国范围内发动、策划和主持对"中国当代语文名望大师"的研究与学习宣传工作，已经引起语文界的广泛关注与重视，必将对我国语文教学与研究产生极其深远的影响。这些都是李华平先生对中国语文教学的卓越贡献。

华平曾经是我的研究生，他和我的另一个学生张伟都是我的研究生中出类拔萃的。

现在他们又是我的同事，更是我的朋友。忘年尔我重交情，论事相同见老成。我在同华平、张伟相处的日子里，屡屡因"论事相同"而深感其人品的高尚和学问的老成，我们也就成了重交情的挚友。如今，华平在学术上取得如此辉煌的成就，在我国语文界产生如此巨大的影响，我打心眼儿里感到高兴与羡慕。百尺竿头须进步，十方世界是全身。我相信华平绝不会只满足于现有的成绩，我期待着他创造出更新的、更为辉煌的教育科研成果！

班级文化一体化建设的实践探索

——评《体验与润泽的旅程》

文化是一个思想内涵极为丰富、外延极为广阔的概念。《易经》上说："观乎天文，以察时变；观乎人文，以化成天下。""文化"一词正出于此。其本义是按照人文来进行教化。

校园文化则是指学校所具有的精神环境和文化氛围，是以校园精神为主要特征的一种群体文化。它既涵盖物化形态的内容，如校园的建筑群、运动场、道路、自然与人文景观等，也包括非物化形态的内容，如学校的传统、校规、校训、校风、学风、集体舆论、心理氛围、人际关系等。

如果说学校中的"社会文化"是校园文化，那么学校教育中的"家庭文化"就该是班级文化了。班级文化的价值就在于它能以班级的精神氛围、文化制度、文化环境等来熏陶和培育学生健全的人格和体魄，使学生获得终身必备的知识素养与能力。"随风潜入夜，润物细无声"，这就是班级文化无形的教育力量。班级文化可以说是一门隐性的课程。《荀子·劝学》中说的"蓬生麻中，不扶而直，白沙在涅，与之俱黑"，与《太子少傅箴》中说的"近朱者赤，近墨者黑"，都是在说：生活在好的环境里，就能健康成长，生活在污秽的环境中，就会变坏。高度重视班级文化建设，应该是学校领导特别是班主任义不容辞的神圣使命，本书正是为学校领导与班主任总结、归纳班级的文化特点，创建班级文化的各种模式，促进形成班级文化的多样化局面指点迷津、搭建平台而生。

本书是"高中班级文化一体化建设的实践探索"这一课题研究的最终成果。整个课题研究聚焦在如何让学生实现"生命成长"，也就是让学生"在班级活动中成长，在文化浸润中走向卓越"上。这就牵住了班级文化研究的"牛鼻子"。这样的研究具有多方面的价值。

一、针砭时弊，有的放矢

应该明确，基础教育课程改革是着眼于每一个学生的终身发展的，因此，新课程在重视教育成绩的同时，就应该突出强调学习过程的价值，这样，价值观的培养才能走向"过程与结果"的整合取向。也就是说，新课程的价值取向不能仅仅是为了升学考试，升学考试也不是学校教育的唯一目的，而只是人的终身发展的阶段性目标之一。但实际情况则并非如此。目前，基础教育课程的培养目标几乎被异化为单纯追求考分的目标了。学生要分数，老师要成绩，学校要名气，为这"三要"而施教，仿佛成了学校教育的唯一追求。本书在第一章就详细地分析了过度关注成绩，缺少对自我生命观照导致的种种弊端，包括过度关注室内上课，疏于锻炼，学生身体素质差；学生视野狭窄，缺乏正确审视自己的态度，心理素质差；过度关注成绩，忽视对个性的培养；过分看重现在，淡化对未来的需要；过多关注显性培养，缺乏对潜能的挖掘。本书对班级文化建设的研究之所以定位在实现"生命成长"上，正是为了解决上述种种问题。书中在这方面的分析鞭辟入里、促人猛醒、发人深思，可以说是医治"片面追求升学率"这一时令症的一剂良药。

二、以生为本，重在发展

新课程理念的核心是对人的尊重，以人为本。在学校教育中，以人为本也就是以学生为本，以学生的知、情、意健全、完善、和谐发展为本。《基础教育课程改革纲要（试行）》强调学生要形成"主动积极的学习态度，使获得基础知识与基本技能的过程同时成为学会学习和形成正确价值观的过程"。《国家中长期教育改革和发展规划纲要（2010—2020）》在"战略目标和战略主题"部分也强调"坚持德育为先，立德树人，把社会主义核心价值体系融入国民教育全过程"。《中共中央 国务院关于深化教育教学改革全面提高义务教育质量的意见》指出，要"坚持立德树人，着力培养担当民族复兴大任的时代新人"。习近平在北京大学师生座谈会上说："才者，德之资也；德者，才之帅也。"人才培养一定是育人和育才相统一的过程，而育人是本。人无德不立，育人的根本在于立德。这是人才培养的辩证法。办学就要尊重这个规律，否则就办不好学。要把立德树人的成效作为检验学校一切工作的根本标准，真正做到以文化人、以德育人，不断提高学生思想水平、政治觉悟、道德品质、文化素养，使学生做到明大德、守公德、严私德。要把立德树人内化到学校建设和管理的各领域、各方面、各环节，做到"以树人为核心，以立德为根本"。

所有这些都立足于学生的全面发展。全面发展包括人的平等发展、完整发展、自由发展、和谐发展。这是从具体内容的角度，针对人的不平等发展、畸形发展、不自由发展、不和谐发展提出来的。所谓平等发展，是指每一个人在发展中都应该得到一视同仁的关怀、帮助，不能只注意优生而忽视学困生、后进生，要面向全体，一个也不能少，这实际上涉及教育公平的问题。完整发展是指人的需要、活动能力、社会交往关系和个性特长都能得到充分发展。其中人的能力的全面发展是核心，这是人的本质内容上的全面发展。所谓自由发展是指人的个性的自由发展，它包括个人从某种束缚中解放出来和个人可以按照自己的意愿自主地做事两个方面。它是人的全面发展的最高形式、目标和成果。这是人在个性上的全面发展。所谓和谐发展，是指人的社会关系的和谐发展，包括个人和人类的和谐发展、自我和集体的和谐发展、个人和他人的和谐发展，也包括个人自身内部各个方面，比如德智体美劳的和谐发展。当然，全面发展并不等于平均发展，更不等于学生学习成绩门门优秀。在未来社会中，全面发展并学有所长的复合型人才，其社会适应性和生存竞争能力更强，发展潜力和成功概率也更大。人无全才，要扬长，而不只是补短，求全责备很可能导致平庸。要鼓励学生在某些方面冒尖，也要允许学生在某些方面暂时落后。合格加特长，就是有用的人才。

本书提出了"生命成长"观，并把它作为班级文化建设追求的价值取向，这本身就是体现了"以人为本，全面发展"的新课程理念。第一章第二节"主体性原则"部分把普通高中班级文化建设以追求学生的发展作为终极目标，把"班级文化建设的过程"变成"既是学生参与管理的过程，也是学生主动发展的过程"。在班级文化建设中，"引领学生追求发展、个性发展、全面发展、可持续发展"。这些理念都着眼于实现学生的"生命成长"，并按照主体性原则、发展性原则来开展以实现"生命成长"为主旨的班级文化建设，确实收到了凝聚、导向、驱动、规范、陶冶等方面的效果，让学生在班级文化建设中，在班级文化浸润下，能够正确认识生命、悦纳自我、尊重生命、热爱生命、懂得感恩、学会担当、乐观自信、积极奋进，挖掘生命潜能，激发生命创造力，释放生命之美，从而成为一个身心健康、个性鲜明、充满创造性意愿的人。

三、班级文化，模式各异

如前所说，本书为学校领导、班主任总结、归纳班级的文化特点，创建班级文化的各种模式，促进形成班级文化的多样化局面指点迷津、搭建平台。在班级文化建设方面，本书打了一套组合拳，即提出从环境文化、制度文化、精神文化、行为文化四个方面，遵循主体性原则和发展原则开展班级文化建设。

（一）环境文化建设

环境文化是班级文化的子文化，是班级物质环境和精神环境所构成的潜在的育人存在方式，是班级文化的外部形象，是隐藏在班级物质表象中的精神内核。苏霍姆林斯基曾经说过，要使教室的每一面墙壁都具有教育的作用。可见对于教育而言，一切都可以成为它可利用的素材。有效地运用空间资源，创设具有教育性、开放性、生动性且安全性的"硬文化"环境，对陶冶学生的情操、激活学生的思维、融合师生的情感有着巨大的积极作用。如书中所言，教室的"清新靓丽"，能培养学生"正确的审美观和文明的行为习惯"。教室两侧面的墙上所张贴的名人名言可以激励学生。悬挂的伟人头像，是在用"生命影响生命"。张贴的班级公约公告，可以约束规范学生的行为。班级外墙的信息栏，展示学生的书法佳作、创意设计，将文明之星、进步之星、活动之星、优秀学生干部的宣传展板张贴在教室墙外，给学生树立榜样，使他们学有目标、追有对象。还有图书角、黑板报、卫生角、绿化带、饮水区等物质环境，加上班级博客、班级 QQ 群等网络环境，都能给学生一种高尚的文化熏陶，陶冶他们的情操，启迪他们的智慧，助力他们的健康成长。一个班级如果具备优雅的学习环境、良好的学习氛围、纯正的班风学风以及和谐的人际关系，就必定会对师生产生熏陶、感染和互相激励的作用。总之，良好的班级环境会寓精神激励于潜移默化之中，产生"润物细无声"的微妙效应。

（二）制度文化建设

"国有国法，家有家规""没有规矩，不成方圆"，这些都说明了制度的重要。制度是人的行为中介，强化学生的规范意识，要让学生在规范中成长，学生才能更好地发展。班级制度文化正是班级物质文化和精神文化的保障，学生个性的成长正是在班级中各种规范的影响下不断完善和成熟的。班级文化制度是全班学生共同认可并自觉遵守的行为准则和监督机制，它包括规章制度、公约、纪律等要素，本书提到有"组织制度、常规制度、活动制度、评价制度"等。如书中所言，"对制度的遵守与维护便成了学生认可的优先选择，这样生成的制度中的每一个要素会因为被同化成学生的发展需要而充满活力"。制度是要学生遵守的，学生遵守的制度，就必须由学生来参与制订，而不能光由老师随心所欲地单方面制订，然后强加给学生，让他们被动地接受。苏霍姆林斯基说："只有能够激发学生去进行自我教育的教育，才是真正的教育。"正由于如此，本书认为："要尊重学生的独立地位，尊重学生的参与权和选择权，让学生参与到制度的制订中来，体现制度生成的民主性。"这样生成的制度才有群众基础，才能使学生感到遵守制度不是被迫接受老师的强行管制，而是一种生命成长的自觉需要。这样良好的班级制度文化建设带来的不仅是班级管理的有序与整洁，室内的舒适与和谐，还有它最终的目标——让学生形成自主管理意识，使每个学生能以一定的规范来自觉约束自己的言行，朝着符合班级群体利益、符合教育培养目标的方向发展。当然，制度的实施是要"管而不死，活而不乱"。在建设班级文化制度时，要善于把班上的制度化为学生的一种观念和形态存在，以无形制度替代有形制度，将"强制度"与"软文化"熔为一炉。实施过程要重疏导、轻惩罚，尽量弱化评价造成的负面效应。经常给学生及时的提示，同时又激发他们行为矫正的内在动力，进而达到行为的自我约束功效，让每个学生都能在肯定与激励的评价机制中健康成长。本书还提到可以每学期两次评选学习之星、文明之星、进步之星、活动之星、优秀学生干部、优秀学习小组，通过榜样的带动作用让每个学生都有受到表彰的机会，让班上的几颗"明星"引出灿烂群星，让星星之火形成燎原之势。

（三）精神文化建设

班级精神文化应该是指一个班级的全体学生认同的价值观念、价值判断、价值取向，是一个班级的群体意识，是班级文化的核心和灵魂，是班级建设的内驱力。苏霍姆林斯基说："集体是教育的工具。"管理大师德鲁克说："一个组织就像一部美妙的乐曲，不过它不是单个人的音符罗列，而是由人们之间的和声所谱成。"学生在班集体中，经班主任和学科老师的长期教导，同学们之间的相互影响，校园和班级环境文化的熏陶，制度文化的规范，这些所有的要素就渐渐积淀成班级精神文化。班级精神文化是一股强大的无形的力量，会对每一个学生个体的发展有着巨大的潜移默化的教育、激励和制约的作用。本书为精神文化建设设计了五大策略：全面发展，树立健康的生活理念；注重过程，留下生命成长印记；正视差异，张扬独特生命个性；唤醒潜能，追求卓越人生目标；鼓励创新，激励生命创造意识。从这五个方面入手来建设班级精神文化，真正体现了让学生德智体美劳全面发展的教育价值追求，完全符合以德立身、以德立学、以德施教、以德育德的教书与育人相结合的理念。

（四）行为文化建设

班级行为文化是学生在班级中的行为准则、交往方式、行为规范、典礼仪式、社会实践以及其他各种活动的总和。班级行为文化是一个动态系统。本书在班级行为文化建设方面指出了五个方向，确定了九大策略。其行为文化的指向相当明确，所有策略都聚焦在有目的、有计划地指导班主任老师开展丰富多彩的集体活动上，设计活动的形式内容都能很好地体现学生的主体地位，尊重学生的意愿，力求贴近学生的生活和已有经验，让学生在活动中体验、感悟、发展，让学生养成好的行为习惯。这些设计的活动能强化班级的向心力，是学生素质形成和发展的源泉和动力，是班级教育的基础。九大行为文化建设策略均具有科学性、针对性、实效性、可操作性。

本书辑录了二十七堂主题班会和四十六个教育案例故事，显示出厚重的实践性和深邃的前瞻性，这本身就是班级行为文化建设的重要组成部分，也是对高中班级文化一体化建设较为成功的实践探索。在这些活动中，确实体现了如前所说的"凝聚、导向、驱动、规范、陶冶"的班级文化建设五大功能，"实现了管理的三重变化和收获了管理的幸福"。之所以能取得这样良好的效果，就是因为班主任的主导作用与学生的主体作用在这些活动中都得到了充分发挥。这二十七堂主题班会有一个共同的特点，即它们都有强烈的导向性，彰显了德育功能，班主任能很好地把握班会的方向和主题，能激活学生参与班会活动的兴趣，满足学生正当合理的需求，尊重学生，让他们在班会活动中有相对的发言权、自主权，把班主任的意图转化为学生的自觉需要。因此学生在班级活动中都显得十分活跃，他们既是班会活动的设计者，又是班会活动的积极参与者，更是班会活动的最大受益者。辑录的四十六个教育案例故事生动活泼，洋溢着深厚的师生情谊，针对性强、感染力大、教育面广，有强烈的指向性。这些活动确实"为班主任同人寻找教育痛点，开出医治之方提供了参考"。

综上所述，本书从理论与实践的结合上对高中班级文化一体化建设进行了有效的探赜索隐，这为立德树人的学校教育着上了一笔亮丽的色彩。相信借鉴这一研究成果能够让班级充满活力，让班级成为每一个学生温暖的家，让班级文化建设成为学校教育的主阵地。

第九编
上示范课——理论指导实践

　　本编收录的我的文章有关于《荷塘月色》的教学实录、执教《荷塘月色》后的说课《走向深度、引导发现、教考结合——我教〈荷塘月色〉》，还有一篇是关于《关雎》的教学设计。

　　《语文教学通讯》记者叶黎明女士针对我上"下水"示范课专门发表了一篇访谈录，其中说道："刘教授，您是德艺双馨啊，在全国语文教育界享有很高的声望。您在从事理论研究的同时，一直坚持'眼睛向下'，密切关注基础教育阶段语文课程改革。您是我国少有的能到中学上语文示范课而且能受到如此热烈欢迎和高度评价的大学教授。从您在全国各地的学术讲座以及您上的语文示范课中，我们不仅窥见您作为学术常青树和魅力学者的奥秘，而且见识到了您在为人处世上堪为同人尤其是后学的楷模的风范。当您到中学上示范课时，您是怎么想的呢？您认为高校语文课程与教学论专业教师，是否该把到中小学上示范课作为必修的技能呢？"

　　面对记者的提问，我的回答是："作为师范大学研究语文课程与教学论的教授，理应与基础教育声息相通。基础教育是我们的源头活水，离开基础教育，我们的教育、科研就成了无源之水、无本之木。我到中小学去上'下水课'，这是联系基础教育很好的方式。通过这种方式，一方面我用我的教育研究成果对一线教师施加积极影响，一方面使我对基础教育教师与学生更加了解，能急他们所急，想他们所想，使我在高校的教学和科研更加接地气，更能对基础教育有的放矢，且矢也才能更好地中的。"

《荷塘月色》教学实录

授课时间：2021 年 4 月 1 日上午。

授课时数：两课时。

授课地点：国家级示范性高中成都市第七中学学术一厅。

听课人员：线下包括成都市第七中学高一五班学生、成都市部分高中语文教师。线上通过成都市教育科学研究院"师培通"系统对全市以及四川德阳、雅安、宜宾等地区进行了全程现场直播；成都市第七中学网校也通过自己的直播系统进行了全程直播，覆盖了四川、云南、贵州、甘肃等十一个省的三百〇九所高中。

师：同学们都喜欢旅游吧，旅游少不了要观山望景，刘勰的《文心雕龙》中说过："登山则情满于山，观海则意溢于海。"王国维在《人间词话》里面也说："一切景语皆情语。"这就是说，我们在观山望景的时候，触景就能怎么样？就能生情，对吧？或者是我们带着情感来观景，我们就会对所观的景色染上一层自己的感情色彩，这叫融情于景。不管是触景生情，还是融情于景，都是情景交融。但是当我们观景，想把眼前的景色描绘出来，想把此时此刻的情感表达出来的时候，一些同学又会有"眼前有景道不得"的感觉。这就说明我们还缺少一些写景状物、传情达意的能力。怎么办？学。学谁？向写景状物、传情达意的高人朱自清先生学。初中时我们就学过他的一篇文章，叫什么？

生（齐）：《春》。

师：《春》，对了。今天我们要学习他的另一篇文章，叫《荷塘月色》。大家都知道，散文的特点是什么？

生（小声）：形散而神不散。

师：对，形散而神不散。散文作者可不受时间和空间的限制，他们能够自由而灵活地挥洒笔墨。但是，同学们要知道，散文可不只是形散而神不散啊。一个人的思想观点、审美情趣、人格气质，在散文里绝不可能隐藏掩饰。可以说，有一个人就有一种散文，有一种散文就有一种格调。那么朱自清的散文格调是什么？怨而不怒、哀而不伤的中和主义格调。特点是什么？两个词：淡雅、素静。今天我们要学习的这篇散文，堪称写景状物的经典之作，值得我们学习的地方很多，我们能不能面面俱到？不能！我们要目的明确，大胆取舍，突出重点。根据新教材对这篇文章的学习的提示，我们来确定今天的学习任务。

（PPT 展示学习任务）

生（齐读）：深刻理解朱自清从表达情绪出发来写景状物的语言特点，学会运用多种修辞手段来写景状物。

师：刚才读的学习任务是两个，第一个任务有三个关键词：情、景、语。对这三点，我们今天的任务是要怎么样？是要理解。是肤浅地理解还是深刻地理解？是深刻地理解。这篇文章的语言特点不止一个，比如说，把量词当形容词来用，巧妙地运用动词，还有就是运用多种修辞手法来写景状物。这几种语言特点里面哪一个最突出？那就是运用多种修辞手法来写景状物。对于这一个特点，我们不能只停留于理解。我们的理解属于对语言的建构，但语文核心素养不只是建构语言，还有运用语言。因此，我们第二个学习任务就是学会运用多种修辞手段来写景状物。为了完成学习任务，我们采取"读读、议议、讲讲、练练"交叉进行的学习方式。读是基础、练是手段、议是关键、讲贯穿始终。其中最重要的环节就是读，"熟读唐诗三百首，不会作诗也会吟"。读书之法，在于循序渐进，要熟读而精思。熟读，"使其言皆若出于吾之口"，精思，"使其意皆若出于吾之心"。通过读来明其言、感其情、悟其旨、得其辞、体其境。

师：这篇文章的标题就是《荷塘月色》。

（PPT 展示：荷塘月色）

师：假如我们就以"荷塘月色"为题，叫你来写一篇作文，你会把写作的重点摆在什么地方？来，请举手。

生：我会把写作重点放在荷塘上。

师：是什么时候的荷塘？是白天的还是晚上的？是有月色辉映的还是没有月色辉映的？

生：是有月色辉映的。

（PPT 展示：月色下的荷塘）

师："月色下的荷塘"是一个写作重点。那么还有没有其他写作重点？月色，对了。那么是什么地方的月色？是我们成都七中林荫校区操场上的月色？还是清华大学的月色？还是别的地方的月色？

(PPT 展示：荷塘上的月色)

师：既要写"月色下的荷塘"，又要写"荷塘上的月色"，这是两个重点。那么这两个重点又该写什么？文章第一自然段有一句话，总领了这两个重点，它是纲，纲举目张。是哪一句话呀？现在我来背诵一下第一自然段，你们边听边看书，边寻找这个总领了这两个重点的句子。

师（背诵）：这几天心里颇不宁静……我悄悄地披了大衫，带上门出去。

师：就是这段，有一句话制约着这两个重点，是哪一句？请找出来。

生（小声回答）：是"这几天心里颇不宁静"。

师："这几天心里颇不宁静"不是只总领这两个重点，而是总领全篇的，它为全篇定下了一个感情基调，是"立片言而居要，乃一篇之警策"。而直接总领"月色下的荷塘"与"荷塘上的月色"这两个重点的不是这句，请大家继续找。

生：应该是"在这满月的光里，总该另有一番样子吧"。

师：这就找对了，掌声鼓励！就是说，无论你是写"月色下的荷塘"，还是写"荷塘上的月色"，都要写出"另有一番样子"的"样子"来。现在我们就来看，"月色下的荷塘"另有一番什么样子，请齐读下一句。

生（齐读）：曲曲折折的荷塘上面，弥望的是田田的叶子。叶子出水很高，像亭亭的舞女的裙。

师：读这句话有三个词要注意一下：弥望、田田、亭亭，弥望、田田我读得重还是读得轻？

生（齐）：读得重。

师：为什么要读得重？因为"弥望"就是满眼都是。"田田"指叶子挨着叶子，很茂密的样子。读重，就对这两个词有一个强调的作用，就能突出荷叶茂密、翠盖满塘的情态。而"亭亭"我读得轻还是读得重？语速是快还是慢？

生：读得轻，读得慢。

师：为什么要读得轻、读得慢？要知道"亭亭"是指女子静静地站在那里，像青山一样耸立，这里是形容舞女的，说到底是形容荷叶的。我们读得轻一点、舒缓一点，才能读出舞女的那种柔美的姿态，实际上是读出荷叶的柔美的情态。所以我们读的时候要把握住这三个词。这个可以下来慢慢体会。又请问，这句话写的对象是什么？

生（齐）：荷叶。

师：对了，写的是荷叶。

（PPT展示：荷叶）

师：那么荷叶的特点是什么？请大家仍然用关键词回答。

生："叶子出水很高"，应该是"高"。

（PPT展示：荷叶——高）

师：那么，作者用什么修辞手法来形容荷叶的"高"呢？

生（小声）：比喻。

师：用什么来比喻？

生：用"亭亭的舞女的裙"。

师：为什么要用"裙"来比喻荷叶，而且还不是别的裙，是舞女的裙呢？

（这时，老师连抽几个学生都不能作出合适的回答，也没人再举手，学生对老师都投来求助的目光。）

师：都不能作答怎么办？我把我的答案告诉大家行不行？

生（齐声）：行！

师：（语气加重）不行！（众生笑）我可不愿意向你们硬塞结论，我可不能代替你们下结论。我一定要让你们自己去发现结论。我们先把"舞女的裙"放一边，看看这张开的荷叶像什么？（学生仍不能作答，于是老师又提示。）有一种用嘴吹奏的乐器叫什么？（老师做了一个吹奏的动作。）

生：像喇叭。

师：对了，荷叶像喇叭。那么我们把酒装进瓶口很小的瓶子里面要借助一种什么器具？

生（齐）：漏斗……荷叶像漏斗！（恍然大悟）

师：对了，荷叶像漏斗。除了这个，你们能不能想得更美一点，荷叶还像什么？（众生沉思不语，老师又相机诱导。）公园里有一种鸟，它的尾巴张开很美丽……

生（私语）：孔雀。是孔雀开屏。

师：对，是孔雀开屏，说出来了吧？这可是你们说的，不是我说的，所以要相信自己。

师：现在大家一起再重复一遍，荷叶像什么？像什么？还像什么？

生：荷叶像喇叭，荷叶像漏斗，荷叶像孔雀开屏。

师：那我们来看一下舞女的裙又像什么？

（众生思考不语）

师：（启发）舞女跳舞的时候一般来说穿的是大摆裙的裙子，她们旋转的时候，裙摆一张开，迎风飘扬，像什么？

生（齐）：像喇叭、漏斗、孔雀开屏。

师：对了。正因为舞女的裙与荷叶都像喇叭、漏斗、孔雀开屏，所以用舞女的裙来比喻荷叶，是多么的贴切啊！这就告诉我们，运用比喻，一定要考虑喻体和本体之间的相似点。一些同学的比喻不伦不类，就是没有抓住相似点啊。其实用裙写荷叶不独是朱自清一个，古已有之，散见于各种诗文。有哪位同学能来贡献一首和同学们分享？**（老师停顿了一下，竟无一人能答，老师接着说。）**平常阅读没有这方面的积淀，就不太容易回答出来了。我来给大家背诵一首王昌龄的《采莲曲》吧！"荷叶罗裙一色裁，芙蓉向脸两边开。乱入池中看不见，闻歌始觉有人来。"你看，"荷叶罗裙一色裁"，这是不是用裙写荷叶的？姑娘们去荷塘里面采莲，穿的是绿色的裙子，绿色的裙子和绿色的荷叶混在一起，谁还分得清哪个是荷叶，哪个是绿裙呢？谁还看得清荷塘里面有人还是无人呢？"乱入池中看不见，闻歌始觉有人来"，说的是只有听到歌声的时候才知道荷塘里面有人在采莲。你看这个画面感多强。我们的审美鉴赏要善于用比较，鉴赏这篇诗文，可以用那篇诗文来比其同、究其异、寻其合、追其分，这是常用的审美方法。那么问题又来了，同样是用裙来形容荷叶，朱自清与王昌龄的写法是一样的，还是有所区别的？大家说有没有区别？

生（齐）：有。

师：区别在哪里？

生：荷叶像"亭亭的舞女的裙"，这个比喻是写荷叶的形态美。

生："荷叶罗裙一色裁"，是从色彩上渲染荷叶的颜色美，即绿得可爱。

师：说得好，给自己鼓掌！这句话里面除了用比喻，还有没有别的修辞手法？你们自己去发现！发现！发现！

生：句中的曲曲折折、田田、亭亭，用了叠词。

师：对，大家都读过一些《诗经》中的诗，这种手法用得最多。朱自清的文章里也善于运用叠词。叠词读起来怎么样？听起来又怎么样？

生（齐）：读起来朗朗上口，听起来声声悦耳。

师：这种朗朗上口、声声悦耳的叠词可以深化荷叶形态的美感。"曲曲折折的荷塘"这句首先写的是荷叶，突出它的高，用的修辞手法是比喻和叠词。现在我们继续读课文，看下面又写的什么？

生（齐）：层层的叶子中间……又如刚出浴的美人。

师："层层的叶子中间，零星地点缀着些白花"，我读"零星""点缀着"，声调是高扬还是低沉？

生（齐）：高扬。

师：为什么要高扬？朱自清来到荷塘，突然发现荷花已经开了会是什么样的心情？

生：是兴奋、惊喜。

师：对了，兴奋、惊喜的心情不就适合用高扬的语调来突出吗？

老师：我在读"有袅娜地开着的"，为什么语气很舒展？

生：舒展才显得出荷花的柔美多姿。

师："有羞涩地打着朵儿的"读得比较轻柔，这又是为什么？

生：轻柔才能读出花蕾的羞涩的情态。

师：读三个比喻时，"明珠"我读得亲切，读"星星"我的声调高扬，"刚出浴的美人"，我用欣赏赞美的语气来读，为什么要这样读？

生："明珠"是宝贝，读得亲切一些借以表达对"明珠"的喜爱，也就是表达对荷对花的喜爱。

生："星星"在天上，语调高扬，才能突出它的高远。

生："刚出浴的美人"比喻荷花出淤泥而不染的纯洁美，当然应该用欣赏赞美的语气来读。

师：那么刚才读的这一部分的描写对象是什么？

生：荷花。

（PPT 展示：荷花）

师：写荷花又突出了它的什么特点？如果没有关键词，那就要用自己的语言来概括。

（生竞相回答，有的说美，有的说艳，还有说的漂亮、好看等。）

师：大家的答案意义、相近，都可以，我们就用"艳"吧。

（PPT 展示：荷花——艳）

师：朱自清把白色的花放在绿色的叶衬托之下，还真是"万绿丛中点点白"啊！为了渲染荷花的"艳"，作者用了浓墨重彩。对"开着的"荷花与"打着朵儿"的荷花，作者分别用什么词来修饰？

生：前者用"袅娜"，后者用"羞涩"。

师：其实，这两个词一般都是用来写美女的，这在古诗中就用得不少，比如"袅娜少女羞，岁月无忧愁""秀色掩今古，荷花羞玉颜"。朱自清用写美女的"袅娜""羞涩"来写荷花，这种修辞手法叫什么？

生（齐）：拟人。

师：对，拟人的手法把荷花人格化了。有位老师也教《荷塘月色》，有同学问："什么叫袅娜？"老师回答："字典上说，袅娜就是柔软细长的样子。"后来这个同学在观察日记里写道："我们小组的同学在爬山时，发现一条袅娜的小蛇从树丛中钻了出来，大家吓得叫了起来。"于是就有同学笑他。他就说："笑什么？袅娜就是柔软细长的样子，那小蛇不就是柔软细长吗？"同学们，你们说，这个同学用"袅娜"来形容小蛇，是对还是错？

生：好像是错的，但又不知道错在哪里。

师："袅娜"是指柔软细长的，但柔软细长的不一定都可以说是"袅娜"的。如果是美好的人或物具有柔软细长的特点，就可以用"袅娜"来形容，否则，即便是柔软细长，也不可用"袅娜"来形容。蛇虽然柔软细长，但蛇是美好的吗？所以，今后同学们遣词造句，不仅要把握词的概念意义，还要考虑词的褒贬色彩。这就要凭借知识和生活经验。你们再想想，生活中哪些人或物同时具备美好与柔软细长的特征，可以用"袅娜"来形容？

（众生积极地展开联想。）

生：公园里迎风摇曳的杨柳枝。

生：神话里梅花仙子的腰带。

生：舞台上翩翩起舞的少女的腰肢。

师：这就对了。你们说的这些，就是可以用"袅娜"来形容的。我还要问，"有袅娜地开着的，有羞涩地打着朵儿的"，这两句能不能颠倒顺序？**（学生语塞，老师又启发。）** 通常情况下，我们看事物首先看到的是什么？

生：**（恍然大悟）** 先看到的是显眼的。开着的荷花更显眼，所以先看到，自然要先写，含苞待放的花蕾不那么显眼，需要细看才能发现，所以自然应该后写。

师：这就对了。可见，什么该先写，什么该后写，这是有讲究的。一些同学写东西不太考虑顺序，写出来的东西就颠三倒四。接下来，作者接连用三个比喻分别突出了荷花的什么特点？**（学生通过思考讨论，作出了正确回答。）**

生："明珠"是突出月色辉映下的荷花显得晶莹剔透。

生："星星"是描写月色下的荷花忽明忽暗。

生："刚出浴的美人"是突出荷花出淤泥而不染的纯洁美。

师：现在，你们看，用三个比喻来比形容一个事物，这种比喻我们把它称作什么？

生（齐）：博喻。

师：对了，博喻。

（板书：博喻）

师：作者写荷花已经用到拟人与博喻两种修辞手法了，还有没有别的修辞手法呢？

生：还有排比。

师：为什么说是排比呢？你们看，"一粒粒的明珠""碧天里的星星""刚出浴的美人"，它们都是什么短语？

生（大部分回答）：偏正式名词短语。

师：对。这三个偏正式名词短语都放在非动作动词——"如"的后面，这又构成什么短语？

生（齐）：三个动宾短语。

师：那就说明结构相似，意思又相关，那当然是排比了。

（板书：排比）

师：在写了荷叶、荷花之后，下面又该写什么？我们继续读。

生（齐读）：微风过处，送来缕缕清香，仿佛远处高楼上渺茫的歌声似的。

师：这句话中的"歌声""微风""缕缕"，该读得轻还是读得重？

生（齐）：轻。

师：轻。为什么要读得轻？

生（齐）：因为是微风，不是狂风，读得轻才能读出风之轻柔。

师：好的，同学们看，这句话描写的对象又是什么？

生：是荷香。

师：写荷香又是突出什么特点？

生："香"字前面有个"清"，那就是"清"。

生："清"的同义词是"淡"，换成"淡"，语言更显得新鲜一些。

师："淡"。那我们就依他的。写荷花突出一个"淡"字。

（PPT展示：荷香——淡）

师：作者又是怎么来形容这个"淡"的？

生（齐）：用"仿佛远处高楼上渺茫的歌声似的"。

师：荷花的香味是闻到的，这是嗅觉；而歌声是听到的，这是听觉。怎么用写听觉的词来写嗅觉呢？无独有偶，唐朝散文家韩愈有两句诗："香随翠笼擎初到，色映银盘写未停"，这是用"香"来写樱桃，就是用写嗅觉的词来写视觉。胡仔在《苕溪渔隐丛话》中就批评韩愈这两句诗："樱桃本无香，退之以香言，是一语病。"如此说来，朱自清用写听觉的歌声来写嗅觉的荷香与韩愈用写嗅觉的花香来写视觉的樱桃，不都是有语病吗？

生：不是语病，是通感修辞手法。

生：通感又叫移觉。

师：很好，你们的知识储备很到位。那么，谁能解释什么叫通感呢？

生：通感就是感觉相通。

师：好的，移觉从本质上讲就是由此及彼的联想，就是由这种感觉联想到那种感觉。可是为什么能够由这种感觉联想到那种感觉呢，这是因为这种感觉和那种感觉之间有相通点，即感觉的相通，所以移觉才又叫通感。这都是顾名思义啊。"微风过处，送来缕缕清香，仿佛远处高楼上渺茫的歌声似的"，朱自清将清香这种嗅觉转移成歌声这种听觉，相通点在哪里？**(学生语塞，于是老师就哼了两句歌来启发："一道道梯田一层层绿，一阵阵歌声随风传。")** 同学们，歌声在微风中传播是一阵阵的，那么荷花的清香在微风中又会怎样传播呢？

生：也是一阵阵的。

生：一阵阵就是时有时无。

生：一阵阵还是时强时弱、时断时续。

师：对呀，歌声与荷香的相通点被你们给找出来了，可见，朱自清的这个通感算是用对了，不应该是语病。再看"樱桃本无香，退之以香言"，这不也是通感吗？看见樱桃本是视觉，闻到花香却是嗅觉。但樱桃的鲜红很艳丽，花也很艳丽，可见艳丽是樱桃与花的相通点。所以自然就由樱桃联想到花了。而花有香味，反过来也就觉得樱桃也有香味了。可见，"樱桃本无香，退之以香言"还是不是语病了？就不是语病，而是什么？是移觉，是通感。由此我们得到一个启示，今后，同学们使用移觉、通感这种修辞手法时，一定要考虑两种感觉的相通点。

(板书：通感、移觉)

师：写了荷叶，写了荷花，写了荷香，再看后面又该写什么？

生（齐读）：这时候叶子与花也有一丝的颤动……而叶子却更见风致了。

师：请注意，"脉脉"本是无声无息地用眼神和行动表达感情，这里本是形容水，实际上是在形容月光没有声息，仿佛深含感情的样子，因此要读得缓慢、柔和、富有深情。那么这段是写什么的？请用文中关键词回答。

生：是荷波。

师：对了，那荷波的特点是什么？"波"字前面有一个什么词语？

生：凝碧。

师：凝碧，那么碧是不是这个波的特点？碧是什么颜色？

生：深绿色。

（PPT 展示：**荷波——碧**）

师：朱自清为什么要用凝碧的波痕来比荷叶呢？

生：因为叶子"本是肩并肩，密密地挨着"，微风过处，荷叶晃动，就像水波一样。

生："波"前有一个"凝碧"，实际上就写出风中的荷叶不仅像波，而且像深绿色的波。

师：对的，无风不起浪，有风浪打浪。这里是用深绿色的波痕来比喻风中晃动的荷叶。（**指向 PPT，总结道。**）你看，月色下的荷塘，写了什么？写了荷叶，突出什么特点？高。写了荷花，突出什么特点？艳。写了荷香，突出什么特点？淡。写了荷波，突出什么特点？碧。你们再看，写荷叶、荷花的高、艳，是在有风还是无风的时候？

生（齐）：是无风的时候。

师：那么这是静态还是动态？

生（齐）：是静态。

（PPT 展示：**静态**）

师：荷香是承接上面的荷花写的，风一吹，花的香味就出来了。荷波是承接上面的荷叶写的，风一吹，荷叶晃动就形成荷波了。可见，荷香、荷波是在"微风过处的时候"出现的，这是静态还是动态？

生（齐）：是动态。

（PPT 展示：**动态**）

师：朱自清在本文第一段写的"日日走过的荷塘，在这满月的光里，总该另有一番样子吧"。你们看，这就是月色下的荷塘"另有一番样子"的"样子"。

师：现在我们再来看，"荷塘上的月色"又另有一番什么样子？

（PPT 展示：**荷塘上的月色**）

师：这部分，要是让同学们来写，你们会从哪些方面落笔？（**学生语塞，老师启发道。**）请想一想，月色的构成成分是什么？

生：有月光。

生：还有月光照在荷塘上形成的月影。

师：那就是说，一要写光，二要写影。

（PPT 展示：光；影）

师：我们先来看怎么写光。

生（齐读）：月光如流水……小睡也别有风味的。

师：读这段文字，要注意渲染缥缈、朦胧的意境，语速不宜快，要舒缓。"泻""浮"等动词用得极为准确、形象，要用重音加以强调。"轻纱"和"梦"要读得轻柔，渲染出缥缈的意境。下来慢慢体会。同学们，刚才你们读的这一小段，我就用一个"光"字来概括，你们认为合适吗？（**学生语塞，老师鼓励质疑。**）对老师讲的、书上写的，不要只想到怎么理解它、记住它，还要敢于怀疑它，甚至推翻它。孟子说："尽信书则不如无书。"那么尽信师，也就不如无师啊！

生：我觉得，这么多内容，一个"光"字怎么概括得完？

生：我发觉，本段写光就只有一句话："月光如流水一般，静静地泻在这一片叶子和花上。"其他的都在写月、云、雾、花、叶。

生：老师这样的概括，就是脑壳大帽子小，成了孙悟空的金箍。（笑）

师：大家听清楚了吧？说明大家还是能发现问题的，我们掌声鼓励。（鼓掌）

师：问题倒是被大家发现了，那么怎样来认识这些问题呢？难道这个"光"字，就真的概括不了这段内容吗？

（**老师要求请前后左右四人小组展开讨论，然后发言。**）

生："月光如流水一般，静静地泻在这一片叶子和花上"，这是直接写光，其余的内容是间接写"光"。

师：不简单，你居然晓得这是间接写光，大家掌声鼓励！（鼓掌）不过，问题还没有解决彻底，怎么叫间接写光？还必须把理由说清楚！（**学生语塞，老师启发道。**）"虽然是满月，天上却有一层淡淡的云，所以不能朗照"，这说明是明亮的月光还是什么样的月光？

生（齐）：是朦胧的月光。

师：可见，写云看似与写光无关，其实是有关的，它写出月光不是明亮的月光而是朦胧的月光。那么酣眠、小睡跟光有关系吗？

（**学生受到启发，争先恐后地发言。**）

生：还是间接写光的朦胧，因为只有朦胧的月光才容易把人带入梦乡，才会酣眠或小睡。

生："薄薄的青雾浮起在荷塘里"，又给这个光增加了一点朦胧的色彩。可见，写雾也是间接写光，而且还是写光的朦胧。

生：月光透过云，还要透过雾才照得到花上，花也就像"牛乳洗过一样"，又像是"笼着轻纱的梦"，花和叶已经是"梦"了，还要笼轻纱，可见，写花与叶也是间接写光的朦胧。

师：好啊，老师只是举"一"，你们就居然反出"三"来了。不简单啊！那么这一段写光，突出了光的什么特点？

生（齐）：朦胧。

师：写光是聚焦在"朦胧"二字上。

（PPT 展示：朦胧）

师：好了，写了光就该写影了？影又是怎么写的？

生（齐读）：月光是隔了树照过来的……如梵婀玲上奏着的名曲。

师（背诵）："月光是隔了树照过来的，高处丛生的灌木，落下参差的斑驳的黑影，峭楞楞如鬼一般"，对"峭楞楞如鬼一般"，老师是重读还是轻读？是读得急促，还是读得舒缓？

生（齐）：是重读，读得急促。

师：为什么要这样读？

生：因为鬼叫人害怕。

生：重读、读急促才读出恐怖感来。

师：（背诵）"弯弯的杨柳的稀疏的倩影，却又像是画在荷叶上"，这个"画"字，我是重读的，还是轻读的？是读得急促，还是读得舒缓？

生（齐）：读得轻，读得舒缓。

师：为什么要这样读？

生：因为这个"画"字使我们想到月光好像成了一支无形的画笔，在荷叶上作画，很有动感。

生：而且画的是倩影，还具有美感。

师：是啊，"倩"字本义为美丽，引申为姿容美好，含笑的样子。《诗经·卫风》中有"巧笑倩兮，美目盼兮"，说的就是迷人的笑好漂亮啊，美妙的眼睛眼波流动。月光透过稀疏的杨柳，画出来的是倩影，一个"画"字，用轻读、慢读，就彰显出光影的美感和动感来了。

师：上面写光，写出朦胧的特点；这里写影，又写出什么特点？（接连几个学生的回答都不正确，这时老师开始启发。）你们看，月光投下的影是一种还是几种？

生（齐）：两种，有黑影，还有倩影。

师：黑影前面的定语是什么？

生（齐）：参差、斑驳。

师：请看课文注解，什么叫参差，什么叫斑驳？

生（齐）：参差是长短不齐，斑驳是一种颜色中夹杂别的颜色，也有颜色深浅不一的意思。

师：影不止一种，而且长短不齐，颜色深浅不一。这些意思能不能用一个词来概括？（学生语塞，老师又启发。）初中学过的《醉翁亭记》，有一句"已而夕阳在山，人影散乱，太守归而宾客从"，这句话有一个词，用它来概括月影的特色就很贴切，是哪一个？

生：（恍然大悟）散乱。

师：这就对了。"散乱"不就是不整齐、没条理吗？假若不用"散乱"，而用它的同义词或近义词来概括也是可以的，请找出几个来。

生：纷乱、杂乱、零乱、紊乱……

师：如果用"暴乱""慌乱"行不行？为什么？

生（笑）：不行，因为"暴乱"是指使用武力，导致社会动荡不安，"慌乱"是指心慌意乱。

师：如果用"高低错落，明暗相间"来概括行不行？请大家思考讨论后作答。

生：行。黑影在高处，倩影在低处，这自然是高低错落。

生：黑影是暗的，倩影是明的，这就是明暗相间。

师：对的，假若是考试，叫你概括影的特点，对这种主观题型，答案不求唯一，只要言之成理就可以了。对荷塘上的月色，朱自清是分为光和影来写的。光是朦胧的，影是散乱的，那么由光和影构成的月色，又具备什么特点？请大家继续读课文。

生（齐读）："塘中的月色并不均匀；但光与影有着和谐的旋律，如梵婀玲上奏着的名曲。"

师：由光和影构成的月色，又具备什么特点？可用文中关键词回答。

生（部分）：和谐。

生（部分）：不均匀。

师：这就是由光和影构成的月色的特点：不均匀但又和谐。

（展示 PPT：不均匀但和谐）

师：为什么说塘中的月色并不均匀？

生：这个好理解，因为它不全是光或影。

生：影不止一种，有黑影又有倩影。

生：黑影又是斑驳的、参差的。

师：对了，你们说到的这些，都足以说明：由光与影构成的月色并不均匀。但既然不均匀，怎么又说是和谐的呢？（**学生语塞，老师启发。**）首先要弄清楚什么叫和谐，所谓和谐，就是指配合适当、协调。虽然有黑影，也有倩影，这些影的形成有没有原因？

生：倩影是在光透过弯弯的稀疏的杨柳才形成的。

生：黑影是光透过高处丛生的灌木形成的。

师：可见这两种影的形成有各自的原因，光透过灌木不可能形成倩影，透过杨柳不可能形成黑影。所以，它的组合是有内在联系的，这就是和谐。那么，对于月色的和谐，文中用了一个什么来修饰？

生（齐）："梵婀玲上奏着的名曲"。

师：这又是什么修辞手法？

生（齐）：通感。

师：对的，既然是通感，那就一定要把"通"在哪里弄清楚。这里两者的相通点是什么？

生（齐）：和谐。

师：大家都能答出来了，是和谐。也就是说月色是和谐的"梵婀玲上奏着的名曲"也是和谐的，在和谐这一个点上它们是相通的，所以这就是通感。好了，再来看"荷塘月色另有一番样子吧"，这个"样子"写出来了没有？

（众生点头）

师：我们总结一下，月色下的荷塘另有一番什么"样子"？

生（齐）：荷叶——高；荷花——艳；荷香——淡；荷波——碧。

师：荷叶、荷花是静态还是动态？

生（齐）：静态。

师：荷香、荷波是静态还是动态？

生（齐）：动态。

师：荷塘上的月色，光的特点是什么？

生（齐）：朦胧。

师：影的特点是什么？

生（齐）：散乱。

师：光与影构成的月色的特点是什么？

生（齐）：不均匀但和谐。

师：这就是"日日走过的荷塘，在这满月的光里，另有一番样子吧"的"样子"。
我们一起看 PPT 上显示的提纲：

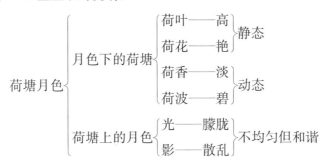

师：同学们已经欣赏了《荷塘月色》的美丽景色。可以说，散文的世界就是人情
化的世界，"一切景语皆情语"，那么，《荷塘月色》之景中，又含什么情呢？我收集了
一下，有五种不同的说法，我把它归纳出来。

(PPT 展示：

A. 表现淡淡的喜悦与淡淡的悲伤

B. 表现欲摆脱世俗烦恼而不得的苦闷

C. 表现个体生命得以暂时超越的喜悦

D. 表现思知音而不得的孤独与苦闷

E. 表现对宁静和谐的自然之美的向往）

师：你们来判断一下，以上哪一种更能够符合作者当时写《荷塘月色》的心情？
前后左右，四人小组讨论讨论。

（众生积极讨论，选项不统一，老师开始引导。）

师：请看第一选项，说的是忧愁和喜悦交织。可是纵观全文，并无一个词说到忧
愁，依据是什么？

生：是文章开头那句话"这几天心里颇不宁静"。

生："不宁静"就一定是忧愁吗？有别的心事也可以使心情不宁静嘛。（讨论僵持
不下，老师开始启发。）

师：这个同学说得对，光凭"不宁静"是不能判断出忧愁来的，这还得联系这篇
文章的写作背景来看。

(PPT 展示背景：《荷塘月色》写于 1927 年 7 月，此时正值"四·一二"政变蒋介石背叛革命之时，曾参加过"五四"运动的爱国知识分子朱自清，面对这一黑暗现实，他悲愤、不满，而又陷入对现实无法理解的苦闷与彷徨之中。怀着这种孤独苦闷的心情，朱自清写下了《荷塘月色》。)

师：这就是这篇文章的写作背景，这就是对"颇不宁静"的注解。"颇不宁静"不是为别的原因，不是"我"家里面出了什么事情平静不下来，而是因为"四·一二"大屠杀。本来是国共合作打军阀，军阀打倒以后，蒋介石转过背就拿起血淋淋的屠刀杀共产党人，面对这种情况，爱国青年朱自清感到不解，感到困惑，感到苦闷，感到彷徨，这就是忧愁。所以说"颇不宁静"才是忧愁的表象，而这种忧愁的心情始终笼罩在这篇文章中，挥之不去，时不时要冒出来一下，你们再寻找一下，这篇文章中，还有哪些地方有忧愁的影子？

生：第二自然段，写"这路上阴森森的，有些怕人"。

生：第五自然段写黑影，"峭楞楞如鬼一般"。

生：第六自然段写"这时候最热闹的，要数树上的蝉声与水里的蛙声；但热闹是它们的，我什么也没有"。

师：对了，这种忧愁的心情笼罩全文，时不时要冒出来。但除了忧愁，这个选项还说有喜悦。全文也没有一个词说喜悦，喜从何来？（**学生一时没法回答，老师在对话中相机诱导。**）课文是不是写了喜悦，这就要看作者观荷塘月色的目的，还要看他笔下描写的是什么景物。作者为什么要去游荷塘、观月色？

生：游荷塘、观月色，是为了使不宁静的心情宁静下来。

生：也就是要使忧愁变为喜悦。

师：对，一般人有忧愁往往靠喝酒，曹操的《短歌行》说"对酒当歌，人生几何！譬如朝露，去日苦多。慨当以慷，忧思难忘。何以解忧？唯有杜康"。可是，酒果真能解忧吗？李白一面在《将进酒》中说"呼儿将出换美酒，与尔同销万古愁"，一面又在《宣州谢朓楼饯别校书叔云》中说"抽刀断水水更流，举杯消愁愁更愁"。所以，靠酒也不能解忧。朱自清有忧愁，但他没有借酒浇愁，他是想借游荷塘、观月色来排遣心中忧愁，使他忧愁的心情变喜悦。课文中第二段话最能说明这个问题。（**背诵第二段，让学生体会朱自清如何借游荷塘观月色来转忧为喜的心情。**）这一段说明什么？

生：说明朱自清是想借"受用这无边的荷香月色"给自己带来喜悦的心情。

师：朱自清达到目的了吗？

生：达到了。

师：为什么说他达到了？

生：因为他笔下的景物很美。

师：对的，好的景物往往给人带来好的心情，不好的景物往往给人带来不好的心情。我们初中学过一篇文章就是这样说的。大家还记得吗？是哪一篇？

生：是范仲淹的《岳阳楼记》。

师：《岳阳楼记》中的哪一段表明了好的景物带来好的心情？

老师和学生（共同背诵）："至若春和景明……把酒临风，其喜洋洋者矣。"

师：这是不是好的景物带来好心情？当然范仲淹的境界更高，他不以物喜，不以己悲，那又是另外一回事了。好的景物能够给人带来好的心情，朱自清有没有喜悦，就要看他笔下的景物好不好。

生（大部分）：好。

师：景色的美好就恰恰反衬出他的心情的美好，喜悦就是这样来的。所以，第一选项是两种感情交织，一个是忧愁，一个是喜悦。请问：文章开头就说"这几天心里颇不宁静"，不宁静就是忧愁，颇不宁静就是很忧愁，浓浓的忧愁，但为什么说忧愁是淡淡的，不说是浓浓的？

生：原来确实是很忧愁，浓浓的忧愁，但因为游荷塘，看到美丽的景色，排遣了他心中的不宁静，所以忧愁被淡化了。

师：照说喜悦也该是浓浓的，因为景色是很美，心情自然也该是很美，怎么喜悦也说是淡淡的呢？

生（部分）：毕竟是带着忧愁来游荷塘，忧愁是挥之不去的，它可能暂时被淡化但不能消除。

师：所以，忧愁是淡淡的，喜悦也是淡淡的。这就是我们确定第一个选项的原因。第二项"表现欲摆脱世俗烦恼而不得的苦闷"，这对不对？

生（齐）：不对，因为它虽然提到了忧愁，但它忽略了"喜悦"，只对了一半，所以第二个选项要排除。

师：再看第三个选项"表现个体生命得以暂时超越的喜悦"，这又对不对？

生：它只说到喜悦的一面，没有说到忧愁的一面，所以它有片面性。

师：第四个选项"表现思知音而不得的孤独与苦闷"对不对？

生：虽然说到苦闷，但说的是思知音，没有这个钉，去挂这个瓶，叫作无中生有、无稽之谈，应排除。

师：第五个选项"表现对宁静和谐的自然之美的向往"，这对吗？

生：有一点和喜悦沾边，但是没有谈到忧愁。

师：我们的第一个任务完成没有？

生（齐）：完成了。

师：就是三点。一是要深刻地理解这篇文章所描写的景物；二是深刻理解这些景物所表达的感情；三是要明确文章的语言特点。语言特点我们抓出来没有？我们重点突出了哪一个？

生：抓出来了。突出了用多种修辞手法写景状物。

师：本文还有一个任务是什么？

生：用多种修辞手法来写景状物、传情达意。

师：对于修辞手法，我们不仅要深刻理解，还要学会运用。下面我们来做一道仿写题，训练我们用多种修辞手法来写景状物的能力。

（PPT展示：仿照下面这句话，另选一种景物进行描写，要求用下面的基本句式，并运用其中的修辞手法。"层层的叶子中间，零星地点缀着些白花，有袅娜地开着的，有羞涩地打着朵儿的；正如一粒粒的明珠，又如碧天里的星星，又如刚出浴的美人。"）

师：怎么来做这种题呢？首先，要弄清仿写的句子用了哪些修辞手法；其次，要弄清所仿写句子的句式。你看"层层的叶子中间，零星地点缀着些白花"，描写对象是什么？

（PPT展示：描写对象——荷花）

师："有袅娜地开着的，有羞涩地打着朵儿的"，这是用的什么修辞手法？

（PPT展示：这里运用的是拟人，拟的是荷花的姿态和情态，富有神韵，惹人爱怜。将一个状动结构和一个状动宾结构分别放入"有……的"之中。）

师："正如一粒粒的明珠，又如碧天里的星星，又如刚出浴的美人。"

（PPT展示：连用三个比喻构成排比句，描摹淡淡月色下荷花的美感。"明珠"比喻淡淡月色辉映下荷花晶莹剔透的闪光的样子，"碧天里的星星"比喻绿叶衬托下的荷花忽明忽暗的闪光的样子，"刚出浴的美人"比喻荷花不染纤尘的美丽的样子。三个比喻是三个偏正短语构成的并列关系。）

师：我们分析它们的句式特点和修辞手法是为什么？是为仿提供依据。仿什么？不就是仿其中的修辞手法？不就是仿其中的基本句式？我在课堂上教你们仿写，我当老师的该不该给你们来一个示范？

生（齐）：该。

师：那我就仿写一段。

(PPT 展示：**悠悠的白云中间，隐约地横亘着座座青山，有腼腆地藏起来的，有大方地露出真容的；正如一柄柄直指碧空的利剑，又如苍穹中腾飞的一条条巨龙，又如一道道蜿蜒的绿色屏障。**)

师：这是我的仿写。(**生鼓掌**) 先不要鼓掌，对不对还要判断一下。一要仿写原来的修辞手法，二要仿写原来的基本句式，而且位置要对应。"悠悠的白云中间，隐约地横亘着座座青山"，描写对象是什么？

(PPT 展示：**点出描写对象——青山**)

师："有腼腆地藏起来的，有大方地露出真容的"，这是用什么修辞手法？

(PPT 展示：**两个拟人句拟出山或隐或显扑朔迷离的朦胧美。一个状动结构，一个状动宾结构放入"有……的"中。**)

师：正如一柄柄直指碧空的利剑。

(PPT 展示：**比喻山挺拔高峻**)

师：又如苍穹中腾飞的一条条巨龙。

(PPT 展示：**比喻山形的延绵起伏**)

师：又如一道道蜿蜒的绿色屏障。

(PPT 展示：**屏障比喻山紧连着山、岭紧挨着岭的态势，写出了云雾中山的美感。三个比喻形成排比。**)

师：这个仿写用了原来的修辞手法没有？

生（齐）：用了。

师：用了原来的句式没有？

生（齐）：用了。

师：好，"不动笔墨不读书"，剩下的就是你们下来的事了。今天的课就到此为止，谢谢大家！

走向深入 引导发现 教考结合

——《荷塘月色》执教感言

当前我国的中小学语文教学正在尝试解决如何按新课程教材施教的问题，这关系到我国中小学语文教学究竟向何处去的问题。从这样的思考出发，我认为当前我国的语文教学迫切需要解决的主要问题应该是：由肤浅走向深入；由带着知识走向学生变为带着学生走向知识；由教考分离走向教考结合。解决好这三个问题，就算是牵住了当今中国语文教学的"牛鼻子"。

一、从肤浅走向深入

在当前的语文学习中有许多老师不能引导学生与文本作深层次的对话，师生都在打"外围战"，表面上热闹，热闹的背后却是肤浅。一节课下来，学生劳而无获，久而久之，就觉得语文学与不学一个样，学多学少一个样。只有变肤浅的语文学习为深入的语文学习，让学生感到语文有学头，感到解决一个语文问题并不比解决一个数理化问题来得容易，学生对学语文的兴趣才会油然而生。

什么叫深入的语文学习？它不是深奥、生涩、生僻，不是高深莫测，把学生弄得一头雾水，而是深刻、深透、深邃、深入浅出，是透过语言文字符号的表象揭示出底层的思想内涵。深入的阅读学习应该包括两层意思：

（一）深挖文本的隐含信息

引导学生透过语言文字深挖文本中隐含的情感意蕴。这就要"深读文本之字，深思文本之理，深悟文本之髓，深感文本之情"。

比如阅读课怎么突出读的环节？许多老师只是把读当成过场来走：老师读了学生读，个人读了集体读，男生读了女生读。读来读去究竟读得怎么样，要怎么读才叫好，好又好在哪里，不好又不好在哪里？就在这些关键性的问题上，我们看不到老师的指导作用。对于学生读得怎么样，老师不置可否，或者只是笼统地说上一句"读得好！"这就是肤浅。我执教《荷塘月色》时，有一个指导思想，那就是要让学生通过读的环节，明其言、晓其意、感其情、悟其旨、得其辞、体其境。我要让学生从文章情感意蕴的表达出发来体会它与轻重缓急，抑扬顿挫的对应关系。比如我示范朗读描写荷花的句子，让学生来辨析我语气和声调的变化，进而领悟这种变化后面的情意表达，读"层层的叶子中间，零星地点缀着些白花"时，我让学生判断：我读"零星地点缀着"，声调是高还是低？学生说："高。"我又问："为什么这儿要高？"通过思考议论，学生表示，高才能表达作者见荷花初开的惊喜和兴奋。接着我读"有袅娜地开着的，有羞涩地打着朵儿的"，然后让学生判断我朗读的语气。他们发现，我前者读得舒展，后者读得轻柔，进而明白，前者读得舒展，以示绽开的荷花是那样的柔美多姿，后者读得轻柔，以示含苞待放花蕾的羞涩之态。我读"正如一粒粒的明珠，又如碧天里的星星，又如刚出浴的美人"，学生从我的朗读中领会到，对"明珠"我读得亲切，是因为用"明珠"来比喻月色辉映下的荷花是那样的晶莹剔透，读得亲切才能读出对"明珠"（实际上是对荷花）的喜爱之情。我读"星星"，声调是往上扬的，而且语速放慢，因为"星星"是在天上，这样读显示其悠远，更能表现月色辉映下荷花的忽明忽暗。我读"刚出浴的美人"，语气很舒缓、轻柔，有一种欣赏赞美的口吻，目的是要彰显荷花"出淤泥而不染"的纯洁美。这样来指导学生朗读课文，才算是读出了情味来。这就是以深刻的见解读文本的字，以深究的精神探究文本的理，以深湛的功力体悟文本的髓，以深长的用意感受文本的情。

课文描写"荷叶"的句子是："曲曲折折的荷塘上面，弥望的是田田的叶子，叶子出水很高，像亭亭的舞女的裙。"有的老师引导学生品读此句时，问学生："这句用了什么修辞手法？"学生回答："比喻。"又问："用什么比什么？"学生回答："用舞女的裙比荷叶。"这样的学习就叫肤浅，它只让学生知其然，却不知其所以然。而我在引导学生品赏这个句子时连设三问：第一，为什么要用裙来形容荷叶，而且不是一般的裙，是舞女的裙，舞女的裙与荷叶有哪些相似之处？第二，用"裙"来写"荷叶"，不独是朱自清先生，其实古已有之，散见于古代的诗文，谁能举出用裙写荷叶的诗文来与大家分享？于是引出王昌龄的《采莲曲》"荷叶罗裙一色裁，芙蓉向脸两边开。乱入池中看不见，闻歌始觉有人来"。第三，王昌龄与朱自清都用"裙"来形容荷叶，这二者有何异同？让学生比其同，究其异，寻其合，追其分。这就是层层设问，步步爬坡，剥茧抽丝，把学生对荷叶的赏析不断引向深处，这些问题都加大了思维的难度，能够质疑激思、开启学生思维的门扉，不仅使学生对荷叶的形态美感受更深，而且还训练了学生的想象能力、比较分析能力、审美鉴赏能力，这难道不就是深入的语文教学吗？

（二）引导学生进行生成性阅读

深入的语文学习的最高境界是在文本解读中进行生成性阅读。何谓生成性阅读？就是能发他人所未发，发作者自己所未发，甚至能发现文本的疏漏之处来，这种阅读就是一种生成性阅读或者说是创造性阅读。

1. 发他人所未发

这就是要引导学生从文本中读出"我"来。这就是个性化的阅读，也就是要能结合学生的生活经验和相关知识从文本中读出自己的独特感受来。语文教育不应该只是教给学生知识性的东西，而且要引导学生发现"我"，表述"我"，追问"我"，显现"我"，在对"自我"与"他我"的领悟过程中去觉知存在。读者理解作品归根到底是在自我理解。要引导学生从文本中读出"我"来。一句话，要有独特感受，独特见解。

比如在研讨本文描写的荷塘月色中隐含了什么感情。我出了一道判断题：

在欣赏本文景物描写的基础上，应进一步感悟景中之情。但目前对于本文表达的感情有多种解读：

A. 表现淡淡的喜悦与淡淡的悲伤

B. 表现欲摆脱世俗烦恼而不得的苦闷

C. 表现个体生命得以暂时超越的喜悦

D. 表现思知音而不得的孤独与苦闷

E. 表现对宁静和谐的自然之美的向往

请你在结合课文注解中关于作者写作背景的有关介绍和作者本人对《荷塘月色》的有关说明的资料，并反复阅读全文的基础上，谈谈你对上述各种观点的基本看法。

这种探究题实际上就是多元解读，多元解读允许差异存在，一千个读者就有一千个哈姆雷特。但存在的差异必须是正确的、合理的，不正确、不合理的差异要排斥在外，不能一千个读者就有一千个非哈姆雷特。因为多元解读的目的是为了追求真理。因此，解决这样的选择题，不能靠瞎猜，而是要依据你对课文的独特感悟、独特见解对所有的选项进行分析比较，看哪些最符合你的正确的独特感受，然后肯定正确元、否定错误元、揭露虚假元、纠正偏差元，让思维由发散到聚合。

2. 发作者自己所未发

解释学的目的就是要比作者自己更好地理解作者，超越作者，这已成为普遍存在。就说《荷塘月色》吧，仔细审视，也会发现美中不足之处。如千余字的文章，十一个句子中用了十四个比喻，其中明喻太多，这就显得有些浅白，在想象上不出色。朱自清写景状物，多篇文章都喜欢用女性意象，本文也不例外。如舞女的裙、刚出浴的美人，用袅娜写花，用羞涩写蕾……这些都显得浅薄、轻率，还可能产生不好的联想。发作者所未发，对于中学生来说也许要求是高了些，但这是学生深入阅读所应追求的目标，应该让他们形成这种追求意识，在老师的有效引导下，结合文本实际，适当作一些训练。

二、从带着知识走向学生为带着学生走向知识

我执教《荷塘月色》时，有时就是有意要把学生给难住，然后通过启发、引导、点拨，帮助学生接通中断的思路，使他们由答不上到能答上，让他们跳一跳摘到桃子，让他们产生一种"山重水复疑无路，柳暗花明又一村"的惊喜，让他们产生一种在老师的引导下，通过自己努力获得知识的成就感。比如，针对荷叶展开的形态，我连发三问：荷叶像什么？像什么？还像什么？就没有一个学生能回答，这时，我没有硬塞结论，而是启发他们调动生活经验来回答问题。我说除口琴、笛子、笙箫之外，有一种也是用嘴吹奏曲子的乐器，我还做了一个吹的动作，学生立刻悟出荷叶像喇叭。我说把酒倒进瓶口很小的瓶子里，要借助一种器皿，学生立刻想到荷叶像漏斗。我说你们能不能想得更美一点？公园里有一种鸟，它的尾巴张开很好看，学生立刻想到荷叶像孔雀开屏。这就是启发引导学生自己去得出结论。

三、从教考分离走向教考结合

变教考分离为教考结合的办法就是用新课程的理念来统摄教与考。就是吃透两头，搞好对接。一头是课标和考试大纲的要求，一头是教材的内容、特点和学生的学情，要将二者结合起来搞教学。现在课程标准明确要求，高考要以测试学生的语文核心素养为目标。语文核心素养包括语言素养、思维素养、审美素养、文化素养。如果我们瞄准高考命题涉及的各项素养及素养所涵盖的各种考点，坚持把语文素养的培养与课

堂阅读、写作、口语交际教学紧密结合进行，学生的语文素养特别是核心素养就一定能够得到提高。

高考要测试考生的语言素养，就是指语言的建构与运用。涉及的考点不外乎就是实词、虚词、熟语的运用，病句的辨析与修改，扩展语句、压缩语段，选用、仿用、变换句式，语言表达的连贯、得体，常见修辞方法的正确运用等。这些考点完全可以结合平常的语文教学来训练。比如仿用。我教《荷塘月色》，其中有一个教学环节就是把仿用训练同引导学生鉴赏课文语言相结合：

> 仿照下面这句话，另选一种景物进行描写，要求用下面的基本句式，并运用排比、比拟和比喻的修辞手法。
>
> 层层的叶子中间，零星地点缀着些白花，有袅娜地开着的，有羞涩地打着朵儿的；正如一粒粒的明珠，又如碧天里的星星，又如刚出浴的美人。

在这个教学环节中，我首先引导学生去分析这个句子的句法结构和修辞，这就解决了仿什么的问题。然后我仿写一句作示范，帮助学生解决怎么仿的问题，最后我让学生自己作仿句训练，并对仿的情况作讲评。你说我这是教学，我这就是教学，你说我是备考训练，那也是备考训练。

高考要测试考生的思维素养，包括形象思维、抽象思维、发散与聚合思维能力等。仅以抽象思维而论，这就涉及"分析与综合"的能力测试，它包含的考点不外乎：筛选并整合文中的信息、分析文本结构、归纳内容要点、概括中心意思、分析概括作者在文中的观点态度、根据文本内容进行推断想象、分析文本的基本特征和主要表现手法、分析文本的语言特色。这些考点就是在测试考生的思维素养。我执教《荷塘月色》时，针对"月色下的荷塘"描写的四个对象：荷叶、荷花、荷香、荷波，要求学生在文中寻找关键词来说明描写对象的特点，这就是筛选文中信息，如文中无关键词的就要求学生自己概括。荷花的特点用"艳"来概括，月影的特点用"散乱"来概括，这就是归纳内容要点。我启发学生联系生活常识思考荷叶像什么、像什么、还像什么，就是在训练学生根据文本内容进行推断想象的能力。想象是形象思维的认知加工方式，培养想象能力也就是培养形象思维能力。我让学生思考，同样是用裙形容荷叶，朱自清的《荷塘月色》与王昌龄的《采莲曲》有何异同，这就是训练学生的比较分析能力。比较是抽象思维的认知加工方式，训练比较能力也就是训练抽象思维能力。

高考要测试考生的审美鉴赏与创造能力。我在教学中引导学生深刻理解文中比喻、叠词、拟人、排比、通感等修辞手法的具体运用，就是在训练审美体验。我引导学生辨别关于本文景中所含之情的五种说法，判断其正确与否，就是在训练审美评价能力。我让学生仿照文中名句，运用其基本句式和修辞手法，另选一种景物进行描写，这就是在训练表现美、创造美的方法。

高考要测试学生对文化的传承与理解。为了帮助学生理解文中景物所含之情，我特别介绍了朱自清写《荷塘月色》的文化背景知识。为了深刻理解荷叶的形态美，我就引用了王昌龄的《采莲曲》与朱文作比较。为了深刻感受荷花的袅娜、羞涩之态，我就引用了"袅娜少女羞，岁月无忧愁""秀色掩今古，荷花羞玉颜"的诗句。为了理解课文中通感手法的运用，我又引用了"香随翠笼擎初到，色映银盘写未停"。这就是通过渗透中国诗词文化来帮助学生更深刻地理解课文对荷花的描写。从文化传承与理解角度看，这拓展了学生的文化视野。

目前，一些老师研究语文教学的课题有很多都是不接地气的，是在隔靴搔痒。为什么不把肤浅的语文教学、带着知识走向学生的语文教学、教考分离的语文教学这些实实在在有亟待解决的问题当课题来研究呢？我的《荷塘月色》的教学实录以及我之前在一些学术期刊上刊登的其他几个教学实录无非都是抛砖引玉，是想让更多的语文老师来面对这些问题，以便思考它、研究它、解决它。

《关雎》教学设想

我认为，对《关雎》的教学，可按以下思路展开：

第一，在反复阅读的基础上，引导学生仍用诗的形式改写或翻译《关雎》一诗。老师可以第一节为例，给学生作用诗歌翻译的示范，可将"关关雎鸠，在河之洲。窈窕淑女，君子好逑"改写为："关关和唱的雎鸠，不离开河中的小洲。姑娘漂亮又温柔，正是我的好配偶。"然后其余各节让学生来实践，老师再引导学生对自己的作品进行反思，加以修改。

第二，帮助学生感受本诗的音乐美。诗要讲音乐美。节奏是诗歌音乐性的灵魂，从诗经开始，诗歌的朗读包括分行都要根据节奏，侧重音群，不像散文那样侧重意群。可引导学生重点探索"关关雎鸠，在河之洲"的节奏把握。当意群和音群不一致时，要照顾音群而牺牲意群。要让学生明白，"在河之洲"，这是一个介宾结构，按照意义来读，应该读成"在——河之洲"，但我们读的都是"在河——之洲"，这正说明诗歌的节奏是重要的，它是诗歌的音乐美之所在。顺便要让学生明白，诗歌的分行也是音群重于意群。唐朝诗人王翰的《凉州词》的头两句的分行是：

> 葡萄美酒夜光杯，
> 欲饮琵琶马上催。

很明显，"欲饮"的是"葡萄美酒夜光杯"，而不是"琵琶"，第一行的诗意是未完的。如果按意群来分行，该把"葡萄美酒夜光杯欲饮"写成一行，"琵琶马上催"写成又一行。这也说明诗行的构成隐含着丰富的音乐性。一首诗歌的作者总是根据由内在的情绪转化出来的节奏而进行诗行的变化。从行的变化——长短分合中显示了音乐的力度。因此，诗歌是以行为单位而不是以句为单位正是必然的结果。

第三，引导联想。兴的手法就是一种联想方法。"关关"指鸟相和的鸣声。雎鸠，水鸟，又名王雎。相传这种鸟雌雄情意专一，如果一只死了，另一只也会忧思不食，憔悴而死。所以诗中借它起兴，比喻男女之间真挚的爱情。由河中小洲上鸣叫的雎鸠引起下文，这种表现手法叫"兴"，借物起兴，是国风常用的表现手法。诗中举草木鸟兽来表达思想感情的词句都是兴词，借来起兴的事物和所要表现的事物之间有一定联系，但解释时不能牵强附会。作者看到雎鸠鸟儿雌雄相依、同声相应、同气相求，激起他产生爱情的欲望，才联想到美丽的姑娘苗苗条条，哥儿想和她成对成双，这是一种相似性联想。

第四，多元解读。孔子是偏重于从审美的角度来解读的。他说这首诗"乐而不淫，哀而不伤"。应让学生思考：什么是"乐而不淫，哀而不伤"？首先要让学生理解什么叫"哀而不伤"，要先了解诗人没得到这位温柔漂亮姑娘前，心情很苦闷。要让学生在诗中寻找苦闷的表现，那就是"参差荇菜，左右流之"，漂浮不定的荇菜，这是这苦闷心情的象征。还要让学生了解诗人未迎娶这位姑娘前，有什么想法和举动——他也仅仅是翻来覆去睡不着觉而已，并没有产生强行霸占姑娘的邪念，也没有悲观的行动。所以叫哀而不伤。哀：悲哀；伤：伤害。忧愁而不悲伤，形容感情有节制；另形容诗歌、音乐优美雅致，感情适度，比喻做事没有过头，也无不及。这就是"哀而不伤"。然后让学生理解什么又叫"乐而不淫"，要学生去寻找表现。原来，诗人在迎娶姑娘后，就好像采摘荇菜满载而归，结婚那天又是弹琴，又是鼓瑟，又是敲锣打鼓。但婚礼又不过于铺张，十分合于礼节。这就是"乐而不淫"，即快乐而不放荡。

朱熹偏重于从人本的角度来解读，他说，这是一首民间情歌，他由雎鸠鸟儿的成双成对推导出人也该成双成对，而家庭是构成社会的细胞，于是再推出整个社会的人也该这样，社会才会和谐安宁。

《毛诗》《鲁诗》则是从接受的角度，从社会作用的角度来解读的，《毛诗》谈"后妃之德"，认为一国之君的家庭和谐尤为重要，因此觉得这首诗是借民间恩爱夫妻来奉劝国君在夫妻恩爱方面为老百姓树立榜样。《鲁诗》说："康王德缺于房，大臣刺宴，故作诗。"就是说，康王迷恋女色，睡懒觉，不好好上朝，作为大臣的毕公不好正面劝他，就诵读一首在爱情方面处理得有分寸的诗，旁敲侧击以使对方悔悟，这是一种以美为刺的方法，这正是我们今天以表扬先进来批评落后一样。

电视剧《孔子》描写孔子给弟子讲解《关雎》一诗。孔子叫子路说说这首诗写了什么。子路说："还不是写一个男的追求一个姑娘，这姑娘不跟他好，他就吃不下饭睡不好觉。这男的也太没骨气了。"这是子路的认识，有其正确的一面，但十分肤浅。接着孔子引导说："如果这个淑女不是指具体的某个人，而是指一种君子所追求的美好理想，又该如何理解？"对此，我们不妨引导学生联系现实生活，把某种好的品德、好的事物、伟大人物等作为窈窕淑女来追求，这就提升了学习这首诗的精神境界。

我们阅读文学作品，一定要摒弃非此即彼的线性单向思维，注重多元解读。

附录：刘永康论著举要

一、论文

在《中国教育学刊》《课程·教材·教法》及其他学术期刊上发表研究论文两百余篇。论文除研究语文教学外，还涉及文艺学、语言学、逻辑学、古汉语研究，并包含政论和俄语译作等。研究语文教学的大部分论文已收入《语文：诗意栖居的表现——刘永康语文教育文选》。

二、著作

（一）独著

《中学文言词类活用手册》，四川文艺出版社 1989 年版；

《中学文言特殊句式归类汇析》，四川人民出版社 1990 年版；

《语文教学探赜索隐——中西合璧的语文教育观》，成都科技大学出版 1996 年版；

《〈史记〉与现代文明》，四川人民出版社 1996 年版；

《语文创新教育研究》，四川大学出版社 2000 年版；

《语文：诗意栖居的表现——刘永康语文教育文选》，中国人文科技出版社 2013 年版。

（二）主编

《中考语文复习指要》，成都科技大学出版社 1993 年版；

《高考语文复习指南》，成都科技大学出版社 1993 年版；

《高考语文解题思路与技巧》，四川人民出版社 1995 年版；

《中学语文教学论》，天地出版社 2000 年版；

《四川省小学教育专业教材·语文》（试用），电子科技大学出版社 2003 年版；

《语文教育学》，高等教育出版社 2006 年版；

《西方方法论与现代中国语文教育改革》，人民出版社 2007 年版；

《走近经典——〈欧也妮·葛朗台〉导读》，云南教育出版社 2009 年版；

《走近经典——格林童话精选导读》，云南教育出版社 2009 年版；

《普通高中新课程理论与实践丛书》（与李华平合编），高等教育出版社 2010 年版；

《新课程背景下的高考作文》，高等教育出版社 2010 年版；

《语文课程与教学新论》，高等教育出版社 2011 年版；

《新课程高考语文考点透视与能力提升》丛书（三卷），高等教育出版社 2012 年版。

（三）合著

《美学修养与美学教育》（俄文译著，与陈宗骥合著），成都科技大学出版社 1995 年版；

《高中古诗文阅读与训练》（与陈民其合著），四川人民出版社 1999 年版；

《中学语文教学研究》（与陈元辉、郑国民、阎萍合著），中国广播电视出版社 2004 年版。

（四）参编

一些参编图书已经散失，现存的有：

《中国语言与中国文化论集》，香港亚太教育书局 1993 年版；

《实用逻辑教程》，广西师范大学出版社 1994 年版；

《教师口语训练》，电子科技大学出版社 1995 年版。